돈이 되는 토지를 사라

돈이 되는 토지를 사라

이일구 지음

BM 황금부엉이

머리말

    2004년부터 땅을 사겠다고 전국으로 답사를 다니기 시작했다. 지금 생각하면 토지에 관한 공부도, 세상 경험도 부족한 시기였다. 단지 돈을 벌고 싶어서 이곳저곳 들쑤시며 시간 낭비 돈 낭비만 한 셈인데, 돌이켜보면 지금의 나를 만든 건 그런 시절도 있었기 때문이다. 재밌게도 어떤 투자자들은 토지에 대한 이론적인 실력 없이도 실제 투자에서 좋은 성과를 거둔다. 왜 이런 일이 생길까? 투자는 이론이 전부가 아니기 때문이다. 오히려 빠른 판단과 행동이 더 좋은 성과를 가져오기도 한다. 돈이 있다고 돈을 버는 것도 아니다. 그러나 모두가 이렇게 운이 좋을 순 없는 일이다.

    가장 중요한 것은 확신을 가질 수 있는 것이다. 예를 들면 지금 왜 평택이나 화성에 주목하라고 말하는지 그 이유를 명확히 알아야 한다. 경기도에서 지가 상승률이 높은 지역은 어디인가? 인구가 증가하는 지역은 어디인가? 산업단지가 늘어나는 지역은 어디인가? 역세권 투자로 돈을 버는 방법은 있을까? 책 전체에 걸쳐 이런 구체적인 궁금증을 해결해주려고 노력했다.

지금은 꾸준히 토지에 관련된 책을 쓰고 세미나와 강의를 하고 있다. 이론적으로 충실해졌고, 현장 경험도 많이 쌓였다. 이제는 어떤 땅이 돈을 벌어주는지가 눈에 보인다. 무대는 전국이다. 파주, 춘천, 화성, 평택, 용인, 안성, 세종, 천안, 아산, 당진, 서산 등 전국에 걸쳐 토지 투자 유망지를 찾아다니고 있다. 물론 이슈가 많은 지역이면 좋다. 어떤 곳에 어떤 이슈가 있는지도 구체적으로 다루었으니 투자에 참고하면 좋을 것이다.

'국토종합계획, 도종합계획, 시군종합계획(도시기본계획/도시관리계획), 수도권정비계획, 광역도시계획' 이런 기본적인 걸 알면 투자에 도움이 될까? 된다! 이런 배경지식이 있어야 투자 여부를 판단할 때 확신을 가질 수 있기 때문이다. 그러나 퍼즐 한 조각에 불과하다. 퍼즐 한 조각으로는 아무것도 할 수 없다는 걸 잊지 말자. 퍼즐이 하나씩 더 맞춰질수록 좀 더 성공에 가까워진다. 그러려면 얼마나 더 공부하고 어떤 수업료를 내야 할까? 어려운 질문이다. 필자도 대한민국에서 내로라하는 경매계 고수에게 수업을 들었고 공동투자를 했었다. 돈을 벌었을까? 수업료만 오지게 치렀다. 세상에 고수는 있지만 제대로 된 고수는 만나기 힘들다. 뻔한 얘기가 정답이다. 한 걸음씩 천천히 정도를 걸어야 한다는 걸 배웠다. 편법으로 많은 수익을 준다는 곳은 분명히 탈이 난다. 알게 모르게 속아서 탈이 나는 건 투자자뿐이다.

2021년 5월 아파트매매 거래는 1년 전보다 7.4% 늘었다고 한다. 현장에서 부동산을 하면서 느낀 점은 다주택자 양도세중과로 세금에 부담을 느낀 투자자들이 아파트를 팔고 토지시장으로 흘러 들어오고 있다는 것이다. 박근혜 정부 시절에는, 전셋값은 오르고 매매는 되지 않아서 팔고 싶어도 팔 수가 없었다. 그때는 왜 그랬을까? 지금은 사고 싶어도 못 산다. 아이러니하지만 이 모든 게 다 사람들의 심리다. 사람들의 심리가 바뀌면 그 방향으로 움직인다. IMF 때는 부동산가격이 내려가는데도 불구하고 더 내릴까 싶어서 아무도 선뜻 매수에 나서지 못했다. 지금은 더 오를 것 같아서 매도를 머뭇거린다. IMF 때나 지금이나 마찬가지다. 이제 서서히 매도해야 할 때가 아닌가 싶다. 아파트를 팔고 이슈가 발생하는 개발지 근처의 땅을 사자.

'10(5) + 5가지 필요충분조건'

10km(5km 이내면 더 좋다) 안에
– 고속도로 IC 2개 이상
– 지하철(철도) 역사
– 산업단지 2개 이상
– 택지개발지구 1개 이상
– 농지 평당 50만 원 이하, 관리지역 100만 원 이하

투자를 잘하려면 입지가 괜찮은 지역을 찾을 수 있어야 한다. '10(5) + 5가지 필요충분조건'을 만족하는 지역이라면 매수를 고려해도 된다. 좋은 물건은 여기서 나오기 때문이다. 토지에 투자하려면 알아야 할 내용이 많고, 피해야 할 것도 많다. 예를 들어 ①, ② 등급지는 투자에 신중해야 하는 땅이다. '바보도 아니고 누가 이런 땅을 살까?' 싶겠지만, 모르면 속을 수밖에 없다. 다음과 같

은 순서로 주의만 해도 최소한 손실은 안 본다.

① 절대농지, 비오톱, 군사시설보호구역, 그린벨트, 비행금지구역, 철탑 아래, 도시계획시설 예정지, 공원, 국립공원, 수산자원보호구역, 완충녹지, 철도시설계획구역
② 절대농지(원형지), 보존녹지, 보존관리지역, 맹지, 공익용 임야
③ 관리지역(생산. 계획), 생산녹지
④ 잡종지, 나대지
⑤ 상업용지, 주거용지, 공장용지

책을 쓰는 내내 투자자에게 실제로 도움이 되는 게 무엇인지를 고민했다. 좀 지루하지만 제대로 알아야 하는 기본부터 반드시 피해야 할 것들, 개인적인 실패와 성공을 통해 얻은 노하우까지 담았다. 어디서부터 시작해야 할지 모를 막막한 시간을 줄이고, 투자처와 투자 타이밍을 잡는 데 도움이 될 것이다. 전국의 현장에서 아이디어를 준 여러 관계자와 부동산 지인들, 인내를 가지고 지지해준 사랑하는 가족, 특히 늘 걱정하는 아내와 어머니와 형제들에게 고마움을 전한다.

이일구

+ 체계적이다 + 안전하다 + 정말쉽다 + 속이꽉찼다 +

머리말 • 004

1장 개발계획 속에 보물지도가 있다

01 **대한민국이 궁금해** 국토종합계획 • 015
02 **경기도가 궁금해** 도종합계획, 수도권정비계획, 광역도시계획 • 027
03 **파주시가 궁금해** 도시기본계획 • 035
04 **○○동이 궁금해** 도시관리계획, 토지이용계획확인서 • 044

투자분석 평택항에 집중하라 • 054

2장 땅값은 이 4가지가 결정한다

01 `교통` 도로 따라 철도 따라 돈이 흐른다 • 067
02 `산업단지와 택지개발지구` 거래량 상승 지역을 찾아라 • 077
03 `인구` 인구가 증가한 곳을 찾아라 • 084
04 진짜 이 4가지가 땅값에 영향을 줄까? • 096
05 지가상승의 4가지 조건으로 분석한 평택, 화성, 세종시 • 102

투자분석 화성시에 집중하라 • 105

3장 투자? 하수는 감을 믿고 고수는 데이터를 분석한다

01 부동산공법이란 무엇이고, 왜 필요한가? • 113
02 빅데이터 분석에 대한 말, 말, 말 • 126
03 `빅데이터 분석` 지가상승률, 토지거래량, 경제성장률과 지가변동률의 관계, 택지공급실적 • 136
04 `키워드 분석` 4차산업과 관련된 지역은 어디일까? • 143
05 용도지역별, 이용상황별 지가상승률 분석 • 152

투자분석 세종시 북부에 집중하라 • 158

4장 준비가 끝났으면 현장이다

- **01** 땅 투자에 실패하는 사람들의 특징 • 171
- **02** 백 번은 가봐야 현장이 보인다 • 178
- **03** 현장에 가라는 게 무슨 말일까? 가서 뭘 해야 하지? • 183
- **04** 싼 게 좋다고? 10(5) + 5가 좋은 땅이다 • 188
- **05** 기획부동산이 몰리는 곳이 좋은 땅이다 • 198
- **06** 경치 좋은 곳이 아니라 오르는 곳이 좋은 땅이다 • 207
- **07** '매물이 없다, 곧 오른다, 대박난다'는 말은 그냥 걸러라 • 213
- **08** 협상하고 물러서면 기회는 또 온다 • 219
- **09** 판단이 서면 행동하고, 행동했으면 후회하지 말자 • 225
- **10** 마지막은 매도의 기술! 살 때보다 팔 때가 더 어렵다 • 232

투자분석 평택 안중 역세권에 투자해서 1600% 수익을 올린 조 대표 • 239

5장 딱지투자는 모두 불법일까?

- **01** 이주자택지 투자로 5년 만에 15억을 번 투자자 • 251
- **02** 물딱지, LH토지분양권 투자의 실제 • 259
- **03** 판교신도시, 위례신도시, 동탄신도시, 고덕신도시, 현덕지구 이택투자 • 267
- **04** 이택투자는 상권과 건축을 알아야 한다 • 274
- **05** 자가 건축 시 손해 볼 확률을 확실히 줄이는 방법 • 281

투자분석 평택 신영리 농지투자로 좋은 수익을 올린 투자자 • 289

6장 투자기법, 땅 투자의 대상은 상상력이다

01 **마케팅 투자** 토목공사, 도로개설, 나무만 심어도 땅 가치는 상승한다 • 299

02 **건축 후 매매** 수익용 건축물을 짓기 위한 땅 가격의 비밀 • 306

03 **수용, 환지, 보상** 땅에만 투자하는 꾼들의 세계 • 313

04 **길목 투자** 브리핑 각이 나오는 곳이라면 사라 • 321

05 **알박기 투자** 다른 사람이 필요로 하는 땅이라면 사라 • 328

06 **시가화예정구역 투자** 지구단위계획구역, 시가화예정구역이면 사라 • 335

투자분석 용인 동쪽 처인구에 집중하라 • 343

투자사례 매수의 조건 10(5)+5로 투자에 성공한 사례 • 353

부동산사무소에 가면
벽에 '2035년 도시기본계획'이라는 지도가 걸려있다.
읍·면·동·리의 몇 번지가 어떤 개발계획을 가지고 있는지까지
몽땅 드러나 있는, 말 그대로 보물지도인 셈이지만
아무나 돈을 벌지는 못한다.
스스로 해석하는 능력이 없기 때문이다.
1장에서는 이 보물지도를 해석하는 방법을 알아보자.

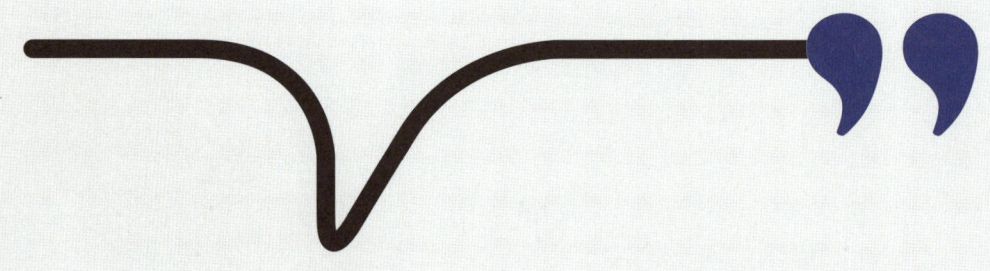

1장

개발계획 속에 보물지도가 있다

01 대한민국이 궁금해
국토종합계획

17년을 현장으로 돌면서도 필자 역시 국토종합계획을 그다지 중요하게 여기지 않았었다. 지금 생각하면 후회막심인지라 토지 투자에 관심을 가지기 시작한 여러분은 나 같은 실수를 하지 않길 바라는 마음에서 무엇보다 먼저 설명하고자 한다.

우리가 알아야 하는 부분은 국토·도시계획의 흐름을 이해하고, 국토를 어떤 식으로 개발할 것인지 전체적인 흐름을 파악하는 것이다. 그렇다고 국토·도시계획 전문가가 되라는 게 아니다. 딱 투자에서 응용할 수 있는 수준이면 좋다. 관심과 공부가 되면 투자는 어렵지 않다.

한 지역의 투자가치를 판단하기 위해 가장 먼저 확인해야 할 것이 바로 이 '국토종합계획'이다. 정부가 발표한 공식자료라 가장 객관적인 지표가 된다. 단, 같은 자료를 봐도 해석은 달라질 수 있고, 조심해야 할 것도 있다. 국토종합계획은 대한민국 전 국토를 어떻게 개발할지에 대한 가장 큰 틀이고, 이것을 기반으로 범위를 좁혀가며 세부적인 계획들이 더 있다. 앞으로 이 내용들을 자세히 다룰 텐데 어떤 것들이 있는지, 각각이 뭘 말해주는지 간단히 개념을 정리하고 시작하자.

예) 대한민국 경기도 파주에 투자해볼까?
이 지역이 투자가치가 있는지, 어떤 개발호재가 있는지 알려면 어떻게 해야 할까?

<u>1. 대한민국 – 국토종합계획</u>
2. 경기도 – 도종합계획
3. 파주시 – 도시기본계획(시·군·읍·면·동·리 몇 번지에 해당하는 가장 세부적인 개발계획)
4. 광역도시계획 – 광역 시설이나 교통 등 2 도시 이상에 걸친 개발계획
5. 수도권정비계획 – 자연보전, 과밀억제 등 경기도 일대에 관련된 개발계획

 국토종합계획이 대체 뭐지?

쉽다. 말 그대로 '국토에 대한 종합계획'이다. 현재는 제5차국토종합계획(2020~2040)이 추진되고 있다. 우리나라 국토 개발에 관해 가장 상위에 있는 계획이라 그 이하의 모든 계획에 우선한다. 그런데 이런 식의 상위계획일수록 정책적 방향을 제시할 뿐 법적 구속력은 없다.

국토계획 구조도

국토계획
1. 국토종합계획
2. 도종합계획
3. 시·군종합계획

개별계획
4. 지역계획   5. 부문별계획

쉽게 말하면 계획은 계획일 뿐 반드시 집행하는 것은 아니라는 것이다. 그래서 이 계획에 있는 일들이 실제로 진행되는가를 현장에서 확인한 후 투자하는 게 중요하다. 국토계획은 국토기본법 제6조에 정의되어 있다. 이것을 쉽게 그림으로 표현해보면 위와 같은 구조가 나온다.

국토종합계획은 국토계획 중 최상위에 있으며 「국토기본법」에서 규정하고 있다. 국토 전역을 대상으로 한다. 국토의 장기적인 발전 방향을 제시하는 종합계획이므로, 국가가 수립하는 모든 계획이 이를 기반으로 한다. 장기계획의 특성상 20년 단위로 수립되며, 5년 단위로 사회·경제적 변화에 따라 변경할 수 있다. 국토종합계획의 내용은 국토기본법 제10조에 정의되어 있다.

도종합계획은 도 또는 특별자치도의 관할구역을 대상으로 해당 지역의 장기적인 발전 방향을 제시한다. 이 또한 「국토기본법」에서 규정하고 있는데, 대부분의 계획 내용과 여건은 국토종합계획과 비슷하다.

시·군종합계획(도시기본계획, 도시관리계획)은 특별시, 광역시, 시 또는 군의 관할구역을 대상으로 한다. 이때 광역시의 군은 제외한다. 해당 지역의 기본적인 공간구조와 장기 발전 방향을 제시하고, 토지이용, 교통, 환경, 안전, 산업, 정보통신, 보건, 후생, 문화 등에 관한 계획이다. 「국토의 계획 및 이용에 관한 법률」에 따라 수립된다.

시·군종합계획 밑에는 시·군관리계획이 있는데, 이들은 법적 구속력이 있는 실체적 계획이라 국민의 재산권에 직접적인 영향을 미친다. 시·군관리계획은 용도지역 및 도시계획시설 등을 결정하고, 이 결정들은 토지 가치와 재산권 행사의 가능 여부에 절대적인 영향을 준다. 지구단위 계획구역으로 결정되는 순간부터 건축물의 밀도와 용도뿐만 아니라 색채와 지붕 형태까지도 제한한다. 따라서 부동산 투자자들은 도시관리계획과 개별 법률에 의한 계획을 심도 있게 분석할 필요가 있다.

지역계획은 특정 지역을 대상으로 한다. 특별한 정책 목적을 달성하기 위하여 수립한다.

부문별계획은 국토 전역을 대상으로 한다. 특정 부문에 대한 장기적인 발전 방향을 제시한다.

국토기본법 제6조(국토계획의 정의 및 구분)

① 이 법에서 '국토계획'이란 국토를 이용·개발 및 보전할 때 미래의 경제적·사회적 변동에 대응하여 국토가 지향하여야 할 발전 방향을 설정하고 이를 달성하기 위한 계획을 말한다.

② 국토계획은 다음 각 호의 구분에 따라 국토종합계획, 도종합계획, 시·군종합계획, 지역계획 및 부문별계획으로 구분한다.

국토기본법 제10조(국토종합계획의 내용)

국토종합계획에는 다음 각 호의 사항에 대한 기본적이고 장기적인 정책방향이 포함되어야 한다.

1. 국토의 현황 및 여건 변화 전망에 관한 사항
2. 국토 발전의 기본 이념 및 바람직한 국토 미래상의 정립에 관한 사항
3. 국토의 공간구조의 정비 및 지역별 기능 분담 방향에 관한 사항
4. 국토의 균형발전을 위한 시책 및 지역산업 육성에 관한 사항
5. 국가경쟁력 향상 및 국민생활의 기반이 되는 국토 기간 시설의 확충에 관한 사항
6. 토지, 수자원, 산림자원, 해양자원 등 국토자원의 효율적 이용 및 관리에 관한 사항
7. 주택, 상하수도 등 생활 여건의 조성 및 삶의 질 개선에 관한 사항
8. 수해, 풍해(風害), 그 밖에 재해의 방제(防除)에 관한 사항
9. 지하 공간의 합리적 이용 및 관리에 관한 사항
10. 지속가능한 국토 발전을 위한 국토 환경의 보전 및 개선에 관한 사항
11. 그 밖에 제1호부터 제10호까지에 부수(附隨)되는 사항

그래서 국토종합계획을 어떻게 써먹을 수 있을까?

개발계획은 누구에게나 공개된 자료지만 아무나 돈을 벌지는 못한다. 스스로 해석하는 능력이 없기 때문이다. 공부가 안 되어 있는 사람은 봐도 이게 뭘 의미하는지 감이 오지 않을 것이다. '미쳐야 미친다'라는 말을 떠올려보자. 돈을 버는 일이든 공부든 뭔가에 미칠 만큼 몰입해야 비로소 길이 보이듯 국토종합계획과 현장을 보는 일에 미치면 대한민국 땅 개발의 방향이 보이기 시작한다. 몇 가지 주의할 점과 활용방법에 대해 살펴보자.

첫째, 국토종합계획은 정권에 따라 변한다.

한마디로 정리하면 장기적으로 국토 발전의 방향을 제시하는 것이 국토종합계획이다. 문제는 현실적으로 이 계획이 정권이 바뀔 때마다 변하고 있다는 부분이다. '국토계획을 따라가면 돈이 보인다'는 얘기는 개발지상주의 시절에는 맞았지만 지금은 아니다. 더 자세히 말하면 우리에게는 절대 권력자의 집권 시기(5년) 이내에 실제로 집행될 계획이 무엇인지를 정확히 판별하는 능력이 필요하다. 정권의 의도를 파악하여 향후를 예측할 수 있어야 한다는 말이다.

둘째, 계획은 계획일 뿐이니 반드시 현장을 확인하라.

내 경우 국토종합계획에 대해 처음 알고 난 후 현장을 둘러보았다. 국토종합계획에서 하겠다고 한 것들이 현장에서 얼마나 정확하게 실행되고 있는지 궁금했기 때문이다. 가장 자주 다닌 곳은 평택인데, 평택항 근처에 황해경제자유구역이 있다. 황해경제자유구역은 평택항을 수도권 물류거점 항구로 지

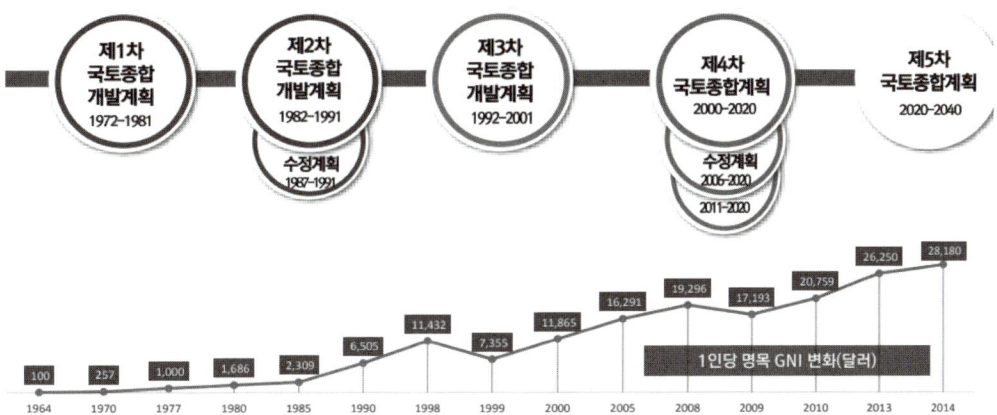

(출처: 국토교통부)

정하면서부터 이미 개발이 예견되었고, 국토종합계획·경기도종합계획 – 평택도시기본계획에 따라서 충실히 진행되고 있었다.

국토종합계획을 미리 보고, 이 사실을 좀 더 일찍 알았더라면 진즉에 평택에 땅을 사서 상당한 시세차익을 얻을 수 있었을 것이다. 이런 식이다. 지금도 늦지 않다. 앞으로도 국토종합계획에 따라 개발될 땅은 전국에 얼마든지 널려 있다. 계획과 현실이 정확히 꼭 들어맞지 않을 순 있지만 계획대로 될 가능성이 언제나 더 높다는 걸 잊지 말자.

그렇다고 국토계획이 만능은 아니다. 국토계획이 구체적인 투자 메시지를 던져주지는 않기 때문이다. 부동산 투자 관련 책이나 강의 등을 보면 '나무만 보지 말고 숲을 보라'는 이야기를 자주 한다. 또 '국토종합계획을 알아야 부동산 투자가 보인다'는 식으로 상위계획의 중요성에 대해서만 언급한다. 틀린 말은 아니지만 상위계획의 실상이나 특징을 제대로 모르는 발언일 수도 있다.

지금은 전처럼 정부예산으로 대규모 신도시를 개발하는 등의 사업이 시행될 가능성은 거의 없기 때문이다. 도시개발이나 SOC 사업예산은 해마다 줄고 있으며, 복지예산 등의 규모는 해마다 증가하고 있다. 도종합계획 등 상위계획에서 장밋빛 청사진을 보여주니 무조건 투자하라는 식의 권유는 그래서 위험하다. 또 권역별 계획은 벨트를 형성한다거나 클러스터를 형성한다거나 지역을 활성화한다는 것이 대부분이다. 모든 일이 그렇듯이 계획한다고 다 활성화되는 것은 아니다. 기업이나 산업시설이 모이기 위해서는 세제 혜택 등 행정관청의 전폭적인 지원이 필요하다. 계획만 세웠다고 벨트나 클러스터가 형성되지는 않는다는 말이다. 그러니 이런 장기적인 계획만 믿고 부동산 투자를 하는 어리석음을 범하지는 말자.

셋째, 관련 지도와 계획을 보고 어떻게 투자할 것인지를 연습하라.

다음 페이지에 있는 지도는 국토를 권역별로 구분해서 개발하겠다는 개발축에 관한 것이다. 이 지도를 보고 무슨 생각이 드는지 묻고 싶다. 국토종합계획에는 이런 지도와 자료가 많은데, 토지에 투자해 성공하고 싶다면 이런 투자지도를 늘 눈여겨봐야 한다.

예를 들어 다음과 같은 서해안 신산업벨트 계획지도를 봤다고 치자. 당신이라면 어디에 투자할 것인가? 가장 먼저 할 일은 이 계획안에 있는 안산, 화성, 평택, 당진, 태안, 새만금 등의 현장을 방문해서 실제로 공사가 진행되고 있는 곳은 어디인지, 아니면 그냥 계획만 있는 건지를 파악해야 한다.

정부는 초광역 개발을 위해 서해안 신산업벨트의 개발 방향을 국제 비즈니스 거점 및 환황해 협력체계 조성, 초일류 첨단 산업벨트 구축, 글로벌 해양생태, 문화 관광벨트 조성, 역내 외 연계 인프라 구축 등으로 잡고 있다. 따라서 이 지도를 기반으로 제약, 바이오, 자동차, 반도체, 정밀기계, 4차산업을 주도할 도시가 어디인지를 찾을 수 있다.

이런 식으로 스스로 질문을 가지고 현장을 파악하다 보면 머릿속에 자신만의 투자지도가 그려진다. 4차산업과 국토종합계획을 겹쳐서 보면 어느 지역을 중심으로 4차산업이 활성화될 것인지를 알 수 있다. IT산업, 나노산업, 생명공학산업, 신재생에너지산업, 환경산업, 문화관광산업 등 신성장 산업이 부상하고 있으나 이를 지원할 수 있는 공간 정책은 미흡하다. 필자는 수원, 화성, 평택, 천안, 아산 지역이 유력하다고 본다. 이 지역이 유력한 이유는 경쟁력을 갖춘 제조업에 있다. 현재 대한민국을 먹여 살리고 있는 반도체, 자동차, 바이오, 4차산업혁명 일자리가 이 지역들에 이미 포진 중이라 연계해서 토지를 개

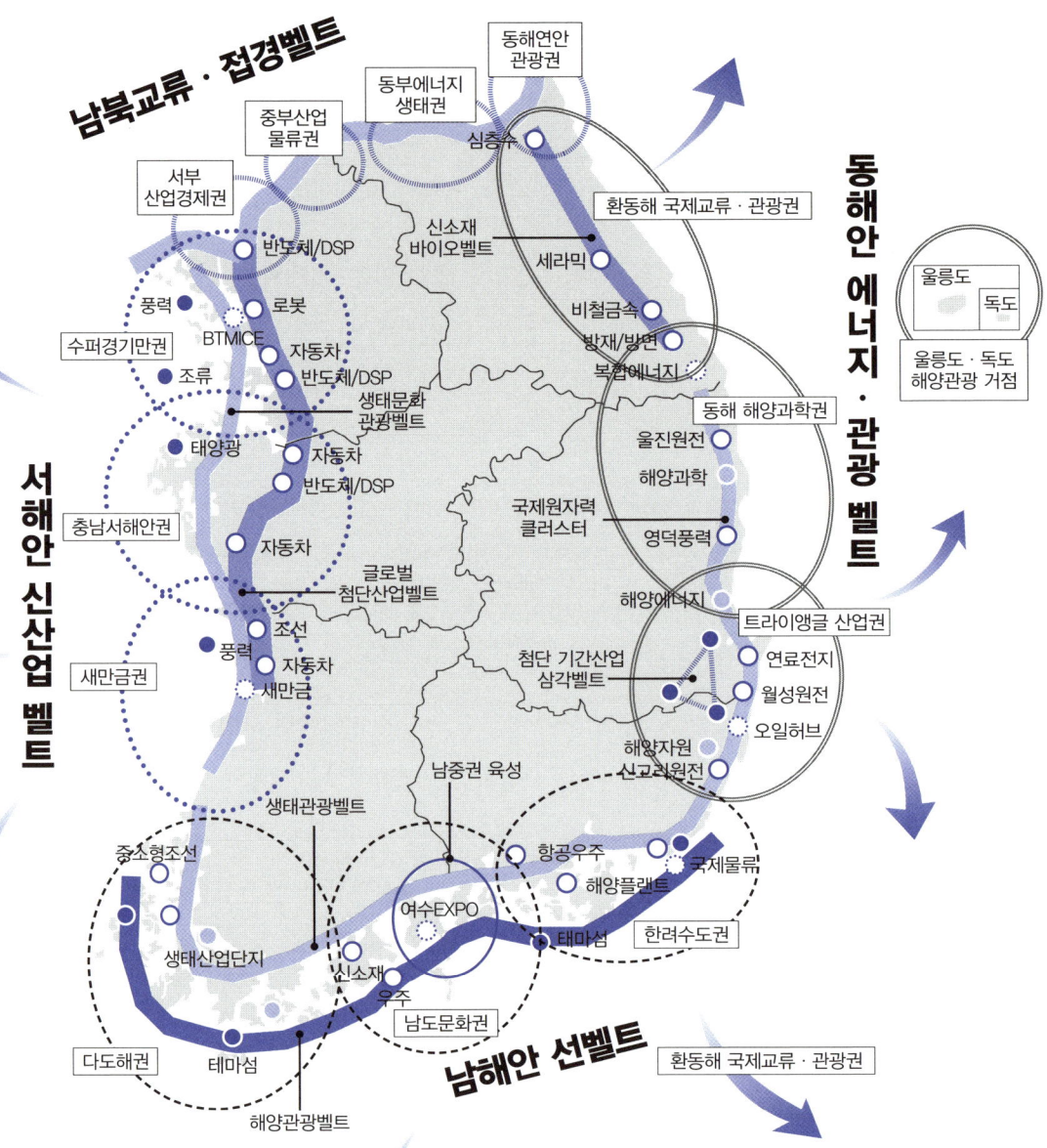

발할 가능성이 높기 때문이다. 물론 확신이 서지 않는 상태라면 투자를 보류하자.

4차산업혁명은 인공지능(AI), 사물인터넷(IoT), 빅데이터, 모바일 등 첨단 정보통신기술이 경제·사회 전반에 융합되어 혁신적인 변화가 나타나는 차세대 산업혁명이다. 여러 분야의 신기술과 결합되어 실제로 우리가 생활에서 사용하는 모든 제품이나 서비스를 네트워크로 연결하고 사물을 지능화시킬 것이다. 이처럼 4차산업혁명은 우리나라 산업의 미래 먹거리다. 당연히 국토 개발도 이와 관련해 진행될 것이라 알아둘 필요가 있다. 부동산 투자 좀 해보려는데 4차산업혁명이니 국토개발계획이니 공부할 게 많기도 하다 싶겠지만 큰돈이 움직이는데 신중하지 않을 수 없다.

넷째, 교통과 개발 방향, 정치적인 흐름을 읽어라.

땅이든 집이든 부동산에 투자할 때 도로, 즉 교통을 확인하는 것은 기초 중의 기초다. 국토종합계획을 볼 때도 마찬가지다. 도로, 철도, KTX, GTX, 인구, 지역별 계획 등을 파악해야 한다. 너무 중요하니 한 번 더 이야기해보자. 인구가 모이고 도시가 형성되기 위해서는 반드시 교통의 편리성이 확보되어야 한다. 예를 들어 동탄신도시를 보면 경부고속도로 옆에 위치해 있다. 신도시가 들어서고 인구가 모여드니 SRT(고속철도)와 지하철, GTX(수도권광역급행철도)를 추가로 넣어준다. 그 결과 인구가 증가했고, 당연히 땅값도 올랐다.

2021년 3월 LH직원 땅 투기 사건 이후 토지시장에서의 변화도 불가피하다. 농지는 규제가 더욱 심해졌다. 토지를 지분거래한 것까지 조사하고 있다. 3기 신도시나 용인SK하이닉스산업단지 주변 등 개발의 영향이 미치는 곳은 특히 투자에 유의해야 한다. 얼마 남지 않은 대선 이후 부동산세금 정책과 정부의 부동산개발 정책에 관심을 가져야 할 시점이다.

4차산업혁명과 우리 국토의 기회와 위기 요인

Strength 강점
1. 전 국토의 건실한 ICT 인프라 구축(46.6%)
2. 전국적 교통망 등 SOC 인프라(29.3%)
3. 스마트 도시기술의 선진성(15.9%)
4. 우수하고 풍부한 기술인재(6.3%)
5. 혁신도시 등 자수의 지역혁신거점(1.4%)

약점 Weakness
1. 국토분야 제도의 경직성(33.2%)
2. 국토교통분야 R&D 투자 미흡(19.2%)
3. 4차 산업혁명 기업 수도권/대도시 편중(13.9%)
4. 기술력 및 인재의 부족(13.5%)
5. 기술 간 표준화 지체문제(9.6%)
6. 디지털 보안 및 개인정보보호의 취약성(6.7%)
7. 테스트베드공간의 부족(2.9%)

Opportunity 기회
1. 스마트 인프라의 확충(31.3%)
2. 국토교통분야 신사업/서비스 창출(26.4%)
3. 국토정보 데이터 인프라 구축(19.7%)
4. 국토관리의 효율성 증대(13.5%)
5. 대국민 서비스의 질 제고(5.3%)
6. 도농 간 교육/의료서비스 격차 개선(2.4%)

위협 Threat
1. 도농 간 수도권과 비수도권 등 지역 간 격차 심화(39.9%)
2. 산업 간 융합 등에 따른 전통적 제조업 중심의 지역산업구조 위기 가능성(26.9%)
3. 세대 간/소비계층 간 디지털 양극화 심화(25.5%)
4. 산업단지 등 기존 산업생산시설 노후화(6.3%)

(출처: 국토정책연구원 국토정책 Brief)

02 경기도가 궁금해

도종합계획, 수도권정비계획, 광역도시계획

앞에서 배운 국토종합계획은 국토 전체에 대한 큰 계획이다. 하지만 우리가 투자할 곳은 국토의 아주아주 작은 일부일 뿐이라 사고 싶은 땅에 관련된 구체적인 정보가 필요하고, 그런 정보를 볼 수 있는 것이 다음과 같은 것들이다.

국토를 이루는 땅들 중 둘 이상의 도시에는 광역도시계획, 도 단위에는 도종합계획, 수도권에는 수도권정비계획이 있다. 실제로 우리가 투자할 지역은 어느 도시의 읍·면·동·리에 해당한다. 따라서 이 도시의 상위계획을 알아야 발전 방향을 읽을 수 있다. 예를 들어 평택시 포승읍 신영리에 투자한다고 할 때 다음과 같은 약 6개의 계획을 확인해야 완벽한 그림이 나온다. 이번 장에서는 국토종합계획 아래쪽 3개를 배워보자.

예) 평택이 떴다는데, 아직도 투자가치가 있을까?

뭘 찾아봐야 어떤 개발호재가 있는지, 얼마나 진행됐는지 제대로 확인할 수 있을까?

1. 국토종합계획
2. 경기도종합계획
3. 수도권정비계획
4. 화성과 평택에 걸친 개발을 보려면 광역도시계획
5. 2035 평택도시기본계획
6. 평택시 관리계획

 도종합계획

경기도를 예로 들어 알아보자. 물론 다른 도종합계획 역시 마찬가지다. 현재 진행 중인 경기도종합계획(2021~2040)은 교통, 인구, 산업 등 경기도의 발전 방향을 제시하는 최상위계획이다. 그동안에는 수도권정비계획으로 대체해왔지만 경기도가 자체 개발계획을 세웠다는 데 의미가 있다. 산업단지 개발계획과 교통계획(GTX, 고속도로, 지하철), 택지 개발계획을 살피고 어느 지역을 개발하는지를 눈여겨보아야 한다. 더 구체적으로는 서울~세종고속도로 IC 주변과 새로 산업단지가 생기는 곳에 주목하자. 그동안 타 시·도는 도종합계획 또는 도시기본계획(서울시, 광역시)을 수립하여 시행해왔다.

수도권정비계획

　　　　　수도권정비계획이란 수도권에 과도하게 집중된 인구와 산업을 적정하게 배치하도록 유도하여 수도권을 질서 있게 정비하고 균형 있게 발전시키기 위한 종합적인 계획이다. 수도권 정비의 기본 방향, 인구 및 산업의 배치, 권역별 구분 및 정비, 인구집중 유발시설 및 개발사업의 관리, 광역적 교통 시설과 상하수도 시설 등의 정비, 환경보전에 관한 사항 등이 그 내용이다.

　다음 페이지에서 보는 것처럼 수도권정비계획에서 구분되는 권역은 3가지로 나뉜다. 이 권역에 따르면 이천, 여주, 광주, 용인 동부, 안성 동부에는 대규모 산업단지나 택지개발 지구가 들어오기 어렵다. 즉 까다롭다. 이유는 수도권정비계획법에 의하여 지정된 자연보전권역이기 때문이다. 이런 지역에 투자한다면 대규모 개발에 의한 시세차익보다 개별건축에 의한 지목변경이나 실거주 목적의 투자가 바람직하다.

1. 과밀 억제 권역: 인구와 산업이 지나치게 집중되었거나 집중될 우려가 있으니 이전시키거나 정비할 필요가 있는 지역
2. 성장 관리 권역: 과밀억제권역으로부터 이전하는 인구와 산업을 계획적으로 유치하고 산업의 입지와 도시의 개발을 적정하게 관리할 필요가 있는 지역
3. 자연 보전 권역: 한강 수계의 수질과 녹지 등 자연환경을 보전할 필요가 있는 지역

수도권정비계획은 「국토의 계획 및 이용에 관한 법률」에 따른 도시계획이

수도권 권역의 구분 및 범위

제4차 수도권정비계획(2021~2040)

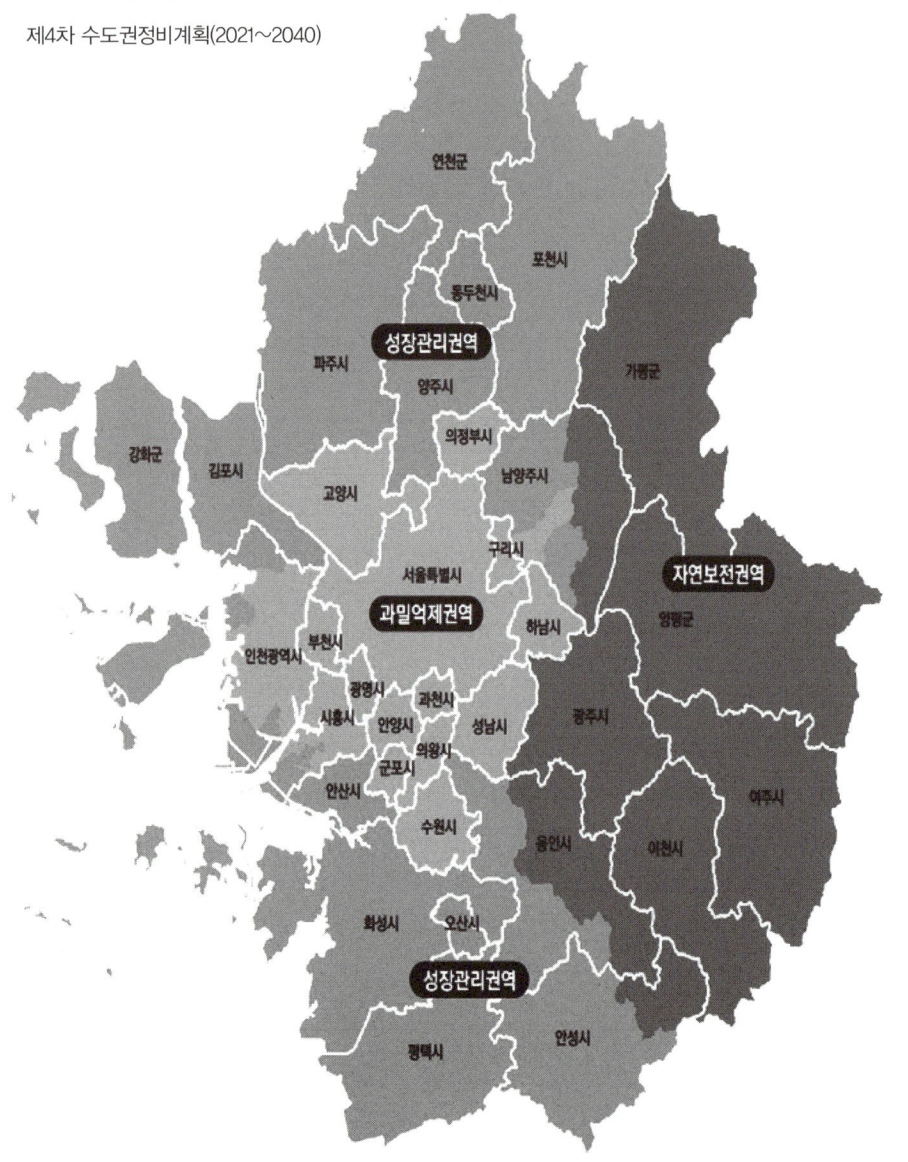

(출처: 국토교통부)

며, 그 밖에 다른 법령에 따른 토지이용계획 또는 개발계획 등에 우선한다. 중앙행정기관의 장이나 서울특별시장·광역시장·도지사 또는 시장·군수·자치구의 구청장 등 관계 행정기관의 장은 수도권정비계획에 맞지 않는 토지이용계획이나 개발계획 등을 수립·시행하여서는 안 된다. 수도권정비계획은 중앙행정기관의 장과 서울특별시장·광역시장 또는 도지사의 의견을 들어 국토교통부장관이 수립하며 수도권정비위원회의 심의를 거친 후 국무회의의 심의와 대통령의 승인을 받아 결정된다. 구체적인 내용은 다음과 같다.

1. 수도권 정비의 목표와 기본 방향에 관한 사항
2. 인구와 산업 등의 배치에 관한 사항
3. 권역의 구분과 권역별 정비에 관한 사항
4. 인구집중 유발 시설 및 개발사업의 관리에 관한 사항
5. 광역적 교통 시설과 상하수도 시설 등의 정비에 관한 사항
6. 환경보전에 관한 사항
7. 수도권 정비를 위한 지원 등에 관한 사항
8. 제1호부터 제7호까지의 사항에 대한 계획의 집행 및 관리에 관한 사항
9. 그 밖에 「수도권정비계획법 시행령」으로 정하는 수도권 정비에 관한 사항

광역도시계획
도시기본계획과의 차이와 토지 투자의 방향을 읽는 법

광역도시계획이란 둘 이상의 특별시, 광역시, 시 또는 군을 대상으로 공간구조 및 기능을 상호 연계시키고 환경을 보전하며 광역시설을 체계적으로 정비하기 위한 것이다. 국토해양부 장관 또는 도지사가 「국토의 계획 및 이용에 관한 법률」에 따라 광역계획권의 장기 발전 방향을 제시한다. 20년을 단위로 하는 장기계획이며, 도시계획 체계 중 가장 높은 상위계획이다.

도시기본계획과는 뭐가 다를까? 대부분 헷갈리고 실제로도 거의 비슷하다. 구체적으로 뭐가 다른지 짚고 넘어가자.

하나, 도시기본계획처럼 1개 시·군이 아니라 2개 이상의 시·군을 대상으로 한다는 것이 다르다. 따라서 광역계획권 내 시·군들이 도시기본계획을 수립할 때는 광역계획을 지침으로 받아들여야 한다.

둘, 광역도시계획은 「국토기본법」이 아니라 국토계획법상에서만 존재한다. 「국토계획법」에 따른 도시계획으로는 가장 큰 범위를 갖고 수립되기 때문에 최상위 도시계획이라고 할 수 있다.

셋, 도시기본계획은 종합계획이지만, 광역도시계획은 시·군별 기능 분담이나 광역시설 설치 등 특정 사항만을 대상으로 수립할 수도 있다. 만약 광역도시계획을 종합계획으로 수립했다면 광역도시권 내 시·군들은 도시기본계획을 수립하지 않아도 된다.

1970년대 이후 도시 광역화가 급속히 진행됨에 따라 효율적인 관리가 중요해졌다. 1991년 도시계획법 개정 시 광역도시계획 제도를 도입하긴 했지만 광

광역계획권 지정 현황

권역별	면적(km²)	인구(명)	해당 도시	광역도시계획수립
수도권	6,852.1	18,317,664	서울, 인천, 수원, 성남, 의정부, 안양, 부천, 광명, 평택, 동두천, 안산, 고양, 과천, 구리, 남양주, 오산, 시흥, 군포, 의왕, 하남, 용인, 파주, 이천, 안성, 김포, 화성, 광주, 양주, 포천, 여주, 연천, 가평, 양평(29시 4군)	'07. 7.
부산권	1,700.7	4,342,437	부산, 양산 김해(3시)	'04. 5.
대구권	4,978.2	3,110,945	대구, 경산, 영천, 칠곡, 고령, 성주, 군위, 청도(3시 5군)	'05. 1.
광주권	3,259.0	1,716,038	광주, 나주, 장성, 담양, 화순, 함평(2시 4군)	'04. 2.
대전권	4,638.0	2,524,369	대전, 공주, 논산(계룡 포함), 연기, 금산, 옥천, 청원, 영농, 보은(3시 6군)	'05. 1.
행복도시	3,597.0	2,582,900	대전, 연기, 공주, 계룡, 천안, 청주, 청원, 진천, 증평(5시 4군)	'07. 6.
청주권	3,403.1	966,192	청주, 청원, 보은, 진천, 괴산, 음성, 증평(1시 6군)	'01. 12.
공주 역세권	2,584.0	502,000	공주, 논산, 계룡, 부여, 청양(3시 2군)	'16. 12.
창원권	1,613.5	1,429,557	마산, 창원, 진해, 함안(3시 1군)	'15. 12.
광양만권	5,279.2	728,000	여수, 순천, 광양(3시)	'06. 5.
전주권	2,457.0	1,428,000	전주, 군산, 익산, 김제, 완주(4시 1군)	'09. 9.
전남 서남권	3,711	1,076,000	목포, 해남, 영암, 무안, 완도, 진도, 신안(1시 6군)	'09. 3.
제주권	1,847.8	553,864	제주, 서귀포, 남제주, 북제주(2시 2군)	'07. 6.
내포 신도시권	3,496.0	1,146,000	서산, 당진, 보령, 홍성, 예산, 태안(3시 3군)	'16. 12.

역시설 설치와 관리에 중점을 두었을 뿐이라 활성화되지 않았다. 그래서 2000년 도시계획법 개정 시 새로 제도를 구성하고 「국토의 계획 및 이용에 관한 법률」에 계승시키게 된 것이다. 참고로 광역시설이란 둘 이상의 특별시, 광역시, 특별자치시, 특별자치도·시 또는 군의 관할구역에 걸치는 시설을 말한다. 예를 들면 도로·철도·운하·광장·녹지·수도·전기·가스·열공급설비·방송·통신시설·공동구·유류저장 및 송유설비·하천·하수도 등이다. 이때 하수종말처리시설은 제외한다.

광역도시계획을 수립하려면 기초조사와 공청회, 지방자치단체의 의견청취 등을 해야 한다. 이미 포함된 지역의 도시기본계획은 그 광역도시계획에 부합되어야 하며, 도시기본계획의 내용이 광역도시계획의 내용과 다를 때는 광역도시계획의 내용이 우선한다. 예를 들어 '2040년 수도권 광역도시계획'을 읽어보면 수도권 도시 간의 개발계획을 알 수 있다.

따라서 토지에 대해 공부할 때는 그린벨트 해제 지역, 광역철도, 물류, 항만, 수자원 활용 등을 키워드로 광역도시계획을 분석하고 해석해보면 좋다. 가장 먼저 봐야 할 것은 개발제한 구역이 과도하게 지정되어 시대적 변화에 따라 적합한 도시 기능을 하지 못하는 시·군이 있나를 보는 것이다. 개발제한구역 추가 해제를 통해 도시의 자족기능 확보 및 공간구조 개선에 활용한다. 이 기준에서 보면 개발제한구역이 많은 도시는 구리, 남양주, 과천, 하남 등이다. 두 번째는 개발축이다. 개발축은 기존의 경부축 중심의 개발은 지양하고 서·남부축 등의 적절한 기능과 시설을 유치하여 다핵분산형 공간구조를 실현하여야 한다. 이런 식으로 다른 시·도의 광역도시계획도 분석해보면 토지 투자의 방향을 읽을 수 있다.

03 파주시가 궁금해
도시기본계획

앞에서 국토종합계획, 도종합계획 및 수도권정비계획, 광역도시계획에 대해 설명했다. 대충 감은 잡았겠지만 이들 계획만으로는 부족하다. 더 디테일한 지도가 필요하기 때문이다. 경기도를 통째로 살 수는 없지 않은가. 현장 부동산에 방문하면 '2030년 혹은 2035년 도시기본계획'이라는 지도가 걸려 있는 것을 봤을 것이다. 이 지도에는 해당 도시의 시·군기본계획이 들어있다. 읍·면·동·리의 몇 번지가 어떤 개발계획을 가지고 있는지까지 몽땅 드러나 있다는 얘기다. 말 그대로 보물의 위치를 날로 가르쳐준다.

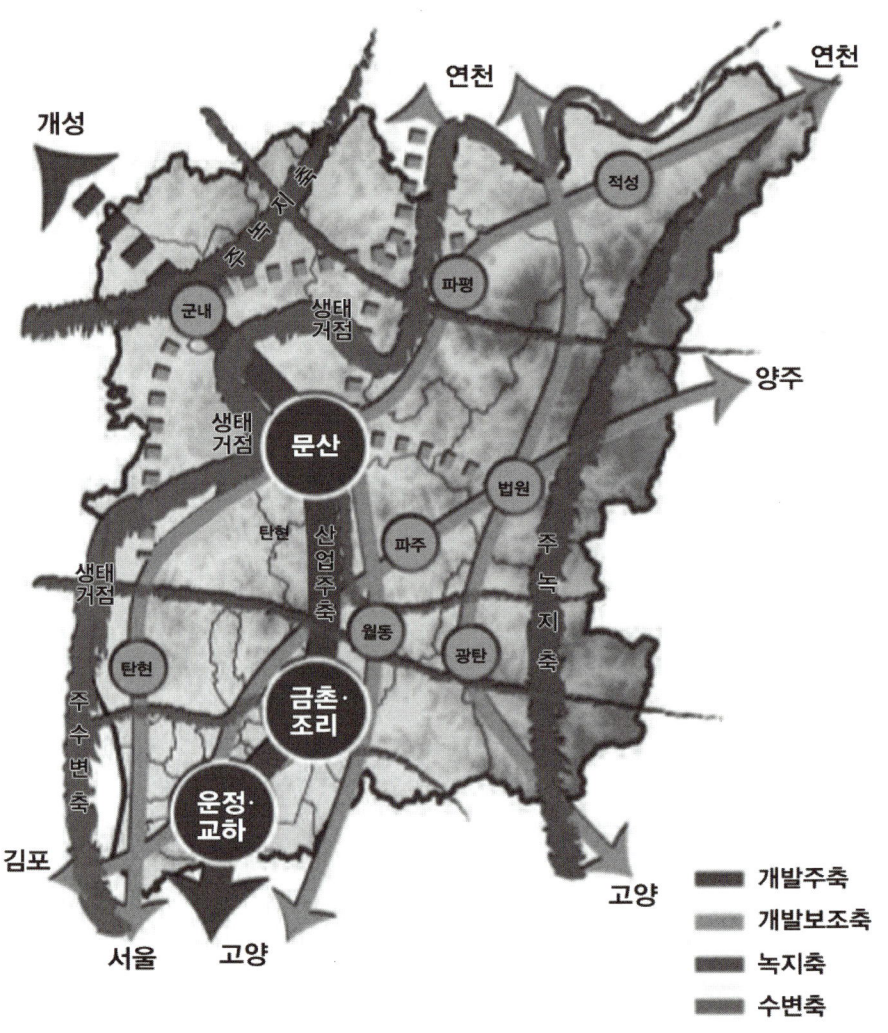

정치적 분위기

요즘 남북관계는 4.27 판문점 선언 이후 앞으로 나가지 못한 채 정체되어 미래를 장담하기 어려워졌다. 이후 남북관계 진전 추이에 따라 접경벨트에 남북한 교류 협력지구를 조성하여 향후 남북교류의 전진기지화 및 접경지역의 지역경제 활성화를 도모하는 방안을 강구할 것이다. 파주시를 대상으로 도시기본계획을 다뤄보겠지만 다른 도시의 도시기본계획을 보는 방법도 다 마찬가지다.

남과 북이 어떤 식으로 교류하게 될까? 우리는 북한의 전력, 교통, 물류시설 등 산업 인프라 시설 개발을 지원하는 대신 북한 지하 광물의 남북한 공동개발을 통해 저렴한 산업자원을 확보할 수 있다. 북한은 광물자원에 대한 남한의 민간투자를 활성화하여 희귀자원에 대한 소유권을 확보하고, 이를 운용하기 위한 철도, 도로 등 사회 기반시설을 구축한다. 북한의 낙후된 상하수도 시설과 노후 주택 등을 정비하기 위한 건설 물자 및 기술지원 등의 사업이 진행될 것이라 예상된다. 제5차국토종합계획(2020~2040)은 지속가능한 국가발전과 국민의 행복한 삶을 누리게 할 수 있는 국토정책이다. 남북관계 변화에 선제적으로 대응한다. 유엔 지속가능발전목표(UN SDGs), 역내포괄적경제동반자협정(RCEP), 파리기후협약 등 새로운 국제규범 이행에 대비한다. 인구감소와 저성장 시대로의 전환에 대비해 지역 간의 격차 불균형, 난개발, 환경오염과 경관 훼손 등의 해소를 목표로 하고 있다. 여기에서 주목해야 할 점은 환경, 기후, 인구가 중심이라는 것이다.

파주의 특성

남북관계에 따라서 파주의 중요성이 커지고 있다고들 말한다. 왜 파주여야만 할까? 그 답을 찾으려면 먼저 파주의 특성을 자세히 들여다봐야 한다.

1. 파주는 서울에서 약 30km 떨어져 있을 뿐이라 통일로와 자유로를 통해 30분 정도면 서울에 진입할 수 있는 곳이다.
2. 경기도 서북단에 위치하고, 동쪽으로 양주군, 북쪽으로 연천군, 남쪽으로는 고양시, 서남쪽으로는 한강을 경계로 김포시, 서북쪽으로는 휴전선을 경계로 북한의 개풍군과 인접해 있으며, 전체 면적이 672.7㎢로 경기도 전체 면적의 약 6.6%를 차지하는 곳이다.
3. 서울에서 판문점을 연결하는 국도 1호선인 통일로 행주대교에서 한강과 임진강을 따라 임진각까지 연결된 자유로, 서울~신의주를 잇는 경의선 철도가 한복판을 지나고 있는 남북 교통의 요충지다.
4. 28km에 달하는 휴전선과 접해 있어 수려한 자연경관, 서울 및 김포공항, 인천국제공항, 인천항 등으로의 뛰어난 접근성에도 불구하고 개발에 제약이 많았던 곳이기도 하다.
5. 대표적인 수도권 제2기 신도시로 분당과 맞먹는 규모로 조성되는 운정신도시가 들어서는 곳이다.
6. LG필립스 LCD 공장, LCD 지방산업단지, 출판문화 정보산업단지, 문발산업단지 등 다수의 산업단지들로 인해 자족 기능이 나날이 강화되고 있는 곳이다.

투자 관점에서 파주의 특성이 갖는 의미

자, 이제 파주의 이런 특성들이 토지 투자 관점에서 어떤 의미를 갖는지를 볼 차례다.

첫 번째는 먼저 신도시 규모를 볼 수 있다. 파주 신도시는 당초 1, 2지구를 합쳐 954만 9,000㎡이었으나 2006년 10월 정부의 수도권 주택공급 확대 방침에 의해 692만 8,000㎡ 규모의 3지구가 추가되어 총 1,647만 7,000㎡로 늘어났다. 여기에 교하지구가 추가로 신도시에 편입되면서 전체 면적은 분당과 맞먹는 수준이 된 것이다.

두 번째는 산업 잠재력이다. 경쟁력 있는 자족기능도 중요하다. 파주 신도시는 주변에 LCD산업단지, 출판문화 정보산업단지, 문발산업단지, 탄현산업단지 등 무려 7개의 산업단지가 있는 등 뛰어난 자족기능을 자랑하고 있다. 수도권 서부지역의 중심도시로 발전해나갈 수 있는 잠재력이 충분하다는 장점이 있다.

세 번째는 교통이다. 앞으로 대중교통환경이 크게 개선될 것이라는 예상이 가능하다. 문산~개성공단 간 화물열차 운행, GTX-A노선 2023년 개통 예정, 제2외곽순환도로는 전 구간이 2026년 개통 예정이다. 서울~문산고속도로는 개통되었고, 대곡소사 파주연장사업 타당성 용역이 진행되고 있다. 제4차국가철도망구축계획(2021~2030)에서 3호선(일산선) 파주 연장과 통일호선(구 조리금촌역) 사업이 확정되었다. 그렇지만 문산~개성 간 고속도로는 남북관계 경색으로 불투명해졌다. 특히 경의선 서울~신의주 간 420km 구간이 KTX선으로 개보수된다면 서울에서 신의주, 중국을 잇는 일일 교통권이 된다. 이 정도면 실수요자뿐만 아니라 투자자의 시선을 한 몸에 받기에도 충분한 조건이다.

네 번째는 생활권이다. 파주시의 공간구조는 문산, 금촌, 교하 세 도시를 중심으로 적성, 파평, 법원, 파주, 광탄, 조리, 탄현 등 7개의 지역으로 설정되어 있다. 정부는 문산은 남북교류 중심으로, 금촌은 경제행정 중심으로, 교하는 문화상업 중심으로 각각 특화시켜 나갈 계획이다. 따라서 특히 광탄면 일대, 법원읍 일대, 적성읍 일대에 계획되어 있는 시가화예정용지에 주목할 필요가 있다.

 구체적인 투자지역을 선택하는 방법!
도시기본계획

지인은 중고차 할부로 2004년에 많은 돈을 벌었다. 그 돈으로 파주LG LCD 단지가 들어오기 전에 월롱면 토지에 투자했다. 매수가는 평당 10만 원 정도였다. 그 땅을 공장을 한다는 투자자에게 100만 원에 팔아서 거의 30억을 벌고 은퇴했다. 소문이 돌 때 사서 착공 전에 파는 투자의 핵심은 '타이밍'이다.

먼저 짚고 가자. 접경지역 중 투자를 피해야 할 곳은 평화통일안보지역, 도시지역, 역사문화재지역, 산악지역 등이다. 특성에 따라 다양한 규제가 가해지고 있기 때문이다. 공원이 예상되는 지역에 투자해서는 안 된다는 건 상식이다. 이제 파주의 상황이 어떻다는 걸 충분히 파악했을 것이다. 그럼 구체적으로 투자할 만한 곳은 어디일까? 어떻게 찾아야 할까? 이럴 때 도시기본계획이 큰 도움이 된다.

2030 파주도시기본계획에 따르면 투자 포인트인 시가화예정용지는 주변 지

파주시 생활권 구분도

(출처: 2030 파주도시기본계획)

역의 개발상황, 도시기반시설의 현황, 수용인구 및 수요, 적정밀도 등을 고려하여 지역별 또는 생활권별로 배분한다. 목표연도 2030년의 토지수요 예측은 주거용지 49.980㎢, 상업용지 1.973㎢, 공업용지 19.602㎢로 산정되어 있다. 2030년 시가화예정지에서 상업용지는 운정신도시, 파주시청, 문산역, 문산시외버스터미널 주변이다. 다음과 같은 것을 고려해 투자를 결정하면 된다.

1. 인구 문산 중심 생활권은 22.5만 명, 금촌·조리 중심 생활권은 21.6만 명, 운정·교하 중심 생활권은 34.4만 명으로 예정된다.

2. 교통 GTX 파주 연장을 연계한 철도교통망 및 환승체계 구축, 서울~문산고속도로, 제2외곽순환도로와 연계된 개발축 형성, 경의선 복선화, BRT(간선급행체계)를 중심으로 찾아야 한다. 교통망을 따라 투자할 경우 최우선이 되는 곳은 도로망들의 교차지역이면서 경의선 역세권과 가까운 지역이어야 하고, 그다음은 위 도로망들의 교차지역 중에서 찾는다.

현재 서울~문산 간 고속도로는 개통되었고, 제2외곽순환도로는 2026년 전 구간이 개통 예정이다. 특히 GTX-A 노선과 지하철 3호선이 연장 개통될 계획이다. 남북관계가 개선됨에 따라 1번 국도를 남북으로 연결하고, 경의선 철도와 중국횡단철도(TCR)를 연계하면 유라시아까지의 확장 가능성이 충분한 곳이 파주다.

3. 산업 파주 LCD 단지를 중심으로 디스플레이 산업 클러스터를 조성하고 개성공단과의 연계체계를 구축하는 등 '남북교류 및 첨단 산업벨트'를 형성한다.

산업주축(1축), 파주시 내외부를 연계하는 광역적 산업축 설정을 목표로 경기 북부 10개 면 발전계획이 세워졌다. 이에 따르면 북부 제1산업벨트와 부합하도록 개성공단~LCD 산업단지~파주희망프로젝트~테크노벨트로 이어지는 산업주축 설정, LCD 산업단지는 LCD, OLED 신성장 산업육성의 거점으로, 파주희망프로젝트 ICT는 융복합 산업거점으로 육성한다. 혹시 가격이 부담스러워 저평가 지역을 찾는다면 법원읍, 파평면, 적성면 주변을 찾아보면 좋다.

4. 투자 목적 파주 적성면의 임야는 평당 15만 원, 문산읍 선유리 자연녹지 53만 원, 장단면 석곶리 22만 원, 탄현면 갈현리 21만 원, 운정 전원주택지 195만 원 등 땅 가격은 천차만별이다. 투자자는 입지를 정하고 가야 한다. 전원주택지인지 단순 지가상승을 노린 농지투자인지 아니면 창고, 공장 등 임대가 목적인지를 분명히 하고 현장에 가자. 파주 투자지역은 넓고 물건의 종류도 다양하다. 현장에서 길을 잃지 않으려면 의도와 목적을 분명히 하고 나서야 한다. 또 요즘 경매로 임야를 싸게 낙찰받은 후 평당 10만 원대에 공유지분으로 판매하는 회사들이 많으니 주의하자. 옥석을 가릴 필요가 있다.

○○동이 궁금해
도시관리계획, 토지이용계획확인서

　어떤 한 지역을 분석하려면 그 지역과 관련된 개발계획을 먼저 봐야 전체 흐름을 파악할 수 있다는 것을 배웠다. 복습하면 국토종합계획-도종합계획-수도권정비계획-광역도시계획-시·군종합계획(도시기본계획/도시관리계획) 등 이었는데, 규모로 봤을 때 맨 끝에 있는 것이 도시관리계획이다. 이번에는 투자자들과 가장 밀접한 도시관리계획과 계약 시 유의사항에 대해 알아보자. 토지이용계획확인서를 설명하는 김에 계약 시 신경 써야 할 것까지 담아보았다.

도시관리계획이란?
도시기본계획과의 차이

'도시관리계획'이란 특별시, 광역시, 시 또는 군의 개발·정비 및 보전을 위하여 수립하는 토지이용, 교통, 환경, 경관, 안전, 산업, 정보통신, 보건, 후생, 안보, 문화 등에 관한 다음 각 목의 계획을 말한다.

가. 용도지역, 용도지구의 지정 또는 변경에 관한 계획
나. 개발제한구역, 도시자연공원구역, 시가화조정구역, 수산자원보호구역의 지정 또는 변경에 관한 계획.
다. 기반시설의 설치, 정비 또는 개량에 관한 계획
라. 도시개발사업이나 정비사업에 관한 계획
마. 지구단위계획 구역의 지정 또는 변경에 관한 계획과 지구단위계획

도시기본계획과 헷갈릴 것이다. 도시기본계획은 발전 방향에 대한 말 그대로의 '계획'일 뿐 구체적인 것은 아니다. 이 도시기본계획의 구체적인 실행계획이 바로 도시관리계획인 셈이다. 토지이용계획확인서에 구체화되어 있다.

토지이용계획확인서를 보는 방법

도시관리계획은 토지이용계획확인서에 구체화되어 있으니 각 항목이

뭘 말해주고 있는지 자세히 알아야 한다. 토지이용계획확인서는 '토지이용규제정보서비스' 사이트에서 열람할 수 있다.

실제 토지이용계획확인서를 보며 설명할 텐데, 먼저 상황을 말하자면 예제의 이 땅은 세종시에 있는 것이다. 건설업을 했던, 지인의 이모부가 샀다고 하는데 그 금액이 100억이 넘는다. 상담을 받고 사야 하는데 그렇지 못했다. 사긴 했지만 과연 이렇게 비싼 물건을 다시 팔 수 있을까? 일반상업지역이니 건축해서 상가로 분양하면 어떨까? 아쉽게도 세종시를 가보면 알겠지만 아파트가 밀집한 도심지 상가들도 공실이 많다. 대출을 안고 이런 상가들을 분양받은 사람은 대출이자에 죽어나간다. 중심지도 이런 상황인지라 중심에서 떨어진 이 땅에 상가를 지으면 안 된다.

① 지목 토지의 주된 사용 목적에 따라 토지의 종류를 구분 표시하는 명칭으로서 지목에는 전, 답, 대지, 과수원, 목장용지, 임야, 공장용지, 학교용지, 도로, 잡종지, 주차장, 주유소용지, 체육용지, 창고용지, 수도용지, 철도용지, 종교용지, 하천, 제방, 구거, 유지, 양어장, 유원지, 사적지, 묘지, 공원, 염전, 광천지 등 28개로 구분하고 있다.

지목은 이미 정해져 있으며, 토지 소유주가 마음대로 바꿀 수 없다. 법적으로는 그렇다. 그러나 현장에서는 전에서 답, 답에서 전, 전·답에서 과수원 등 농사를 짓는 사람이 따로 지목변경 없이도 임의로 바꿔 사용하고 있다. 물론 원칙은 신고를 해야 한다.

만약 전, 답, 과수원, 임야에서 대지로 바꾸려면 이때는 반드시 허가를 받아야 한다. 이를 '지목변경'이라 하는데 개인이 할 수 있는 행위 중 땅 가격을 상

승시키는 하나의 방법으로 활용되고 있다. 지목변경은 토지의 형질변경 등의 공사가 준공된 경우, 토지 또는 건축물의 용도가 변경된 경우, 도시개발사업 등의 원활한 사업추진을 위하여 사업시행자가 공사 준공 전에 토지의 합병을 신청하는 경우 가능하다.

② 면적 6882.9㎡를 평으로 바꾸는 방법은 6882.9 × 0.3025 = 2082.07로 2082평이다. 현장에서는 평당가격으로 계산한다. 평당 100만 원이라면 2,082,000,000원이다. 평당 환산을 잘못하거나 소숫점 이하 반올림을 잘못하면 몇십만 원에서 몇백만 원의 오차가 생기기도 한다. 현장에서는 급하게 정신없이 일을 처리하기 때문에 사소한 실수가 금액상의 불이익을 가져올 수 있다. 등기부등본, 토지이용계획확인서와 토지대장 임야대장의 면적이 다르다면 면적은 토지대장 임야대장이 기준이 된다.

③ 개별 공시지가 ㎡당 327,000원으로 표시하기 때문에 평당으로 계산하면 327,000원 × 3.3 = 약 1,079,100원이라는 금액이 나온다. 이게 사실 실거래가격하고는 상당한 차이가 있다. 공시지가에 몇 배수를 곱해 실거래가격이 산출된다면 땅 매매가 참 쉬울 텐데 그런 근거는 없다. 설령 현장부동산에서 공시지가가 높으니 땅 가격도 높다는 말을 한다면 사실이 아니다. 국토교통부 장관이 조사 평가하여 공시한 표준지의 단위면적당 가격은 전국적으로 50만 필지에 해당된다. 공시지가는 양도세, 상속세, 증여세, 토지초과이득세, 개발부담금(착수 시점), 택지초과소유부담금 등 각종 토지 관련 세금의 과세기준이 된다.

④ 「국토의 계획 및 이용에 관한 법률」에 따른 지역·지구 등

이 항목에는 '도시지역 미지정, 일반상업지역, 중심미관지구, 지구단위계획구역, 공공용지(저축), 중류1류(폭 20m~25m)(저촉)'이라는 내용이 있다. 무슨 말일까? 토지이용확인서 내용 중 이해되지 않는 부분은 인터넷만 검색해봐도 충분히 알 수 있다. 그러나 좀 더 자세하게 실제로 개발행위 허가가 가능한지를 알려면 전문가의 도움을 받아야 한다.

'도시지역 미지정'이란 도시지역에 포함될 예정이지만 아직 용도지역이 구분되지 않았다는 말이다. 그런데 뒤를 보니 '일반상업지역'이다. '중심미관지구'는 무엇인가? 용도지구는 용도지역을 보완한다. 중심미관지구는 토지의 이용도가 높은 지역의 미관을 유지 관리하기 위하여 필요한 지구다.

'지구단위계획구역'이란 도시계획 수립 대상지역의 일부에 대하여 토지 이용을 합리화하고 그 기능을 증진시키며 미관을 개선하고 양호한 환경을 확보하며 그 지역을 체계적 계획적으로 관리하기 위하여 수립하는 도시관리계획을 말한다. 지구단위계획은 유사한 제도의 중복 운영에 따른 혼선과 불편을 해소하기 위해 종전의 도시계획법에 의한 상세계획과 건축법에 의한 도시설계제도를 도시계획체계로 흡수·통합한 것이다. 이 중 비도시지역의 지구단위계획은 난개발 문제를 해소하고 계획적이고 체계적으로 관리하기 위하여 국토이용관리법과 도시계획법을 「국토의 계획 및 이용에 관한 법률」로 통합하면서 도입한 제도다.

지구단위계획은 기반시설의 배치와 규모, 가구 및 획지의 규모와 조성계획 건축물의 용도, 건폐율, 용적률, 높이, 교통처리계획 등의 내용을 포함하여 수립한다. 대지면적의 일부를 도로 공원 등 공공시설 부지로 제공 기부채납하거나 공공시설로 귀속하는 경우, 건축법에 따른 공개공지 또는 공개공간의 의무 면적을 초과하여 설치한 경우라면 지구단위계획으로 해당 대지의 건축을 건폐율, 용적률 높이를 완화하여 적용할 수 있다.

공공용지저촉은 도로, 공원, 광장, 하천, 기타 공공용으로 사용되는 토지, 국가 또는 지방 공공 단체가 소유한 토지에 붙어 있는 토지를 말한다.

중류1류(폭 20m~25m)(저촉)는 말 그대로 폭이 20~25m의 도로에 붙어 있는 토지다.

⑤ 다른 법령에 따른 지역·지구 등

국토계획법 외의 법령에 의하여 지정된 지역·지구 등이 표시된다. 보통은 군사시설보호구역, 농지법상 진흥지역, 산지관리법상 보전산지, 특별대책1권역, 개발제한구역 등에 관한 사항을 알 수 있다. 뒤에서 공법을 이야기할 때 다룬 내용이 이곳과 관련되니 주의하자. 대부분은 개발을 제한하는 내용들이다.

⑥ 「토지이용구제 기본법 시행령」 제9조제4항 각 호에 해당되는 사항

토지거래계약에 관한 허가구역이 기재된다. 건설교통부장관은 토지의 투기적인 거래가 성행하거나 지가가 급격히 상승하는 지역과 그러한 우려가 있는 지역으로서 대통령령이 정하는 지역에 대해 5년 이내의 기간을 정해 토지거래계약에 관한 허가구역으로 지정할 수 있다. 허가구역 안에 있는 토지에 대한 소유권 및 지상권을 이전 또는 설정(대가를 받고 이전이나 설정하는 경우만)하는 등 토지거래 계약을 체결하고자 하는 사람은 허가신청서에 계약내용과 해당 토지의 이용계획 등을 적어 시장·군수 및 구청장에게 제출, 허가를 받아야 한다. 허가 없이 체결한 토지거래 계약은 효력을 잃는다. 땅을 거래하는 것도 허가를 받으라고 하니 무서운 규제다. 역으로 생각하면 그만큼 땅 가격이 오를 가능성이 크다고 이해하면 된다.

⑦ 확인도면   확인도면 항목에는 지적도와 임야도를 합친 컬러판 지적임야도가 제공된다. 용도지역별로 컬러를 다르게 해 쉽게 구분할 수 있다. 축척 2400:1이란 2,400cm를 1cm로 줄인 것이다. 즉 이 축척에서 1cm는 실제론 24m라는 뜻이다. '땅의 모양을 축소한 지도'가 지적도라고 생각하면 쉽다.

땅 매매 계약 시 유의사항

현장에서 토지이용계획확인서를 보여주고 설명해달라고 하면 대부분은 어려워한다. 일상적으로 사용하지만 정확히 이해하고 쓰는 사람은 많지 않은 탓이다. 이와 관련된 공법은 100여 개의 법을 이해해야 하는 일이다. 복잡하지만 그만큼 투자자가 객관적인 사실에 접근하는 방법이기도 하다.

확인해야 할 관련 서류   땅 계약 시 어떤 서류들을 확인해야 할까? 일단 쭉 나열하면 등기부등본, 토지대장, 임야대장, 건축물대장, 지적도, 임야도, 토지이용계획확인서 등이다. 가장 기초이면서 중요한 부분이다. 솔직히 말하자면 처음에는 이런 서류들이 분간되지도 않는다. 그러니 특히 현장에서 계약할 때는 차분히 한 차례 더 살피는 것이 좋다. 현장에서는 더 혼란스럽기 때문에 서류를 한 번 훑어보거나 현장부동산의 설명만으로 계약하면 낭패를 겪는다. 집에 돌아가서 꼼꼼하게 보고, 부동산 관련 서류를 잘 이해하는 분과 함께 검토하길 권한다. 본인이 안 나오고 위임장을 가지고 계약하자는 사람도 있다. 이런 경우 꼭 법무사 입회하에 일을 진행하는 게 좋다.

신분 증명과 계약 순서 계약 시 신분을 증명하는 주민등록증, 주민등록등본, 인감증명서, 인감도장 등 어느 하나라도 의심스러운 점이 있다면 반드시 확인 후 진행해야 한다. 미리 머릿속에 계약 순서와 체크해야 할 것들을 기억해두자. 잘 잊어버린다면 메모지나 휴대폰에 따로 적어두었다가 하나하나 확인하면서 처리하는 게 좋다. 평생 모은 돈을 잘 지키는 것도 투자에 있어서 중요한 부분이다.

가격 조율 더 중요한 것은 매매금액에 대한 조율이다. 반드시 계약 전에 밀당을 해야 한다. 밀당 한 번에 수백에서 수천만 원이 오갈 수 있다. 어찌 보면 사는 순간부터 벌고 들어간다. 평당 1~2만 원이 별것 아닌 것 같지만 1000평이라면 1~2천만 원의 수익이 생기는 일이다. 안타깝지만 매도자가 달라는 대로 주고 사면 초보다. 현장에서 만났던 경험 많은 고수들은 그렇지 않았다. 그 매물을 보기 위해 편도 4시간 거리를 여러 차례 답사했다. 올 때마다 가격을 내려달라고 계속 협상을 시도한다. 파는 쪽이 컨설팅매매(분할하거나 허가가 가능하도록 전기, 배수로, 통신선, 상수도 등 설비를 넣어주는 것으로 현장에서 기획해서 파는 땅)라 가격협상의 여유가 있다는 것을 알고 계속 가격을 깎았다. 평당 230만 원의 땅이 170만 원까지 내려간 적도 있을 정도다. 고수들은 이렇게 상대에 따라서 최대의 협상력을 발휘한다.

일단 찔러보고 막히면 그 이후 작업을 이어나가면 된다. 쉽게 주머니를 열지 말고, 여러 경로로 매물의 정보를 확인한다. 결국 원하는 가격이 되면 그때 계약한다. 한 가지 주의할 것이 있다. 컨설팅매매가 아니라 개발지에서 직접 소유주와 이야기할 때는 이런 식으로 계속 깍자고 달려들면 판 자체가 깨진다. 정말 마음에 들면 한두 번 이야기해보고 계약을 진행하자. 그러나 이때도 슬쩍 협상을 시도해볼 필요는 있다.

평택항에 집중하라

　초보 투자자가 토지에 투자할 때 가장 먼저 할 일은 투자할 곳을 찾는 것이다. 그러나 신문기사, 부동산 카페, 유튜브, 현장 부동산 사장님들까지 자칭 타칭 부동산 전문가와 정보가 넘치는 세상이다 보니 정작 사실에 기반한 정확한 정보를 가려내기란 쉽지 않다. 어떻게 해야 할까? 간단하다. 가장 기본적인 방법은 정부가 발표한 각종 계획을 살펴보고, 큰 그림을 그리는 것에서 시작하면 된다. 국토개발계획, 도종합계획, 수도권정비계획, 광역도시계획, 도시기본계획(도시관리계획) 등을 기본으로 개발이슈가 있는 곳을 분석하자. 말도 많고 탈도 많은 평택항 주변에는 어떤 개발이슈가 있을까? 왜 평택항에 집중하라고 하는 걸까?

1. 포승BIX

　포승BIX(Business & industry complex)는 화학, 자동차, 전자 등 첨단클러스터 조성 및 부가가치 물류 육성을 목표로 추진 중이며 약 204만㎡ 규모다. 경제자유구역 평택 포승(BIX)지구는 2020년 12월 사업 준공 이후 자동차부

투자분석

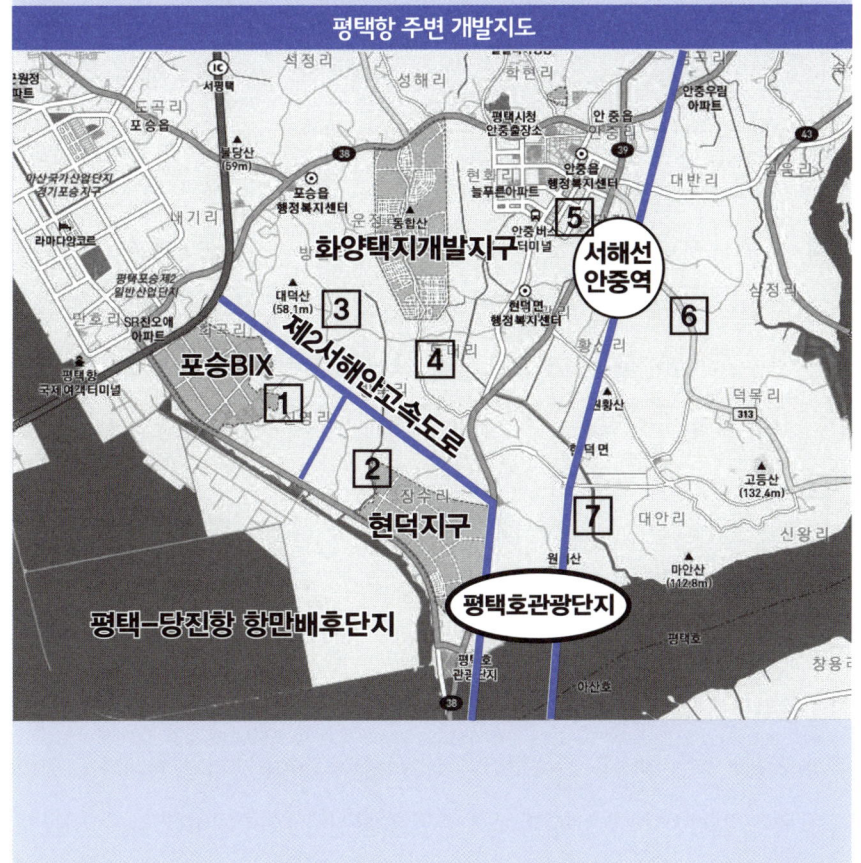

품, 화학, 기계 등 여러 기업이 잇따라 입주하고 있으며, 경기경제청에 따르면 2021년 6월 말까지 포승지구의 잔여 산업용지를 수의계약화 할 방침이라고 밝혔다.

여기까지는 인터넷만 조회해도 충분히 알 수 있는 일반적인 정보다. 투자자인 우리는 보이지 않는 것을 봐야 한다. 먼저 일자리다. 과연 이 산업단지로 인해 몇 개의 일자리가 생길까? 대략 8천~1만 개 정도다. 그렇다면 주변에 거주인구가 2만 5천 명 정도가 될 것이다. 이 인구들은 어디에 살까? 주변에 거주할 것이다. 특히 안중읍의 아파트나 송담지구의 단독주택 원룸에 산다. 멀리 평택시내에서 출퇴근하는 직원들도 있을 것이다. 그렇다면 이 주변인 신영리에 땅을 사서 건축을 하면 공실 없이 임대가 잘 될까? 필자도 미래의 일이라 정확히 답을 내놓기는 어렵다. 주변의 땅은 이런 이유로 관심을 꾸준히 받는다.

많은 투자자들의 가장 큰 착각이 내가 건축 후 임대를 하면 공실 없이 잘되리라는 낙관적인 판단이다. 실패의 대부분은 이런 낙관적인 판단에서 비롯된다. 포승BIX 분양이 끝나고 직원들이 들어오면 위의 그림에서 보이는 화양택지개발지구에 있는 아파트도 분양을 시작할 것이다. 주변에 경쟁이 생기면 가격경쟁력이 없는 임대용 건축물이나 상가들은 공실이 생기고 임대가도 떨어지는 일이 벌어진다. 그런 상황에서 손절을 하거나 미리 대비를 할 수 있는지에 대한 판단이 중요하다.

투자분석

　산업단지 개발 전에 땅을 가지고 있었던 사람들은 과연 돈을 벌었을까? 보상가는 40만 원 정도였다고 한다. 그렇다면 농지를 가진 사람들은 큰돈은 아니지만 보상가로도 수익을 냈을 것이다. 그들 중 일부는 주변 토지 즉 신영리에 투자해서 최소 3~6배 정도의 수익을 내고 있다. 투자는 판단이다. 오래 기다린다고 돈을 많이 버는 것은 아니다. 순간적인 선택이 훨씬 중요하다. 이 주변은 일자리로 인한 거주인구의 증가로 인해 토지 가격이 지속적으로 상승하고 있다.

2. 황해경제자유구역
평택항 주변 현덕지구에서 일어나는 일

　현덕지구는 아직까지 말도 많고 탈도 많다. 황해경제자유구역인 평택시 현덕면 장수리 등 231만㎡에 산업단지를 조성하기로 하고, 황해경제자유구역청은 2014년 1월 대한민국중국성개발㈜(이하 중국성)을 사업시행자로 지정 고시했다. 그러나 산업자원부와 경기도는 사업자 선정 후 1년 뒤인 2015년 1월에 산업단지 용도를 유통과 관광·휴양·주거 등의 복합개발지로 변경해줬다. 현덕지구는 2008년 경제자유구역으로 지정된 이후 12년 만에 본격적으로 개발사업이 추진된다. 평택시 현덕면 장수리·권관리 일원 231만 6000㎡

부지에 총 1조 3000억 원을 투입한다. 2022년 상반기에 착공해 2026년 상반기에 준공할 계획이다. 우선협상대상자인 대구은행 컨소시엄은 기존의 차이나타운 개발 콘셉트를 변경해 수소인프라 및 스마트물류 등 4차 산업혁명을 선도할 현덕클린경제도시로 조성하는 현덕지구 개발 방향 사업계획서를 제출했다. 여기에는 1만 가구에 달하는 주거시설과 물류시설, 상업·업무·관광시설 조성 등도 포함되어 있다. 경기경제자유구역청 관계자는 "내년 2월 특수목적법인(SPC)이 설립되면 우선협상대상자와 현덕지구 개발 계획을 전면적으로 검토해 세부 계획을 수립할 것"이라고 했다.

어떤 사업이든 계획대로 순탄하게 가는 사업은 없다. '1차 기본계획 수립, 2차 개발계획 승인·고시, 3차 실시계획 승인, 4차 착공 직전, 5차 준공 직전' 이런 과정을 거쳐 사업이 진행된다. 어느 단계에 투자할지는 투자자의 판단이 중요하다. 사업이 된다는 소문이 날 때 투자하는 것이 수익은 제일 높지만 그만큼 위험성도 크고 자금이 오래 묶인다. 개발계획이 승인·고시되면 땅 가격은 어느 정도 오르지만 그만큼 위험은 적다.

지금은 보상에 들어가야 할 때지만 현덕지구는 경기도의 감사를 받고 있다. 시행자가 바뀐다, 부정행위가 있다 등 유언비어가 난무한다. 확신이 있다면 지금 들어가야 한다. 현재 농림지역인 농업진흥구역의 답이 90~120만 원 정도에 거래된다. 사업에 착수하면 얼마가 될까? 솔직히 가격은 알기 어렵다. 150~200만 원 정도가 될 거라 조심스럽게 전망해본다.

투자분석

지금 이 지역은 많은 투자자들이 2016~2017년도에 매입을 많이 했다. 금액대는 30~50만 원 정도다. 150~200만 원에 판다면 대략 3~4배의 수익을 올릴 것이다. 정말 잘한 투자다. 오래 기다리지도 않고 수익성도 좋고 환금성도 좋다. 그래서 이슈가 있는 지역에 투자하라고 목청을 높이는 것이다. 현덕지구는 민관공동개발 추진예정(경기주택도시공사 30% + 1주, 평택도시공사 20%, 민간 50% - 1주)으로 현재 사업이 진행 중이다.

3. 평택호관광단지개발

평택호관광단지는 평택시 현덕면 권관리 일원에 707,363㎡로 개발해서 2024년에 완공한다. 투자수요와 트렌드를 반영한 관광단지 개발을 위해 자연친화형, 체험형, 가족중심형 단지, 관광단지 주변 지역들과 연계한 단지 조성을 계획 중이다. 대상지의 관광환경은 수도권 충청권 약 2천만 명과 주한미군 약 4.5만 명, 중국인 약 32만 명이다. 단지 내 시설은 캠핑장, 생태원, 자연형테마파크(공원), 워터랜드, 케이블카, 리조트형 관광호텔 등이다. 운영 1년차에 282만 명의 관광객 방문이 예상된다. 평택호 관광단지 조성으로 1조 400억 원의 생산 유발효과와 3,329억 원의 부가가치 유발효과, 산업연관효과 분석결과 6,274명의 고용창출 효과가 발생한다.

평택호관광단지의 성공은 주변 현덕지구, 미군부대, 안중역과 연계되어 실제적인 관광객이 유입될 수 있도록 해야 투자자가 늘어나고 주변이 같이 발전하게 된다. 투자자라면 한 가지만 보고 투자해서는 안 된다. 춘천 레고랜드 주변의 땅은 주거지역이 거의 300~400만 원이다. 그보다 훨씬 개발이슈가 많은 평택항 주변의 땅은 아직 저평가되어 있다. 앞에서도 언급했지만 광명역 주변 아파트 부지는 평당 1600만 원에 건설회사가 입찰해서 낙찰을 받아 갔다. 땅이란 절대적인 상한선이 존재하지 않는다. 그런 한계를 짓는 순간 투자할 물건은 확연하게 줄어들고 투자를 보류하게 된다. 인구가 늘어나고 기반시설이 주변에 많아지면 끊임없이 오르는 게 땅이다. 아파트는 어느 정도 한계를 가지고 있지만 땅은 늘지 않으므로 계속해서 오른다. 어디까지 오를지 누구도 알 수 없다.

4. 안중역 역세권 투자

서해선 복선전철인 안중역은 2009년쯤에 이미 소문이 났다. 발 빠른 투자자들은 논이나 밭을 20만 원 정도에 사들였다. 9년이 지나 2016년에 220만 원에 되팔아 16배의 수익을 낸 사례가 있다. 이런 게 바로 역세권 투자다. 계획이 발표되기 전에 사서 착공 시 원하는 수익이 되면 미련 없이 팔고 나온

투자분석

다. 그런데 사람들은 왜 알면서도 투자하지 않을까? 두렵기 때문이다. 확신이 없기 때문이다. 생각이 많은 사람들은 부자가 되기 어렵다. 때로는 손해를 볼 수 있지만 확신을 가지고 기다릴 줄 알아야 한다.

현장을 많이 다녀야 한다. 현장을 싫어하는 사람은 땅 투자로 돈을 벌 수 없다. 열 번을 가보면 열 번만큼 알게 되고 백 번을 가보면 백 번만큼 알게 되는 게 땅이다. 그래서 현장의 부동산이 돈을 제일 많이 벌게 된다. 돈이 있는 사람이라면 자기가 사서 매도 타이밍이 오면 팔아서 돈을 번다. 중개수수료는 사무실 임대료와 경비로 쓴다. 내가 많은 현장을 다녀본 결과 이런 사실을 알게 되었다. 돈을 벌고 싶으면 공인중개사 자격증을 따서 현장에 부동산을 차리면 된다.

현장을 다니면서 이런 분들을 많이 만나게 되었다. 15년 전에 남양주에 들어올 때는 사업이 망해 지하 단칸방에서 부동산을 시작했는데 지금은 건물 7채를 소유하고 있다는 사장님은 필자에게 현장부동산의 실속에 대해 많은 가르침을 주었다. 부동산은 뜨내기처럼 돌아다녀서는 돈을 못 번다. 결국은 단골 확보 싸움이다. 한 사람 한 사람 돈을 벌어주면 그들과 끝까지 함께하게 된다. 내 주머니에 돈이 없어도 그들과 동업한다는 생각으로 일하다 보면 돈은 자연스럽게 따라온다. 배울 점이 많은 사장님이었다.

20년 전에 부동산 재테크와 관련된 책을 읽었다. 광진구의 어느 아파트에 투자 후 매도하고 다시 투자하고 매도해서 10억이 넘는 돈을 벌었다고 했다.

그 당시 아파트가 1800만 원이었다. 나도 얼른 저런 방법을 배워서 부자가 되고 싶었다. 당시 필자는 IT쪽 일을 하고 있었는데 그 일을 하면서는 꿈을 꿀 수도 없었다. 시계 부품처럼 조직에 철저히 순응하던 시절이었다. 철저히 야성을 상실한 동물원의 사자였다. 정글에 홀로 버려졌을 때 사냥하는 방법을 몰라 굶어 죽기 일보직전이었다. 그렇게 20년이 흘렀다. 이제 조금씩 야성을 회복하고 있다. 사냥 방법도 많이 터득했다. 20년 전 가슴을 뜨겁게 했던 한 권의 책처럼 그런 방법을 찾았고, 책을 쓰고, 강의하고, 컨설팅하면서 부자의 꿈을 키우고 있다.

그때도 역세권 투자가 뭔지, 개발지 주변투자가 뭔지, 맹지투자, 농지투자, 수없이 많은 투자 방법이 존재한다는 것은 알고 있었다. 일테면 나는 훌륭한 축구선수는 못 되지만 좋은 감독은 되고 싶은 모양이다. 그 일이 적성에 맞는다. 그렇다고 내가 늘 실패하고 성공 근처에도 가보지 못한 사람이라고 생각하면 곤란하다. 그렇다면 이 글은 소설에 불과할 것이다. 이제는 수십만 평이라는 뜬금없는 목표보다 100평이든 1000평이든 가능한 범위를 제시하고 투자하고 매도해서 수익을 남기는 작업을 계속하고 있다. 여러분에게도 그런 투자를 권한다.

안중역세권 투자로 끝난 게 아니다. 역사 공사가 완공되고 나면 또 다른 기회가 생긴다. 강남역 개발이 끝나고 건축물이 다 들어왔다고 땅이나 건물가격이 그대로 있는 거 아니지 않나? 400~500만 원인 땅이라도 입지에 따라서

투자분석

1000~2000만 원도 간다. 그런 가치를 발견하는 것도 투자자의 몫이다. 현재 안중역 주변인 평택시 안중읍, 대반리, 삼정리, 송담리, 안중리 현덕면, 덕목리, 인광리, 황산리 일원 157만 평은 개발행위허가 제한지역으로 묶였다.

땅값은 누가 정할까?
무조건 파는 사람이 부르는 가격보다 싸게 사면 좋은 것일까?
모든 결과에는 이유가 있고 땅값 역시 그렇다.
결론부터 말하면 교통, 산업단지, 택지개발지구, 인구가
거래량과 땅값을 상승시키는 요인들이다. 정확히 볼 줄이라도 알아야
성공적인 토지투자를 할 수 있으니 하나하나 뜯어보자.

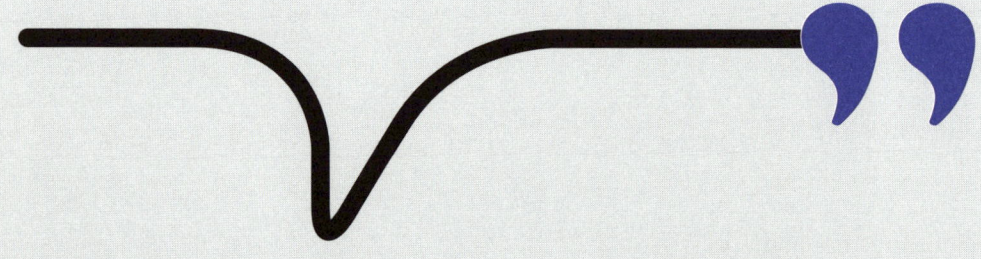

2장

땅값은 이 4가지가 결정한다

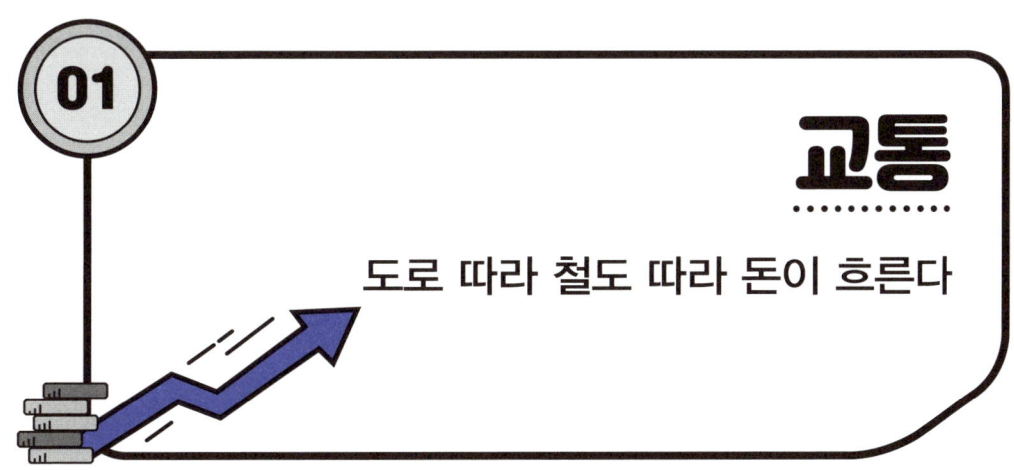

01 교통

도로 따라 철도 따라 돈이 흐른다

인구증가와 도시산업의 발전은 투자 측면에서 매우 중요하다. 사람이 모이는 곳에 돈이 모이고 토지 가격 또한 오르기 마련이기 때문이다. 사람이 모이려면 교통이 받쳐줘야 하는데 지금까지는 경부고속도로축을 따라서 발전이 이루어져 왔다. 그다음이 서해안고속도로와 중부고속도로다. 앞으로의 발전축은 제2경부고속도로(서울~세종)가 될 가능성이 높다. 정말 그런지, 왜 그런지 도로와 철도를 자세히 살펴보자.

> **보물이 어디 있는지 당장 알려달라면 바로 이것이다!**
> - ☑ 2021년 이후 고속도로 국도건설 예정지는 어디인가?
> - ☑ 2021년 이후 철도, 지하철, KTX, GTX 예정지는 어디인가?
> - ☑ 고속도로IC는 땅값에 어떤 영향을 미치는가?
> - ☑ 국가예산에서 SOC투자의 비율증감은 땅값에 어떤 영향을 주는가?

고속도로 전체 노선

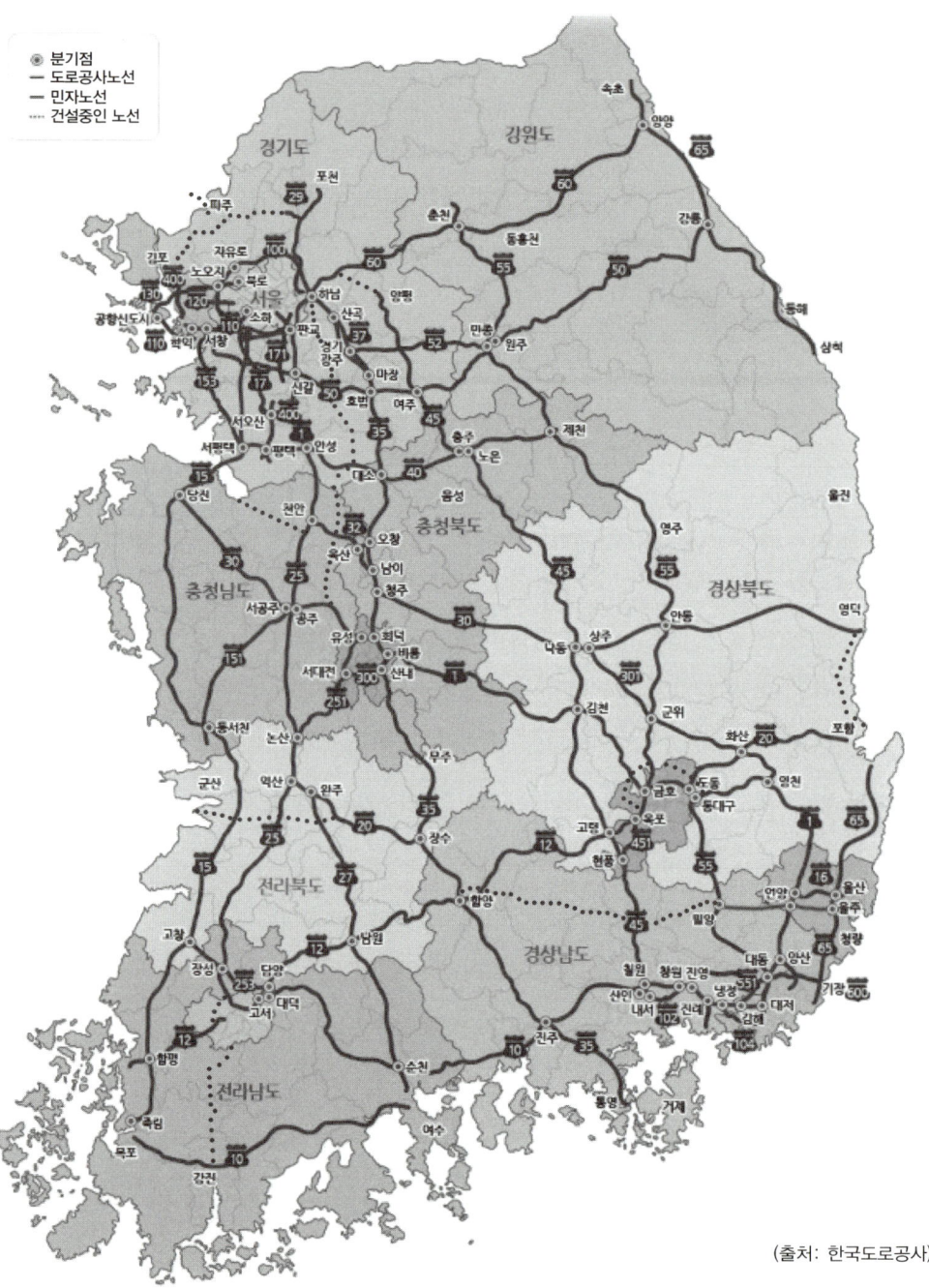

(출처: 한국도로공사)

교통축을 보기 위해서는 현재 만들어진 도로의 주변을 살펴볼 필요가 있다. 경부고속도로 주변의 도시를 보면 분당, 판교, 용인, 수원, 동탄, 안성, 평택, 천안이다. 원래는 조그만 도시이거나 아예 새로 생긴 도시들도 있다. 도로가 생기면서 인구가 늘어나고 도시가 확장된 경우다. 과거를 보면 현재와 미래를 알 수 있다. 앞으로도 그런 도시가 정말 생길까? 그래서 알아본 것이 제2경부고속도로(서울~세종)이다.

용인은 모현IC, 원삼IC가 생기는 곳이다. 이 주변은 현재 농림지라 가격도 그렇게 비싸지 않다. 그래서 장기간 투자를 생각한다면 이 주변 원형지의 농지나 관리지역의 논밭에 투자하는 게 좋다. 아래로 내려가면 안성IC 주변의 땅들도 산업단지나 택지개발지구로 개발 가능성이 있다. 땅은 가능성이 열려 있을 때가 투자할 시기다. 그럼 더 내려가면 어떨까? 세종시 전의면, 전동면 주변에 들어오는 북세종IC에 주목할 필요가 있다.

지하철 역사는 서해안 복선전철 역사 주변이다. 이미 노반공사를 시작했기 때문에 역세권 주변 1km까지는 가격이 많이 올랐다. 조금 멀지만 평택의 화양택지개발지구 착공을 앞두고 있다. 그래서 방림리, 방축리, 도대리, 인광리 등을 추천하고 싶다. GTX(수도권광역급행철도) 주변은 이미 도심지이기 때문에 땅 투자를 할 수 있는 지역이 거의 없다. 반경 3km로 폭을 넓혀 본다면 파주 운정역 주변 정도다.

자! 도로, 철도, 고속도로IC나 역세권 주변에 투자하는 것은 맞다. 하지만 보물은 이미 계획이 되어 주민공람을 하거나 기본계획 & 노선결정 고시가 된 지역이 아니다. 여러분이 가능성을 확인할 수 있는 지역이 바로 보물이다. 축이 이동하게 되면 분명 사람들이 이동하는 도로가 달라지게 된다. 예를 들어

제2경부(서울~세종)고속도로 원삼IC에서 동탄 신도시 간의 연결도로가 필요할 것이다. 아직 계획만 있고 발표는 없는 도로지만 꼭 필요한 도로다. 이런 도로 주변이 보물이다. 제2경부축이 향후에 전철이나 철도축이 될 가능성은 전혀 없을까? 필자만의 너무 앞선 생각인가?

철도 주변에 투자하기 위해서는 2021년 6월 29일에 발표된 제4차국가철도망구축계획(2021~2030)을 자세히 살펴야 한다. 예를 들어 동탄~청주공항광역철도가 신설되는 안성역과 진천국가대표선수촌역 주변의 토지다. 또 화성 향남에서 평택 청북까지 7.1km에 달하는 연결계획도 있다. 즉 서해선과 경부선이 연결되는 것이고, 그렇게 되면 충남 홍성에서 서울까지 현재 2시간 거리가 48분으로 단축된다. 이 경우 서해선이 지나는 역 주변 토지인 평택 안중역, 합덕역, 홍성역 주변이 투자대상이 된다.

서울-파주에서 북한을 통과해 TCR(중국횡단철도)은 TMGR(몽골종단철도)을 통과하면 다시 TSR(시베리아철도)과도 합류된다. TSR은 유라시아 대륙을 횡단하여 모스크바 바르샤바, 베를린, 브뤼셀을 거쳐 파리까지 연결된다. 서울에서 기차를 타고 유럽을 여행하는 것이 현실화될 수 있다는 얘기다. 아울러 유라시아 대륙과 고속도로망으로 연결하는 아시안 하이웨이 계획에는 이미 북한을 통과하는 노선이 포함되어 있다. 아시안 하이웨이는 TSR 및 TCR과 함께 한반도가 대륙으로 진출할 수 있는 주요 교통망이 될 것이다.

여기서 주목할 지역이 파주나 철원의 역세권 주변 토지다. 멀리 보면 가능성이 충분한 땅이다. 역세권 주변 토지는 10~20년을 내다보는 장기투자다. 물론 계획이 진행됨에 따라 가격이 오르므로 너무 장기투자라 생각할 필요는 없다.

도로나 철도에 투자하는 투자자들이 생각해야 할 것이 있다. 개발지 주변

국가철도망 구축 계획

(출처: 국토교통부)

이 오르는 이유는 토지 보상금 때문이기도 하다. 예를 들어 보상금 1000억 원이 풀렸다면 30%, 즉 300억 원은 토지를 사기 위해 돌아다닌다고들 할 정도다. 그 주변에 나온 땅이 10필지 30억이라면 300억은 100필지가 있어야 한다. 즉 시장에 나온 매물보다 보상금으로 사겠다는 수요가 많다는 이야기다. 이렇게 되면 그동안 매수를 저울질하던 투자자들의 투자 수요도 가세한다. 이렇게 땅 가격은 계속 시장의 관심을 받으면서 올라가게 된다. 현장은 이런 식으로 순환하면서 움직인다.

땅 투자를 생각하는 사람은 모든 생각을 땅과 연결지어 보는 습관을 가져야 한다. 인터넷 지도로 지역을 검색하면서 땅과 연관지어 검색해본다. 이런 습관은 생각을 확장시키고 더 디테일한 사고를 할 수 있게 해준다. 땅으로 돈을 버는 길은 어렵고 힘들고 귀찮은 데 있는 것이 아니다. 단순하고 가깝고 익숙한 곳에도 있을 수 있다.

지금 이 시간에도 수없이 많은 도로가 공사 중이다. 변화가 시작된다. 미처 업그레이드하지 않은 내비게이션을 달고 다니다가 낭패를 겪을 정도다. 도시가 얼마나 빨리 변하는지 두려울 정도다. 팁을 하나 더 주자면 '흘러가는 도로는 잊어라!' 지나간 도로는 아무런 역할을 하지 못한다. 소음과 공해만 유발할 뿐이다.

도로나 철도 예정지라고 다 좋은 건 아니다
돈 되는 정보를 찾는 방법!

이번에는 현장에서 옥석을 가리는 방법을 찾아보자. 조금만 부지런하

제2경부고속도로 안성맞춤IC(예정)와 38번국도가 만나는 곳

면 고속도로IC가 될 곳이나 철도 역사가 예정되어 있는 곳이 어디인지는 누구나 알 수 있다. 국토해양부나 철도청의 홈페이지를 살펴봐도 되고, 네이버에 검색해봐도 된다. 지금은 남들이 모르는 특별한 비밀이나 정보가 있는 것이 아니다. 필자는 낚시하는 방법을 알려주는 투자 컨설팅을 한다. 돈이 되는 정보를 스스로 찾아내고 확률을 높이는 방법을 알아보자.

예를 들어보자. 제2경부고속도로(구리~세종) IC가 어디에 설계되어 있는지는 인터넷 검색만 해도 쉽게 알 수 있다. 만약 안성쪽 IC가 보개면 쪽에 생긴다고 해보자. 인터넷 지도로 검색해보면 해당되는 토지들과 그 주변을 위성사진으로 확인할 수 있다. 주변에 농지나 임야가 산재하고 있다면 향후 이 지역이 어떻게 될지 미리 상상해보면 된다. 산업단지일까? 택지개발지구가 될까? 물류단지가 될까? 관광특구가 될까? 이런 그림을 그리면서 해당 토지 주변을 답사한다. 해당 토지의 사진을 찍어두고 뉴스 기사와 해당 관공서의 공고사항 토지이용계획확인원(Luris)의 도시관리계획 고시 내용을 검색해보면 땅에 대한 대략의 윤곽을 그릴 수 있다.

역세권 투자 시 많은 투자자들이 '역세권, 역세권' 한다. 이 역세권도 반드시 옥석 가리기가 필요하다. 지금 여러분의 주변에 있는 역세권을 살펴보자. 얼마나 많은 사람들이 오가는지 얼마나 많은 상업지역이 형성되어 있는지 역세권이라고 다 강남역, 신촌역, 영등포역, 노원역 등처럼 유동인구가 엄청 풍부한 것은 아니다. 말로는 너무 쉬운 것이 부동산 투자다. 실제 현실에서 투자해서 수익을 낸다는 것은 어렵다. 부디 현장에서 현혹되는 일이 없기를 바란다.

역세권이라면 언제 착공해서 언제 완공되며 지금 땅 가격과 향후 땅 가격이 합리적인지를 알아야 한다. 먼저 하루에 이 역을 이용하는 이용객은 얼마나 되는지 파악한다. 그들의 동선은 어떻게 되는지, 예상대로 되지 않을 경우 언제 털고 나와야 하는지까지 디테일한 계획을 세워서 투자에 나서야 한다. 도로와 + 철도 + 지하철 역세권에 대한 투자는 가장 확실하고 근거가 높다. 투자자들 역시 투자의 근거를 가지고 있다. 하지만 그 근거라는 것이 가능성이 낮거나 된다고 해도 나아질 것 없는 그런 정보들인 경우가 대부분이다. 그런 사례들을 이야기하라고 하면 수백 개도 더 이야기할 수 있다.

도로 주변 투자 시

제2경부고속도로, 제2서해안고속도로, 제2영동고속도로, 제2외곽순환도로, 서해안복선전철, GTX A, B, C, 신분당선 연장, 서울~강릉 KTX. 수용 시에 보상은 어떻게 하는가? 조기수용권은 사업구역이 지정된 시점이 사업인정고시일로 이 시점의 표준지 공시지가를 기준으로 보상을 해서 전면 수용하고, 단계별 집행 계획은 실시계획일을 사업인정고시일로 보아 실시계획이 있던 해외 표준지 공시지가로 보상금이 책정된다.

사업인정고시일에 바로 효력이 발생하는 조기수용권인지, 아니면 후에 설계 등이 나왔을 때 수립되는 실시계획이 확정된 시점을 사업인정고시일로 보아 수용권을 발생하는 확정수용권인지를 해당 부서에 확인해야 한다.

도로에 투자한다면 수용을 염두에 두고 있어야 한다. 지금 사서 당장에 수용될 땅이라면 수용 가능성이 있는 땅은 매수하지 않는 것이 좋다. 잘못하면 매수가보다 수용가가 낮아서 손해를 볼 수도 있다. 이런 가능성은 늘 존재한다. 사업이 곧 진행될 지역은 수용에서 빠진 지역을 매수해야 한다. 많은 지역의 수용가격은 시세보다는 낮다. 보상금이 풀릴 때 그 지역의 땅값은 또 한 번 파도를 탄다. 노련한 '서퍼'라면 파도에 몸을 맡길 줄 알아야 한다.

교통 면에서 투자가치가 있는 지역 분석 결과

푼 김에 다 알려주자면 토지 가격이 상승하려면 주변 10km 이내에 고속도로IC 2개 정도, 전철·철도·KTX 역세권 1개 정도, 산업단지 2개 이상, 택지개발지구 1개 이상인 지역이어야 한다. 5km 이내면 물론 더 좋다! 이런 기준으로 정리해보면 다음과 같다. 이렇게 쫙 분석해 놓고 보면 어느 지역에 투자해야 할지가 대충 잡힌다. 여러분도 이런 식으로 분석하면 된다. 이 지역 중 농림지역은 평당 50만 원 이하, 관리지역은 100만 원 이하의 땅이라면 투자를 고려해도 좋다. 현재 이 지역의 땅 가격은 상승 중이다.

	지역	고속도로IC	철도	산업단지	택지개발지
1	안성시 보개면	남안성IC 안성맞춤IC(예정)		안성1일반산업단지 안성2일반산업단지 안성3일반산업단지	당왕택지개발예정지구 아양택지개발예정지구
2	안성시 공도읍	서안성IC 안성IC	지제역 평택역	안성미양농공단지 미양제2산업단지 안성4일반산업단지	용이택지개발예정지구 현촌도시개발구역 소사벌택지개발예정지구
3	용인시 남사면	오산IC 서안성IC	동탄역	진위일반산업단지 평택진위2일반산업단지 진위3일반산업단지	동탄신도시 오산세교2택지개발예정지구
4	용인시 양지면	양지IC 덕평IC 원삼IC(예정)		용인SG패션일반산업단지 송문일반산업단지 용인국제물류단지	고림택지개발예정지구
5	평택시 포승읍	서평택IC 포승IC(예정)	안중역 (공사중)	포승국가산업단지 포승BIX일반산업단지	화양택지개발예정지구 송담지구

02 산업단지와 택지개발지구
거래량 상승 지역을 찾아라

    산업단지가 증가하면 토지를 많이 개발하기 때문에 당연히 땅 가격이 상승한다. 종사하는 인구도 증가하는데, 특히 젊은 층이 늘기 때문에 동시에 소비까지도 늘어난다. 결과적으로 상업시설과 주거시설이 많이 필요해진다. 택지개발지 증가 자료로도 충분히 확인할 수 있는 내용이다. 그런 지역이 어디인지 스스로 파악하고 분석하는 투자자는 분명 그 과실을 맛볼 수 있을 것이다.

 산업단지가 밀집되어 있는 지역은 어디인가?

    요즘은 산업단지 한두 곳이 생기는 게 큰 이슈도 아니다. 웬만한 시에는 20개가 넘는 산업단지가 있다. 1장에서 다룬 화성, 평택, 세종시를 보면 알

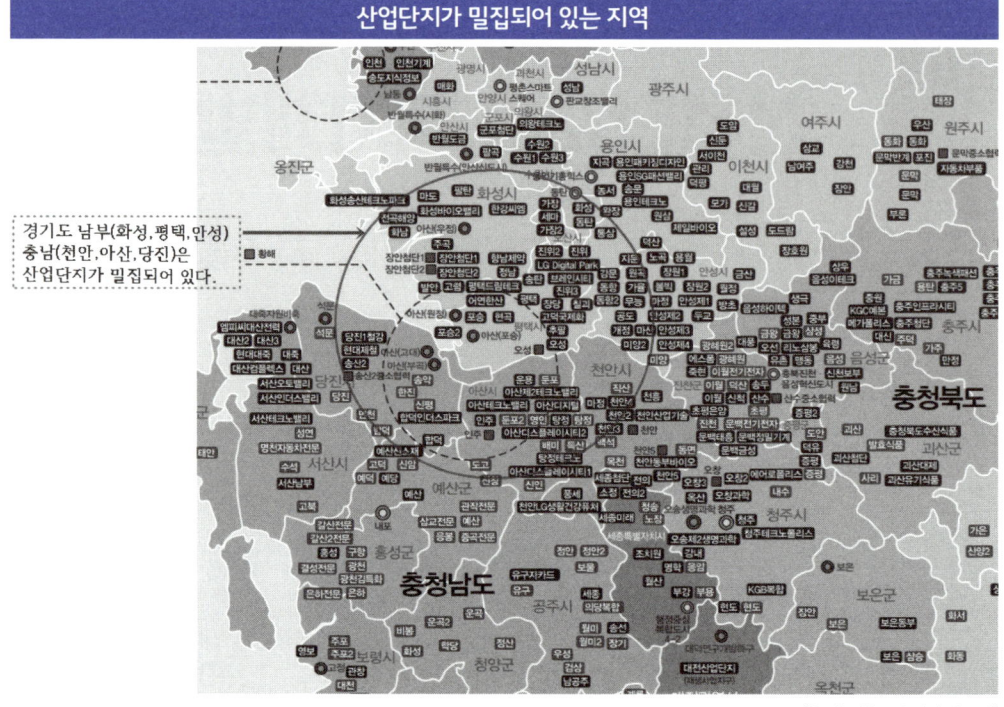

(출처: 한국산업단지공단)

수 있다. 평택처럼 삼성전자 공장이 들어오는 고덕국제화도시 첨단산업단지 정도는 되어야 주목을 받는다.

위의 그림을 보면 경기도(화성, 평택, 안성)와 충남(천안, 아산, 당진)에 산업단지가 밀집되어 있다는 것을 알 수 있다. 어디에 투자해야 할지가 분명하다. 또 현장에서 진행 중인 산업단지의 분양률을 조사하면 더 확실한 투자 근거를 알 수 있다. 수도권의 산업단지들은 거의 90% 이상이 분양되었다. 하지만 충청도의 어떤 산업단지는 30% 정도인 곳도 있다. 이런 지역은 정주여건이 좋지 않

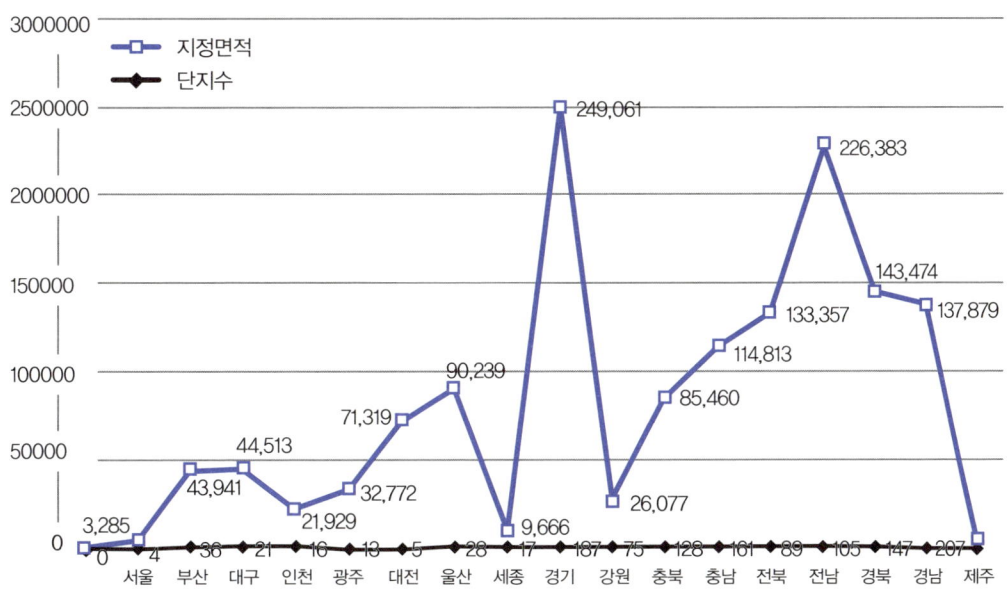

아서 산업단지가 있어도 공장이 들어오지 않는다. 이유는 다양하지만 원하는 직원을 뽑을 수 없는 지역이라는 게 원인일 수도 있다.

　필자는 17년 동안 투자와 컨설팅을 해왔고, 기업체에서도 여러 가지 분석자료를 만들었지만 정작 실생활과 개인 투자에 응용하지는 못했다. 수업료로 뼈아픈 대가도 치렀는데 대부분은 디테일한 분석이 없었기 때문이다. 납득할 만한 근거를 찾는다면 성공의 가능성은 높아진다.

물론 다른 지역에도 이런 곳이 있다. 동남권인 울산, 부산, 창원 등에도 산업단지가 많지만, 요즘은 조선소 등 제조업 침체로 퇴색되었다. 오히려 전남에 산업단지 지정면적이 많다. 물론 현장에서 일어나는 일은 다를 수 있으니 이런 분석을 먼저 한 후 현장에 가는 것이 좋다.

앞에 있는 '산업단지가 밀집되어 있는 지역' 그림과 비교해보면 분명해진다. 전남, 경기도, 경북, 전북, 충남이 산업단지를 많이 지정해서 운영하고 있다. 여기에 분양률까지 확인해보면 얼마나 많은 기업들이 산업단지에 들어오려고 투자하고 있는지를 알 수 있다.

 산업단지와 택지개발지구의 관계를 통한 투자 방법

산업단지 지정면적의 순위는 경기, 전남, 경북, 경남, 전북 순이지만, 택지공급지별 총계순위는 경기(3천 9백만㎡), 충남(세종시 포함, 1천 9백만㎡), 대구(4백 4십만㎡), 경북(4백만㎡), 부산(3백 3십만㎡) 순이다. 뭔가 이상하지 않은가? 이런 결과는 나중에 분양률이나 인구유입에 영향을 줄 수 있다. 땅 가격은 복합적인 요인을 통해 상승하는데 대부분의 투자자들은 이런 사실을 모르고 현장에서 헤맨다.

연도별 시도별 택지공급실적(천 m²)

	서울시	인천시	경기도	부산시	대구시	광주시	대전시	울산시	강원도	충청북도	충청남도 (세종시 포함)	전라북도	전라남도	경상북도	경상남도	제주도
택지공급실적 2020			2,981		896	943		139	244	117	1,903	382			961	
택지공급실적 2019		263	3,052	1,922	1,184					2,564				108	362	
택지공급실적 2018	387		4,561			60				459					1,964	
택지공급실적 2017			1,235	18	362		60		469		2,886					
택지공급실적 2016			4,638	141	43				28		2,105			893	67	
택지공급실적 2015	46	499	5,441	1,239	1,528			219		179	1,291		36	2,716		
택지공급실적 2014	84	101	4,291	10	459		212	4			1,239	757		310		
택지공급실적 2013		39	13,422	49				80			1,533					
택지공급실적 총계	517	902	39,621	3,379	4,472	943	332	442	741	3,319	10,957	1,139	36	4,027	3,354	0

인구 순이동 상위 20개 지역

충분하지는 않지만 산업단지 분석 방법에 대해 어느 정도는 이해했을 것이다. 또 산업단지 주변에 어느 정도의 택지개발지구가 공급되고 있는지까지 살펴보았다. 책에서는 전체적인 면적만 다뤘지만 투자자가 원하는 지역을 세분해서 분석해본다면 투자 가능성을 확인할 수 있다. 다음은 인구 순이동 상위 20개 시·군·구에 대해 알아보자.

자, 2010~2020년까지 순 인구유입을 보자. 1위는 화성시로 304,800명이다. 웬만한 시 규모의 인구가 늘어났다. 동탄의 택지개발지구에 입주 인구가 많이 늘어난 결과다. 2위는 세종시, 3위는 김포시로, 이들 도시의 특징은 택지개발지구가 많다는 것이다. 이 도시들의 지가상승률은 당연히 높다. 어디에, 언제 투자해야 하는지가 눈에 보인다면 이미 공부는 끝났다. 돈을 들고 현장으로 달려가면 된다.

거듭 말하지만 원하는 지역이 있다면 4가지를 분석해보자. 인구, 교통, 산업단지, 택지개발지구, 여기에 개발이슈까지 분석해보면 어디를 사야 할지가 분명해진다.

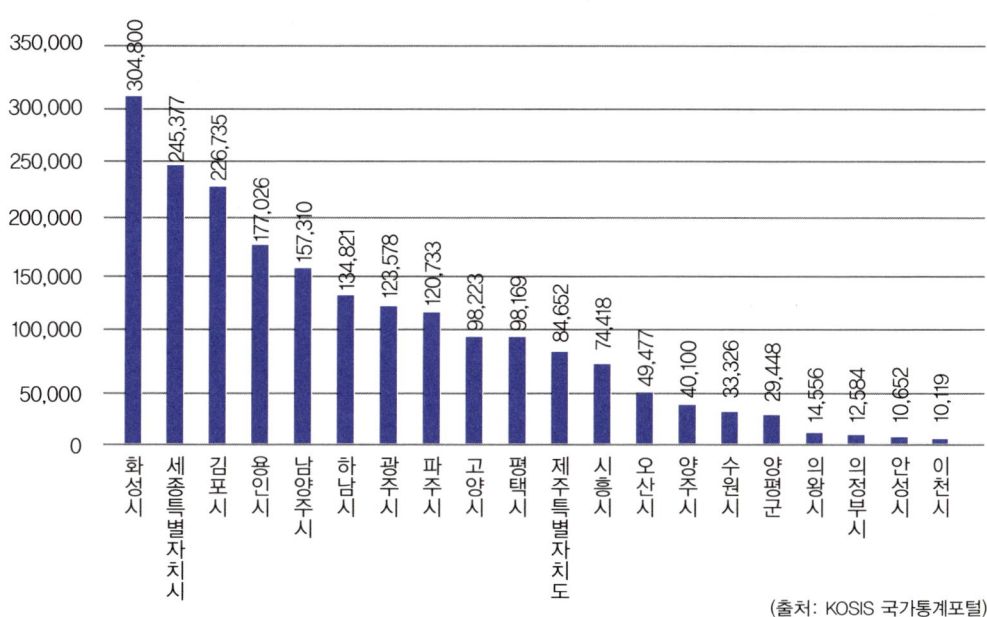

인구증가 합계 상위 20개 시 · 군 · 구 (2010~2020년)

(출처: KOSIS 국가통계포털)

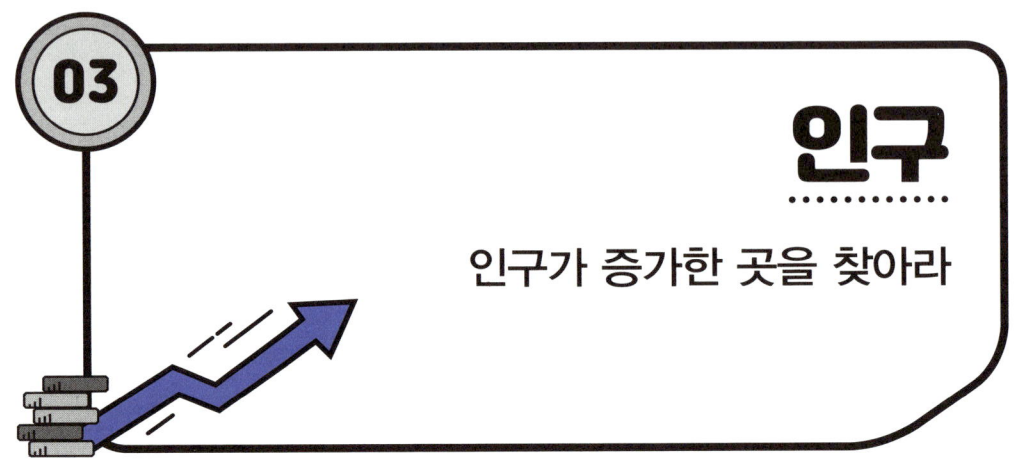

03 인구
인구가 증가한 곳을 찾아라

    인구에 대한 이야기를 좀 더 해보자. 도로나 철도가 중요한 이유는 그 결과가 인구증가이기 때문이다. 그래서 인구는 땅 투자에 있어서 가장 중요한 요소다. 어디에 투자해야 하는지 묻는다면 앞서 말한 '국토종합계획'에 나오는 지역을 보면 되는데, 확실한 또 하나의 가능성을 따진다면 인구증가다. 뻔한 말일 거라 속단하지 말고 찬찬히 봐야 한다. 여러분이 놓치고 있는 부분이 있다.

 땅 투자 단서 하나, 인구증가!

    다음 표에서 보이는 여러 도시 중 인구가 늘어난 도시의 땅 가격은 상당히 많이 올라갔다. 화성, 세종특별자치시, 김포, 용인, 남양주시, 하남시, 광

시도별 인구증가와 지가변동률(2010~2020년)

순위	행정구역(시군구)별	인구증가 합계 (2010~2020년)	2021년 5월 현재 인구	지가변동률(%) (2011~2020년)
1	화성시	304,800	867,819	2.7098
2	세종특별자치시	245,377	362,036	5.84
3	김포시	226,735	482,578	2.1615
4	용인시	177,026	1,077,701	2.2953
5	남양주시	157,310	723,215	2.993
6	하남시	134,821	302,681	4.618
7	광주시	123,578	384,306	2.4432
8	파주시	120,733	471,219	2.2974
9	고양시	98,223	1,080,656	2.3256
10	평택시	98,169	548,131	3.4808
11	제주특별자치도	84,652	674,877	2.903
12	시흥시	74,418	510,833	2.6157
13	오산시	49,477	230,702	2.0689
14	양주시	40,100	235,276	1.7189
15	수원시	33,326	1,184,922	2.1901
16	양평군	29,448	119,826	1.9896
17	의왕시	14,566	162,239	2.7889
18	의정부시	12,584	460,923	1.8909
19	안성시	10,652	188,704	2.1813
20	이천시	10,119	219,591	2.308

주시, 파주시 등 인구가 10만 명 이상 늘어난 도시를 눈여겨봐야 한다. 답사해 보니 이들 지역의 땅값이 상당히 올랐다는 것을 확인할 수 있었다. 그간의 경험으로 인구증가와 땅 가격은 상관이 있다고 확언할 수 있다.

다음 그림은 경기도 시도별 10년간의 지가변동률이다. 인구가 증가한 화성, 남양주, 평택, 용인의 지가변동률 합계를 보면 10년간(2011~2020년) 화성 27.09%, 남양주 29.93%, 평택 34.8%, 용인 22.9%인 것으로 나타났다. 땅 투자를 하려면 이렇게 데이터와 근거를 기반으로 자신을 설득시킬 수 있어야 한다.

필자가 분석하는 지역은 주로 수도권이다. 그러나 분석할 능력만 있다면 지

경기도 시도별 10년간 지가변동률				
순위	지역	10년간 합계(%) (2011~2020년)	10년간 평균(%)
1	하남시	46.18	4.618
2	평택시	34.808	3.4808
3	남양주시	29.93	2.993
4	과천시	29.05	2.905
5	광명시	28.941	2.8941
6	의왕시	27.889	2.7889
7	화성시	27.098	2.7098
8	구리시	27.003	2.7003
9	성남시	26.882	2.6882
10	시흥시	26.157	2.6157
11	광주시	24.432	2.4432
12	부천시	23.771	2.3771
13	안양시	23.427	2.3427
14	고양시	23.256	2.3256
15	이천시	23.08	2.308

16	파주시	22,974	2.2974
17	용인시	22,953	2.2953
18	여주시	22,817	2.2817
19	수원시	21,901	2.1901
20	안성시	21,813	2.1813
21	군포시	21,651	2.1651
22	김포시	21,615	2.1615
23	안산시	21,338	2.1338
24	오산시	20,689	2.0689
25	양평군	19,896	1.9896
26	의정부시	18,909	1.8909
27	양주시	17,189	1.7189
28	포천시	16,089	1.6089
29	연천군	15,919	1.5919
30	가평군	15,462	1.5462
31	동두천시	12,818	1.2818

역과 상관없이 어떤 지역이라도 투자 가능한 곳을 찾을 수 있다. 인구증가 자료는 통계청 통계자료에서 뽑아도 되고, 인터넷에 돌아다니는 정보를 활용해도 된다. 지가상승률은 '한국부동산원'에 가면 얼마든지 알 수 있다. 엑셀을 조금만 배워도 시각적으로 편하게 볼 수 있는 자료를 만들 수 있으니 경남, 경북, 충청 등 원하는 지역에 따라 정리해보자.

인구감소지역 시, 군, 구(2010~2020년 합계)		
순위	지역	인원수(명)
1	서울특별시	−1,120,776
2	부산광역시	−234,551
3	대구광역시	−150,914
4	안양시	−101,976
5	부천시	−100,018
6	대전광역시	−95,343
7	안산시	−92,243
8	성남시	−81,031
9	전라북도	−58,248
10	전라남도	−52,127
11	울산광역시	−48,583
12	경상북도	−46,532
13	광주광역시	−44,046
14	광명시	−39,896
15	군포시	−24,825
16	포천시	−12,263
17	과천시	−12,165
18	구리시	−8,647
19	경상남도	−6,045
20	연천군	−1,597
21	동두천시	−1,276

인구계획은 땅 가격에 어떤 영향을 미치는가? 이 질문에 대한 정확한 근거와 답은 없다. 막연히 인구가 늘어나면 땅 가격이 올라간다는 사실을 오랜 경험을 통해 알 수 있을 뿐이다. '인구가 3배 증가하면 땅 가격은 평균 30배 증가' 이렇게 수치로 나타낼 수 있다면 땅 투자가 정말 쉽겠지만 그렇지 않다. 물론 충분한 시간, 예를 들어 약 10년 정도 기다리면 저평가된 10만 원은 10배, 100배가 될 수 있다. 그러니 지금부터라도 인구가 늘어나는 지역과 줄어드는 지역을 파악해서 선택과 집중을 하자. 도시기본계획에 있는 계획인구를 눈여겨 봐야 한다.

서울은 주택의 전세가격 상승으로 주변 지역으로 빠져나간 인구가 많았다. 2020년 한 해에 광명은 18,290명, 안양은 17,963명 수원은 11,314명의 인구가 빠져나갔다. 일단 땅 투자가 가능한 경기도 지역을 국한해서 보면 그렇다. 이런 통계에서 보이는 자료들은 현장의 부동산에도 그대로 반영된다. 이렇게 인구가 순유출되는 지역에서는 투자에 신중해야 한다. 강남구는 재건축, 노원구는 주변 남양주 별내지구, 다산신도시로 인구가 빠져나간 게 인구유출의 원인이다.

위의 도시들은 토지 투자가 가능한 지역이 아니다. 하지만 인구증가나 감소를 보면서 향후 어디로 이동하고 있는지를 파악해야 한다. 결국은 일자리와 임대료가 저렴한 집을 찾아 이동하기 마련이다. 사실 경기도, 세종시로 이동하는 게 통계로도 나타나고 있다. 땅 투자에서 이 점을 고려해야 한다.

태백시, 문경시, 삼척시, 정선군은 석탄산업 사양화로 인구유출이 급격히 심해졌다. 수산업 쇠퇴로 영향을 받은 도시는 여수, 동해시 묵호항, 강릉시, 주문진항, 삼척시 정라진항이다. 미군부대 이전으로 쇠퇴한 도시는 동두천시다. 한때 20만 명이 넘었던 남원시의 현재 인구는 8만 7000명 정도다. 남원시에 있는 서남대가 문을 닫았다. 이제 더 이상 인구감소로부터 안전한 곳은 없다. 거제시의 상황은 생각보다 더 암울하다. 대형 조선소의 불황으로 2016년 한해에만 1만 명이 넘는 근로자가 일자리를 잃었다. 부동산 가격은 20% 하락했다.

- 《지방도시 살생부》, 마강래 지음, 개마고원

대도시, 중소도시 간 고속 교통수단의 개통은 중소도시에 치명타를 입히기도 한다. 교통이 좋아지는 게 왜 문제일까? '빨대효과'라고 한다. 교육, 문화, 일자리, 환경, 공원, 스포츠시설이 좋은 주변 도시로 인구가 이동하고, 결국 중소도시는 공동화된다.

출산율을 높이는 정책도 대안이 되진 않는다. '먹튀출산'이라는 말이 있다. 해남은 아이를 낳으면 출산 장려금을 주는데, 지원금만 받고 다른 도시로 떠난다. 말 그대로 먹튀다. 출산 장려책이 아니라 출산 이후 살기 좋은 도시를 만드는 게 중요하지 싶다.

춘천은 수도권과 가까운 게 좋은 것만은 아니다. 닭갈비, 막국수 업소는 좋을지 몰라도 옷가게들은 파리만 날리고 있다. 수도권과의 연결이 관광객을 대상으로 한 업종에는 득이 되지만, 주민들을 대상으로 한 업종에는 장점이 되지 못한다는 이야기다. 인구유출의 원인은 결국 깔대기처럼 하나로 수렴된다. 일자리! 일자리가 없어지거나 다른 도시에 더 좋은 일자리가 있으니 떠날 수밖에 없다. 충주에서 청주로의 인구이동이 그렇다.

우리나라의 경우 일자리 대체율이 높은 창의적인 직종은 수도권이나 대도시에 집중되어 있다. 반면에 단순 노무직이나 서비스업종 자동화로 사라지기 쉬운 직종들은 지방 중소도시에 상대적으로 많이 분포되어 있다. 그렇다면 4차산업혁명이 지방 중소도시의 일자리를 더욱 빠르게 소멸시킬 것이라 예상해야 한다. 고도화된 자동화 기술을 갖춘 기업들은 많은 사람을 고용하지 않는다. 고용이 없는 성장, 이게 바로 '순창고추장'의 역설이다. 고용이 없는 기업의 진출은 순창의 인구유출을 막지 못했다.

결국 지방 중소도시의 땅에 투자할 때는 주의해야 한다는 결론이다. 땅 가격 상승이 아니라 환금성을 걱정해야 할 때다. 지금 당장 영향이 없다고 아무 일이 없는 것은 아니다. 우리는 모르고 현장에 있는 그들이 아는 것은 무엇인가? 인구는 우리에게 어떤 신호를 주고 있는가? 인구는 줄어들고 있는데 서울의 아파트 가격은 상승한다. 솔직히 작은 거래량은 가격을 왜곡시킨다. 어디가 꼭지인지 두려움을 가져야 한다. 한 건의 땅 가격은 현장의 땅 가격을 왜곡시킨다. 그러니 인구는 줄어들고 있는데 땅 가격이 상승하는 지역이라면 혹시 내가 상투를 잡는 것이 아닌지를 걱정해야 한다.

2021년 현재 국가산업단지(47개), 일반산업단지(686개), 도시첨단산업단지(33개), 농공단지(475개) 네 가지가 있다. 결론부터 말하면 '묻지 마' 산업단지개발의 끝에는 과잉공급으로 인한 '텅 빈 산업단지'들이 기다리고 있다.

2025년 폐광지역법 시효 종료 시 내국인 출입기능 카지노 독점권이 불확실하다. 영종도, 평택, 제주도 등 여러 지역들이 크루즈나 카지노를 유치하려고 혈안이 되어 있다. 카지노나 크루즈는 일자리 창출과 관광객 증가로 고정적인 인구증가가 예상되기 때문이다.

주변에 일거리가 있으면 성공할 가능성이 있고, 그렇지 않으면 어렵다. 중소도시에서의 외곽 택지개발은 건설업자와 부동산 소유주들의 합작품인 경우가 종종 있다. 건설업자는 아파트를 분양해 이익을 챙길 수 있으니 좋고, 땅 주인들은 비싼 값에 땅을 팔 수 있으니 좋다. 구도심 신도심의 시소게임, 이게 지방 중소도시들이 처한 현실이다.

 도시기본계획에 계획인구를 높게 잡는 이유는?

모든 지자체들이 꾸는 꿈은 '인구가 늘어나는 도시'다. 그래서 도시기본계획을 작성할 때 지자체들이 가장 신경 쓰는 부분이 바로 '인구'에 관한 내용이다. 문제는 거의 모든 지자체들이 자기 지역의 인구가 큰 폭으로 증가할 것이라 예상한다는 점이다. 복잡한 통계모형을 이용한 인구추정을 통해 말이다. 진천군의 경우 최근에 2030 진천군 기본계획을 세웠다. 여기서 계획인구를 15만 명으로 잡았다. 2021년인 현재 진천군의 인구는 8만 명이 조금 넘는다.

이렇게 여러 지자체들이 '뻥튀기'한 인구를 모으면 기이한 결과가 나온다. 2010년 권선택 의원의 국감자료를 보자. 2009년 부산시 350만 → 410만, 대구 275만 → 310만, 인천 270 → 310만, 광주·대전·인천 역시 2009년에 비해 36만, 42만, 33만 명의 인구가 증가하는 것으로 계획했다. 2009년 1200만 명이었던 경기도는 2020년 계획인구를 1600만 명으로 추정했다. 2021년 현재 경기도 인구는 1344만 명 정도다.

다른 시·도 역시 마찬가지로 인구가 증가할 것이라고 예상한다. 강원도(100만 명 증가), 충청북도(40만 명 증가), 충청남도(140만 명 증가), 전라북도(75만 명 증가), 전라남도(80만 명 증가), 경상북도(120만 명 증가), 경상남도(120만 명 증가), 제주도(80만 명 증가) 등이다.

인구가 줄어들 것이라 예상한 지자체는 서울시(10만 명 감소)가 유일하다. 전국 지자체들이 뻥튀기한 인구를 모두 합치면 1300만 명 정도다. 현재 우리나라 인구가 5100만 명 정도인데, 이 계획대로라면 10년 내외에 실제 인구의 26%가 증가해야 한다. 말도 안 되는 결과다.

인구든 뭐든 계획이야 희망차고 밝게 잡는 게 좋다고 생각할 수도 있겠다. 하지만 인구계획을 부풀리면 도시기본계획이 부풀려진다는 심각한 문제로 이어진다. 기본계획에서 설정한 목표인구에 따라 환경·주거·교통·공원·녹지 등을 어느 정도 공급할지가 달라지기 때문이다. 쉽게 말해 장래에 인구가 증가한다고 가정하면 할수록 주택 규모, 교통량, 공원면적 등도 함께 커지는 걸로 계획해야 한다. 실제로 상위기관에서는 인구계획에 맞추어 개발사업을 허가한다. 지자체 입장에서는 계획인구를 높게 잡아야 개발사업이 늘어난다. 개발사업이 늘어나야 인구가 유입된다. 인구가 유입되어야 개발사업이 또 늘어난다. 백번 맞는 말이다. 지자체도 '인구가 가지는 힘'에 대해 정확히 이해하고 있는 셈이다.

그러나 결과는 심각하다. 사슴만 다니는 사슴도로, 텅 빈 산업단지, 미분양된 아파트, 흉물스럽게 방치된 공원과 축제장 등 장밋빛 청사진의 결과라고 보기엔 참담하다. 이런 지역에 땅 투자를 한다고? 말리고 싶다. 반드시 '실제' 데이터로 변화가 감지되는 곳에 투자해야 한다. '실제' 산업단지나 택지개발지구 분양률이 높은 곳에 투자해야 한다.

《지방의 소멸》이라는 책이 있다. 일본 지방의 소멸로 본 우리나라 지방의 소멸을 이야기한다. 앞으로 2040년쯤 되면 우리나라 지방의 군 단위 도시들 10개 정도는 없어질 거란다. 지금까지는 인구의 증가가 자연스러운 현상이었기 때문에 우리는 별다른 신경을 쓰지 않고 살고 있다. 인구가 감소한다는 것을 생활로 느낄 수 없었다. 그러나 고향에 가보면 다르다. 어떤 곳은 아이들이 전혀 없다. 당연히 산부인과도 없고, 학교는 폐교가 되고, 문화회관·경로당·요양원 등 노인들을 위한 시설만 늘어간다. 청년 인구가 없으면 일자리도 줄어든다.

> 인구수는 2030년까지 5,216만 명으로 증가할 예정이고, 가구 수는 현재 1,956만 가구에서 2030년 2,394만으로 증가할 예정이다. 주택 수는 현재 1,637만 호이고, 2030년까지 증가할 가구 수만큼 주택 수를 늘리기 위해서는 멸실주택 수를 아예 번외로 하고 추가적으로 757만 호가 필요하다. 인구와 가구의 증가가 수도권에 집중되고 있기에 수도권 부동산 투자가 상대적으로 유리해 보이는 것이다. 특히 핵심지역인 서울의 부동산이 장기적으로는 가장 유리하다. 따라서 신규 투자지역 선정 시 공가 비율과 재건축, 재개발사업 가능 유무를 면밀히 살펴보아야 한다. 인구 1000명당 주택 수가 400호 이상이 되기 전까지는 주거 불안이 지속될 가능성 또한 높다.
> – 《부동산 매수매도 타이밍 인사이트》, 이장용(멀티메이팀) 지음, 북아이콘

물론 우려할 만한 일이 급격하게 일어나지는 않는다. 우리도 모르는 사이에 서서히 일어날 것이다. 70, 80년대를 보라. 시골 인구도 엄청나게 많았다. 시골 면 단위 중학교 친구들만 봐도 350여 명이었다. 지금은 20명도 안 된다.

10분의 1 이상의 인구가 줄어든 셈이다. 미처 느끼지 못하는 사이에 이런 상황이 닥쳤고 준비도 못 했다. 지금 대한민국의 인구가 과거 70, 80년대 시골처럼 변해가고 있다. 우리도 모르는 사이에 서서히 진행되고 있다. 그러니 어떤 방향으로 투자를 하는 것이 좋을까? 항상 고민이 필요하다.

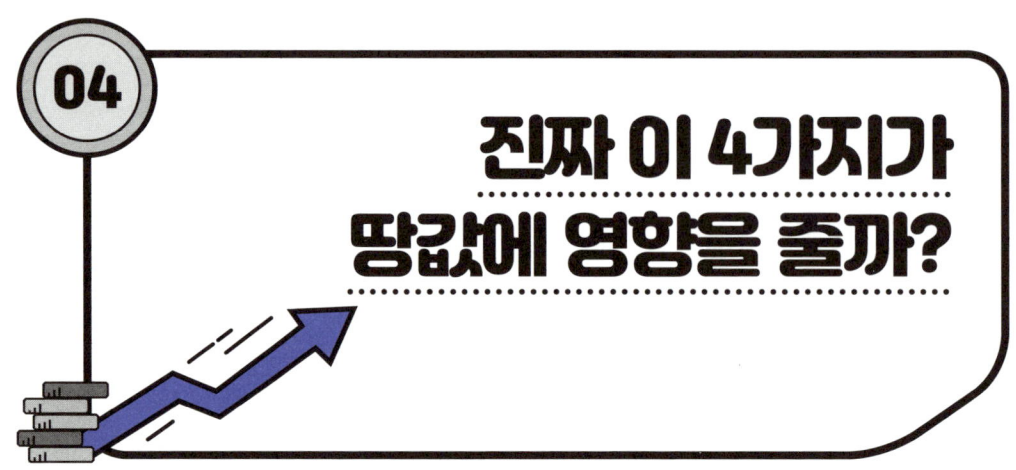

04 진짜 이 4가지가 땅값에 영향을 줄까?

어디를 어떻게 개발하는지에 대한 해답은 미리 제시되어 있다. 서해안 권역은 대부분 항만을 끼고 산업단지를 육성한다. 그중 고속도로IC, 국도, 지방도, 철도, 지하철, KTX, SRT, GTX처럼 사람과 교통이 모여서 흩어지는 곳은 반드시 체크해야 할 지역이다. 국가는 친절하게도 이 모든 정보들을 '국토종합계획'에 표시해두었다.

그런데도 처음 토지 투자에 나선 이들은 물 좋고 경치 좋은 곳에 전원주택 한 채 지을 수 있는 땅에만 투자하려고 한다. 그런 곳은 일 년에 한두 명 찾는 매수대상자를 놓치면 다음해까지 기다려야 겨우 잠재고객 한 명을 만날 수 있다. 그러면 어디를 사야 할까? 간단하다. 땅값이 오른 지역과 왜 올랐는지를 보면 알 수 있을 것이다. '지가상승률'에 그 해답이 있다.

> **복습: 지가상승 조건 4가지 + 개발이슈**
>
> 1. 교통: 지하철역사, 고속도로IC, 철도역사, KTX, GTX, SRT 등 교통이 발달한 곳이 좋다.
> 2. 산업단지: 즉, 일자리다. 그중에서 국가산업단지가 좋지만 지방의 소외된 지역은 이런 산업단지를 만들어도 분양률이 저조하다. 무조건 매입하는 것은 위험하다.
> 3. 택지개발지구: 무조건 아파트만 많이 짓는다고 좋은 것은 아니다. 주변에 일자리가 풍부해야 하고 일자리도 연봉이 높은 근로자가 많아야 한다.
> 4. 인구: 인구의 구성이 중요하다. 특히 25~35세의 젊은 인구가 늘어나는 게 좋다.
> 5. 개발이슈: 개발이슈가 많은 곳이 좋다. 미리 말하지만 전국에서 이런 개발을 하지 않는 곳은 없다. 그러니 복합적으로 여러 곳을 진행하는 땅을 찾아야 한다.

시험도 그렇다. 나온 문제가 다음에 살짝 바꿔 또 나오고, 인기 있는 대학은 내년에도 커트라인이 높다. 땅값이 상승하는 곳도 일단 추세를 타면 10년은 간다. 땅의 개발주기가 10~20년이기 때문에 그 인기가 쉽사리 꺾이지 않는다.

땅값 상승률 1위가 부산 해운대구, 2위 세종시, 3위 평택, 4위 제주도라면 향후 몇 년은 그런 추세를 유지하게 된다는 말이다. 그러니 수도권에 사는 투자자라면 화성, 용인, 평택, 안성, 파주, 천안, 아산, 당진, 세종, 청주를 주목하자. 남쪽에 사는 투자자는 제주도, 울산, 광양, 광주, 전주, 새만금 등 산업단지와 택지개발지구가 확장되는 지역에 투자하면 된다. 그것도 귀찮다면 진주, 나주, 전주 등 혁신도시 주변의 땅을 눈여겨보자.

또 지금까지 소외된 지역이지만 도시가 확산되는 지역, 구체적으로 예를 들면 밀양, 김해, 창원이 만나는 곳을 주목해야 한다. 두 도시의 접경지역은 서로 개발을 미루기 때문에 지금은 별로지만 시간이 지나면 두세 도시의 개발

시도 (%)	시군구	변동률 (%)	주요 변동사유
서울 (1.28)	동작구	2.25	노량진 및 흑석뉴타운 재개발사업 진척과 서리풀터널 개통 기대감
	용산구	2.24	한남뉴타운 등 사업 진척과 민족공원사업, 국제업무지구 재추진 등
부산 (1.53)	해운대구	2.03	동해남부선 폐선부지 및 LCT 등 개발호재와 상업용 부동산 투자 수요
	수영구	1.96	남천 및 망미구역 등 정비사업 진척과 역세권 등 상업용 부동산 수요
대구 (1.06)	수성구	1.40	중동 및 범어동 등 재개발 사업 진척으로 단독주택 수요 및 거래 증가
	서구	1.14	비산동 및 원대동 일대 정비구역 사업 진척과 역세권 상업용지 수요
인천 (0.65)	서구	0.80	가정택지지구 및 검단신도시 개발 진척과 검단연장선 건설 기대감
	연수구	0.79	송도 역세권 및 동춘도시개발사업 진척과 송도국제도시 상업용지 수요
광주 (1.01)	광산구	1.10	빛그린산단 및 송정역 복합환승센터 개발과 쌍암동 등 단독주택 개발 수요
	남구	1.10	월산 재개발사업 진척과 도시첨단국가산단 및 한전공대 설립 등
대전 (0.84)	유성구	1.06	사이언스컴플렉스 및 갑천친수구역 등 기대감과 봉명동 상업용지 수요
	서구	0.89	용문-도마변-복수동 등 재개발사업 진척과 만년동 원룸주택 수요
울산 (0.89)	중구	1.26	장현첨단산단 및 다운2주택지구 개발 진척, 혁신도시 개발 성숙 영향
	북구	1.14	강동산하 및 호계매곡택지지구 등 유입인구 증가와 송정역 개발사업 등
세종 (1.56)	세종시	1.56	4생활권 및 6생활권 개발 진척 기대감과 행복도시 인근 토지 개발수요

시도(%)	시군구	변동률(%)	주요 변동사유
경기(0.83)	평택시	1.35	삼성 제2공장 추가 투자, 브레인 시티 사업진척 및 미군부대 이전 기대감
	성남 수정구	1.25	제3판교테크노밸리 조성 및 재개발(산성·신흥동 등) 사업 기대감
강원(0.85)	속초시	1.57	중앙동 재개발, 속초항 개발기대감 및 바다조망 가능 토지수요 지속
	고성군	1.21	속초 등 인접지역에서 귀농인구의 주거용 및 농경지 수요 지속
충북(0.76)	음성군	0.96	감곡역세권, 오선 및 금왕 금왕테크노밸리 산업단지 등 개발 기대감
	청주 흥덕구	0.83	오승제3생명과학단지 조성 기대감 및 테크노폴리스 규모 확대
충남(0.76)	천안 서북구	1.25	아산탕정·성정지구 등 택지개발지구 내 토지 투자 수요
	아산시	0.93	아산테크노밸리 공장입주에 따른 인구 유입 및 주택 신축 수요 증가
전북(0.69)	부안군	1.09	새만금종합개발사업 등 개발 호재 및 태양광 설비 투자수요 증가
	익산시	1.09	익산 KTX역세권, 국가식품클러스터 조성사업 등에 따른 투자수요
전남(0.92)	담양군	1.46	담양복합휴양타운 등 개발호재와 광주 접근성 양호한 전원주택 수요 지속
	장성군	1.21	나노산단 성숙도 증가, 광주연구개발특구 첨단3지구 본격 추진 기대감
경북(0.66)	경산시	1.36	경산대임 공공주택지구 개발 기대감 및 사업지 내 거래 활발
	청송군	1.18	교통망 개선에 따른 접근성 향상으로 유동인구 및 귀농인구 증가
경남(0.74)	밀양시	1.23	밀양농어촌관광휴양단지, 창녕-밀양 고속도로 개발사업 추진 가시화
	남해군	1.15	노량대교 개통 기대감 및 펜션 부지 등 수요 지속
제주(1.19)	제주시	1.26	애월항 2단계 개발 및 봉개동 기반시설 확충 기대감
	서귀포시	1.07	영어교육도시, 신화역사공원 내 토지 수요 증가 등

(출처: 2018년 1분기 지가변동률)

압력이 불어올 것이다. 이런 곳에 도로가 확장되면 그 수혜는 고스란히 땅을 가진 사람이 받게 된다.

최근에 서울의 관문을 개발하기로 했다고 한다. 이런 곳은 그린벨트나 군부대 부지가 자리 잡고 있었다. 그동안 소외받던 지역들이 주목받기 시작했다. 그렇다고 해도 최소 5번 이상의 답사는 기본이요, 현장부동산 이야기와 땅 전문가의 이야기는 반드시 들어보아야 한다. 나 홀로 판단하는 것은 위험하다.

과거에 '선계획 후개발'이라는 비효율적인 개인 개발이 난무했다면, 이제는 국토종합개발이라는 국가의 큰 그림 아래 각 기초 자치단체의 개발계획이 체계적으로 진행된다. 자연환경이 우수한 지역에 갑자기 산업단지를 넣지 못하고, 인구가 유입될 가능성이 없는 곳에 택지개발을 하지 않는다는 말이다.

원인과 결과를 보면 전 국토의 그림이 그려진다. 지금은 국토의 균형개발이 중심이다. 한쪽만 집중적으로 개발되면 다른 쪽은 쇠퇴하니 균형을 맞춘다. 지금 형성되어 있는 도시의 주변에 산업단지와 택지개발지구가 생기고, 인구 5만이 안 되는 지자체에 뜬금없이 수천 세대의 아파트단지를 건설할 수 없다. 이런 지역은 택지를 조성해도 민간건설사가 달려오지 않는다. 분양률이 떨어지기 때문이다.

어느 정도 교통과 일자리가 있는 곳에 추가로 산업단지나 택지개발지구가 지정된다. 그래야 교육, 문화, 의료, 상업시설을 효율적으로 사용할 수 있기 때문이다. 결과적으로 지금 인구가 늘어나는 곳이 앞으로도 더 늘어난다. 산업단지 분양률이 좋은 곳에 더 많은 아파트가 지어질 것이다. '빈익빈 부익부'다. 인구가 늘지 않는 상황이라면 더 심각해질 것이다. 인구가 늘면 정부는 부족한 기반시설을 추가하기 마련이다. 이런 이유로 주변의 땅 가격은 계속해서 움직이게 된다. 그래서 초보 투자자들이 찾는 경치 좋은 곳에 전원주택 하나 지을 수 있는 땅의 가격은 오를 기회 자체가 없다. 전문가들의 말에 귀를 기울여야 한다.

지방 인구는 점점 줄어들고 있다. 산업단지는 계속 추진하지만 20년 이상 그대로다. 일자리가 늘지 않고, 고속도로IC나 국도의 변화도 거의 없다. 그래서 땅 가격은 물가상승률 이상을 기대하기 어렵다. 결론은 그 땅을 팔고 그 반대의 상황이 진행되는 땅을 사야 한다는 말이다. 고백컨대 필자도 그런 땅을 가지고 있다. 몇 년째 부동산에 내놔도 입질이 오지 않는다. 많은 투자자들이 감을 잡지 못하고 전혀 인기 없는 지역의 땅을 비싼 가격에 덜컥 매수한다. 그 정도는 양반이다. 누군가의 부추김에 의해 임대의 가능성을 세밀하게 검토해보지도 않고 대출을 받아서 건축을 하고 공실 상태로 이자를 내다가 버티지 못하고 경매를 당하고 만다.

투자는 이 모두를 염두에 두고 해야 한다. 한 가지만 알아서는 어렵다. 부정적인 말만 했지만 원리를 알면 응용하기 좋은 것이 또 땅이다. 모든 부동산의 원재료는 땅에서 출발한다. 모든 부동산이 하는 일은 결국 땅이 하는 일이다. 땅이 하는 일이라는 사실을 이해할 때 부동산 투자의 절반은 끝난다. 지리산 골짜기 만 평을 살 것인가? 강남역 앞 10평을 살 것인가? 다시 되팔려고 할 때 어떤 땅이 잘 팔리는가? 또 향후 도시를 개발할 때 어디를 먼저 개발할까? 여러분이 토지이용계획 확인서를 열람하고 해당 필지를 검색한 후 오른쪽 위에 있는 도시계획을 클릭해보면 이 모든 중요한 사실을 알 수 있다. 이거 하나만 제대로 확인해도 땅 투자로 실패하지 않는다.

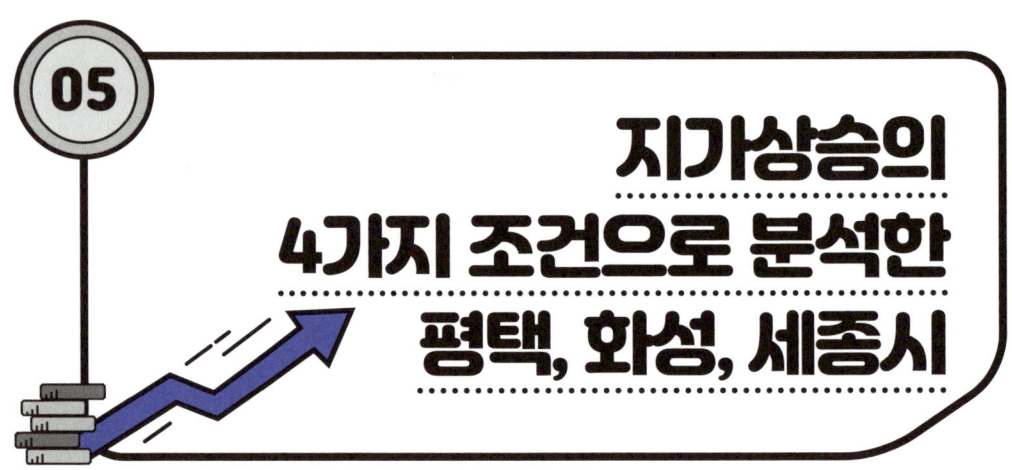

05 지가상승의 4가지 조건으로 분석한 평택, 화성, 세종시

필자는 오랜 시간 평택을 주요 거점으로 삼았다. 평택에 부동산 재료가 없어질 때까지는 그럴 것이다. 평택은 여전히 유효하고 안전하다. 그러나 많이 오른 것도 사실이다. 평택은 인구증가, 교통(고속도로IC, 역세권), 산업단지, 택지개발지구라는, 사람들이 관심을 가지는 4가지 요인을 모두 만족시키는 곳이다. 그런 도시는 얼마 되지 않는다. 이 4가지로 도시를 분석해보면 투자할 것인가 말 것인가의 답을 얻을 수 있다.

세종 스마트시티 국가산업단지가 세종시 연서면에 100만 평 규모의 후보지로 지정되었다. 아직 발표된 것은 아니다. 그런데 이 계획이 실제로 이뤄질지 아닐지 마음 졸일 게 없는 것이 다음 분석 결과에서 보듯이 지금 당장은 안 된다고 해도 세종시 개발은 계속해서 이슈로 부각될 것이다. 그러는 동안 땅 가격의 상승은 분명 계속된다. 생활비를 다른 데서 충당하면서 땅 가격 상승을 기다릴 수 있는 상황을 만들 수 있다면, 기다리는 재미가 무엇인지 알 수 있게 될 것이다.

	인구	교통 (고속도로IC, 전철, 철도)	산업단지	택지개발구역
평택	47만 → 120만	동부고속화도로 제2서해안고속도로 서해안복선전철 시도6호선 시도19호선 신평매산리~평택항 서부두 연결도로	고덕국제화계획지구일반산업단지 고렴일반산업단지 송탄일반산업단지 어연한산일반산업단지 오성일반산업단지 진위일반산업단지 진위2일반산업단지 진위3일반산업단지 추팔일반산업단지 칠괴일반산업단지 포승2일반산업단지 현곡일반산업단지 LG Digital Park 일반산업단지 평택브레인시티일반산업단지 평택신재생일반산업단지 평택일반산업단지 평택장당일반산업단지 아산(포승)국가산업단지	고덕국제신도시, 평택BIX지구 가재지구 동삭2지구 동삭세교지구 동삭지구 모산영신지구 소사2지구 소사3지구 세교지구 신흥지구 안정지구 영신지구 용죽지구 인광지구 지제세교지구 통북지구 현존지구 화양지구 구룡지구 신촌지구지구단위계획

	인구	교통 (고속도로IC, 전철, 철도)	산업단지	택지개발구역
화성시	63만 → 135만	향남~남양읍 연결도로 제2외곽순환도로 제2서해안고속도로 비봉~매송 간 고속도로 국지도23호선(남사~동탄) 봉담~송산고속도로	동탄일반산업단지 통탄일반산업단지 마도일반산업단지 발안일반산업단지 송산테크노일반산업단지 아산국가산업단지 장안첨단1일반산업단지 장안첨단일반산업단지(2단지) 전곡해양일반산업단지 정남일반산업단지 주곡일반산업단지 팔탄(한미약품)일반산업단지 한강시엠일반산업단지 향남제약일반산업단지 화남일반산업단지 경기화성바이오밸리일반산업단지 화성일반산업단지 통탄도시첨단산업단지	봉담택지개발지구 봉담2택지개발지구 향남택지개발지구 향남2택지개발지구 화성태안3택지개발지구 화성능동택지개발지구 동탄1사업지구 동탄2사업지구
세종시	30만 → 80만	천안~논산 간(남천안IC) 경부고속도로(목천IC) 천안청주공항 복선전철, 전의역 서울~세종 간 고속도로, 북세종IC. 당진~천안 간 고속도로	세종첨단일반산업단지 전의일반산업단지 전의2일반산업단지 소정일반산업단지 세종미래일반산업단지 조치원일반산업단지 월산일반산업단지 명학일반산업단지 부용일반산업단지 행정중심복합도시 생활권첨단산업단지 노장농공단지 부용노공단지 응암농공단지 청송농공단지	1생활권(중앙, 행정) 2생활권(문화, 국제교류) 3생활권(도시, 행정) 4생활권(대학, 연구) 5생활권(의료, 복지) 6생활권(첨단지식기반)

투자분석

화성시에 집중하라

　국토종합계획, 도시기본계획, 교통, 개발축, 생활권, 산업단지, 택지개발지구, 인구증감률, 지가상승률, 토지거래량, 이슈가 되는 키워드 등 지가상승으로 투자수익을 올릴 수 있는 지역을 파악하는 분석 방법은 이런 것들이었다. 지금까지 배운 모든 내용을 토대로, 예를 들면 화성시를 분석하려면 어떻게 해야 할까?

　먼저 국토종합계획 확인에서 시작한다. 화성시는 서해안 신산업벨트에 속해 있는 지역이다. 산업단지는 18개를 현재 사용하고 있거나 개발이 진행 중이다. 택지개발지구는 3개 정도가 있다. 인구는 63만에서 135만 명이 된다고 한다. 2020년도 지가상승률은 3.665%로 과거와 비교해 경기도 지역 지가상승률이 낮아졌다. 이유는 그동안 땅값이 많이 상승했기 때문이다. 토지거래량은 2021년도에만 15,407건으로 압도적인 1위다. 인구는 2020년도에만 36,165명이 순유입되었다. 경기도 화성의 개발 키워드에는 어떤 것이 있을까? 화성시 미래첨단산업단지, 향남역 역세권, 향남1-2 택지지구, 향남제약공단/발안산단, 화성 바이오밸리, 현대/기아자동차 공장, 동탄GTX, 송산역, 송산그린시티 등 검색하면 할수록 더 많은 중요한 정보를 얻을 수 있다. 이런 식으로 어떤 지역에 투자해서 지가상승의 투자수익을 올릴 수 있는지를 파악해내면 된다.

화성시 2035도시기본계획의 공간구조

2035 공간구조 설정

중심지 체계
- 6도심
- 9지역중심

개발축
- 동서축 : 송산~동탄
- 남북축 : 봉담~양남

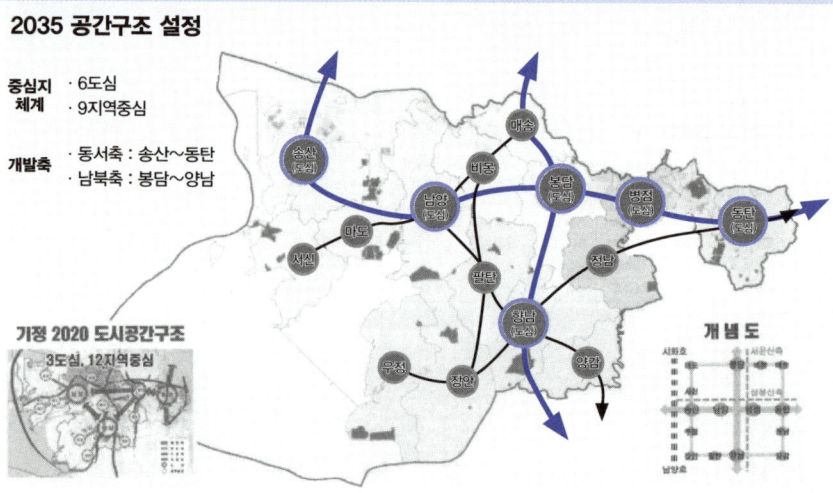

생활권계획

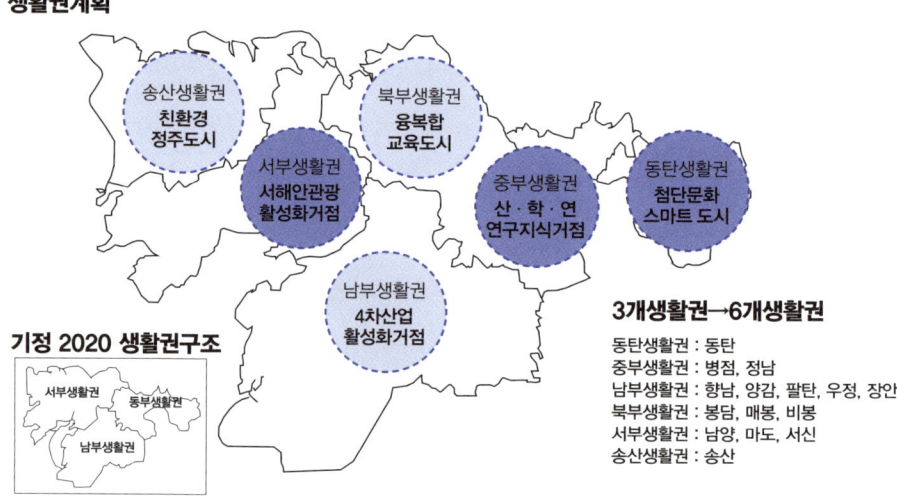

3개생활권 → 6개생활권

- 동탄생활권 : 동탄
- 중부생활권 : 병점, 정남
- 남부생활권 : 향남, 양감, 팔탄, 우정, 장안
- 북부생활권 : 봉담, 매봉, 비봉
- 서부생활권 : 남양, 마도, 서신
- 송산생활권 : 송산

(출처: 화성시 2035도시기본계획)

투자분석

화성시의 2035도시기본계획을 보면 화성시의 개발 방향을 알 수 있다. 도심과 부도심을 통해서 어디를 개발할지 알 수 있고, 인구나 일자리가 집중되는 지역을 따라가다 보면 그 지역의 토지개발 방향을 읽을 수 있다. 통계를 통해서 전체적인 파악이 가능하고, 도시기본계획으로 개발축을 알 수 있다. 동서축은 송산-동탄, 남북축은 봉담-향남이다. 이들 축을 중심으로 동서남북 어디를 먼저 개발하고 어디의 땅값이 빨리 오르는지를 파악해야 한다. 한 번 가본 적도 없고 투자한 적도 없는 곳이라도 이런 식으로 핵심을 따라가다 보면 옥석을 가려낼 수 있다.

도로계획은 어떤 것이 있을까? 경부고속도로, 송산~송탄 간 고속도로, 남향~향남, 송탄~병점, 서해선 복선전철, 서해안고속도로, 평택~시흥 간 고속도로(제2서해안), 과천~봉담~평택 간 도로, 내부순환도로망구축(남양~봉담~향남~우정~남양), 외곽순환도로(매송~태안~정남~장안~서신~송산(남양)~매송), 향남~오산~동탄을 연결하는 외곽순환 2축이다.

송산생활권은 친환경 정주도시, 서부생활권은 서해안관광 활성화거점, 북부생활권은 융복합교육도시, 중부생활권은 산·학·연 연구지식거점, 동탄생활권 첨단문화 스마트도시, 남부생활권은 4차산업 활성화 거점이다. 동탄생활권은 동탄, 중부생활권은 병점·정남, 남부생활권은 향남·양감·팔탄·우정·장안, 북부생활권은 봉담·매송·비봉, 서부생활권은 남양·미도·서신, 송산생활권은 송산이다.

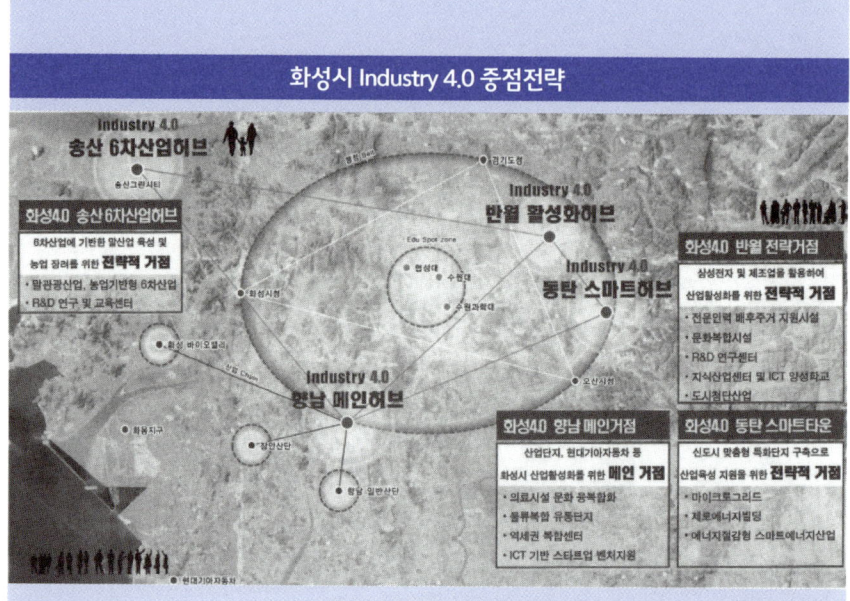

(출처: 화성시)

위의 그림을 보면 화성시의 향후 개발방향을 알 수 있다. 송산 6차산업허브, 반월 활성화허브, 동탄 스마트허브, 향남 메인허브이다. 어떤 개발계획보다 정확히 향후 화성의 개발방향을 알려주는 것이다. 신규 산업단지 주변과 택지개발지구 주변을 살펴보고 가능성이 있는 토지는 토지이용계획확인서를 보면서 해당 토지의 투자유무를 판단해야 한다. 늘 이야기하지만 개발지, 개발가능지, 개발불능지를 구별하면서 투자의 방향을 정해야 한다. 맹지라고 안 되는 것도 아니고 도로를 접한 관리지역이라고 반드시 투자가치가 있는 것도 아니다.

투자분석

현지에서 투자를 잘하는 투자자의 특징이 몇 가지 있다. 첫째, 개발사항을 잘 파악하고 있다. 담당공무원 정부산하기관의 담당자와 자주 통화하면서 현황을 파악한다. 둘째, 현지 토지주들과 끈끈한 관계를 가지고 있다. 현지 대책위원회의 집행부들과 계속 교류한다. 셋째, 현지 부동산을 내 집처럼 드나든다. 매물이 나오면 먼저 전화해달라고 부탁한다. 수시로 밥을 사고 술을 산다. 현지 부동산보다 더 매물을 잘 파악하고, 개발사항이나 이슈를 빨리 알아내고, 매물이 나오면 판단력과 행동이 빠르다.

땅 투자의 어려움은 여기에 있다. 상담이 가능한 전문가가 그래서 필요하다. 큰돈을 넣고 투자하는데 작은 수수료나 컨설팅요금이 아까워서 혼자 해결하려 한다면 평생 회복이 불가능한 선택이 될 수도 있다. 늘 곁에서 도움을 받을 수 있는 믿을 수 있는 전문가를 찾는 게 아주 중요한 일이다. 자신이 전문가가 되기 전까지는 어쩔 수 없는 일이다.

> 헛소문부터 개발계획과 실제 개발까지
> 토지투자에 대한 정보는 산을 이룬다.
> 어떤 게 진짜일까? 어떤 정보가 내 투자에 도움이 될까?
> 친한 형이? 아는 부동산 사장님이?
> 그런 식으로는 백날 가야 업자들의 먹이가 될 뿐이다.
> 그래서 나름의 기준을 가지고 있는 것은 매우 중요하다.
> 3장에서는 정보를 분석해 투자지역을 찾는 구체적인 방법을 알아보자.

3장

투자?
하수는 감을 믿고
고수는 데이터를
분석한다

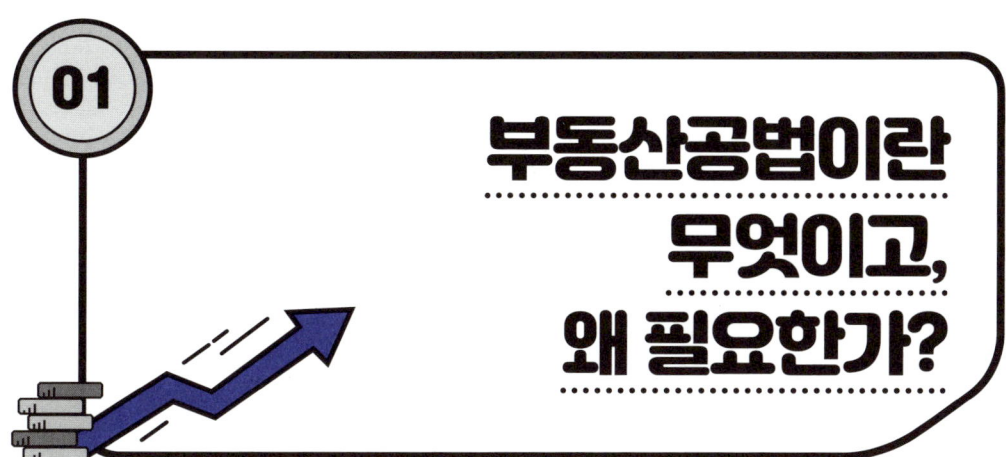

01 부동산공법이란 무엇이고, 왜 필요한가?

  투자자들이 땅을 사는 이유는 다양하다. 전원주택, 임대용 원룸, 공장, 창고를 지어 실제 사용하거나 임대하려는 게 목적이다. 아니면 저평가된 땅을 사서 시세차익을 얻는 것이 목적일 수도 있다. 그중 이번에는 건축을 원하는 투자자들을 위한 정보를 담아보았다. 직접 짓지 않는다고 해도 어떤 목적이든지 공법을 알고 땅에 투자한다면 그만큼 이익이 된다.

  자! 여기서 질문 하나 던져보자. 투자자들이 영어를 공부한 시간이 많은가? 부동산공법을 공부한 시간이 많은가? 과연 부동산에 투자한 시간과 돈은 얼마나 될까? 결론부터 말하면 현장부동산에서 이야기하는 내용의 70% 정도는 이해할 수 있어야 한다. 지름길이 있다. 부동산 관련 책을 계속 읽으면서 현장한 곳을 정해 놓고 여러 번 가보자. 그 정도 노력은 필수다.

부동산공법의 정의와 건축을 위해 꼭 알아야 할 내용들

공법은 국가조직이나 국가 간 또는 국가와 개인 간의 관계를 규정하는 법률을 말하는데, 여기서 부동산공법이란 국토의 계획 및 이용에 관한 법률, 건축법, 도시개발법, 농지법, 산지관리법 등 부동산과 직접적인 관련이 있는 법을 말한다. 우리 국토는 116개의 법령과 401개의 지역 지구에 의해 규제를 받고 있다.

부동산공법이나 관련 용어들을 강사나 교수만큼 알 필요는 없지만 최소한 이해는 해야 하고, 실생활에 응용할 수 있는 수준까지 온다면 바람직하다. 특히 내 땅에 건축이 가능한지의 여부를 판단하는 가장 중요한 법이라고 할 수 있다. 건축하지 않고 땅값 상승만 기대한다면 이런 디테일한 공법은 몰라도 된다고 생각할 수 있지만 대부분의 투자자들이 이런 부분을 이해하지 못하기 때문에 머릿속에 전체가 그려지지 않고, 결과적으로 땅 투자가 어렵다고 하소연하게 되는 것이다.

공법을 공부하면 생각하는 것보다 부동산에 대한 이해도가 훨씬 높아진다. 물론 땅에 투자할 때 목적을 분명히 하는 데도 큰 도움이 된다. 땅 가격이 오르지 않는다고 해도 개별적인 개발의 가능여부를 따져 땅의 가치를 올리는 일도 가능하다. 땅을 살 때 어떤 점을 생각해야 할까? 현장부동산에서 권하는 땅을 만났을 때 무슨 고민을 해야 할까? 두 가지로 살펴봐야 한다. 건축이 가능하지 않더라도 개발지 주변이라서 향후 지가상승이 기대되는 지역의 땅인지를 봐야 한다. 또 하나는 공법상에 나와 있는 지식을 총동원해서 어떤 건축이 가능한지 판단해 보아야 한다. 이 두 가지가 서로 조화를 이루어 발전할 때 땅 가치는 상승하게 된다. 깊게 들어가면 끝도 없으니 반드시 알아야 하고, 꼭 필요한 것들만 간단히 짚어보자.

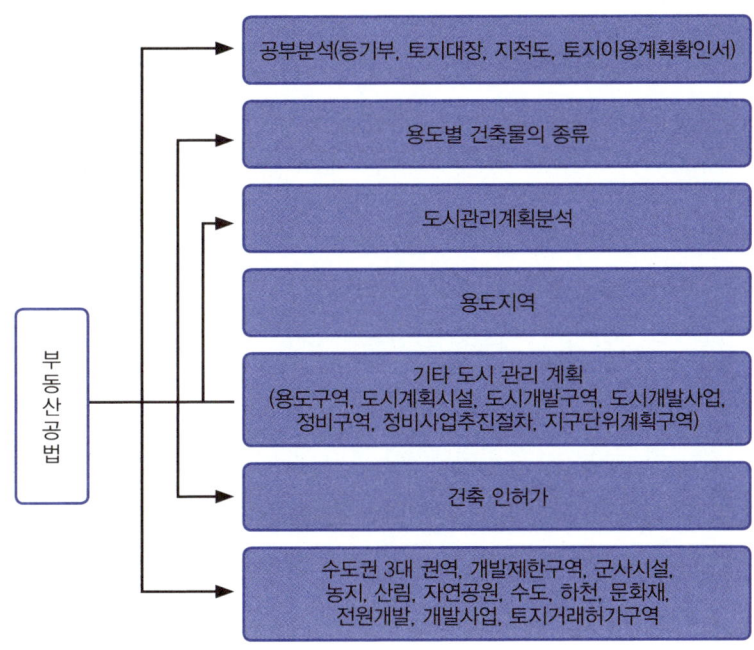

 건폐율과 용적률

흔히 건폐율이나 용적률을 외우려고 하는데 그럴 필요 없다. 땅에 투자하는 게 목적이라면 관리지역을 기준으로 몇 가지만 이해하면 된다. 계획관리지역은 건폐율 40%, 용적률 100%이다. 쉽게 말하면 땅 100평에 건물 바닥 면적이 40평이라는 뜻이다. 그런데 지상층(주차장 면적 제외, 지하층 제외) 1층이 40평, 2층이 40평, 3층이 20평이면 총 100평이 용적률이 된다. 이 정도로 이해하면 건축물의 규모가 어느 정도인지 짐작이 될 것이다. 보전관리, 생산관리, 자연환경보전지역, 농림지역은 건폐율 20% 용적률 80%로 동일하다. 자연녹지는 건폐율 20%에 용적률 100%다. 이 세 가지만 알고 있으면 끝난다. 별것 아니다.

건폐율과 용적률은 왜 필요할까? 산지전용 허가나 농지전용 허가를 받아둔 땅에 건축물을 지을 때 필요한 건축물의 규모와 높이를 정하는 방법이기 때문이다. 물론 여러 가지 조건을 만족해야 한다. 그중에서 가장 중요한 것이 도로다. 도로가 없으면 건축이 불가능하다. 도로는 4미터나 6미터 크기여야 한다. 이때 도로는 지목이 도로인 것과 사도와 현황상도로, 농로, 또는 토지사용승낙서를 받아서 도로로 이용이 가능한 토지를 말한다. 느낌이 오는가? 더 깊이 들어가서 도로의 조건이 맞는지 허가가 가능한지의 여부는 시, 군, 구, 군청의 개발행위허가 관련 담당과에 문의해보거나 건축 설계사무소에 문의해야 정확한 답을 얻을 수 있다. 지자체별로 허가 기준이 다르기 때문이다. 이런 게 현장에서는 어렵다. 담당공무원의 개인적인 판단이 개입되기 때문이다.

이미 도로를 갖추고 있어서 바로 건축이 가능하다면, 그다음은 상수도, 배수관, 전기, 일조권, 주변의 혐오시설을 파악해야 한다. 만약 이런 여건이 어렵다면 추가로 비용이 많이 필요하다. 허가는 되지만 비용 때문에 투자를 포기하는 경우도 많다. 중요한 건 땅을 사기 전에 이런 부분들을 반드시 확인해야 한다는 것이다. 사고 나서 후회하면 늦다. 오폐수관 연결비용, 수도관 연결비용, 전기선 연결비용, 도시가스관 연결비용 등 이런 비용은 현장에 따라 달라지기 때문에 전문가의 검토가 필요하다.

용도지역
용도지역, 용도지구, 용도구역의 구분

용도지역이란 이 땅을 무슨 용도로 쓸 것인가에 대한 것이다. 주거, 상업, 공업, 녹지, 관리, 자연환경보호, 농림지역 등으로 나뉜다. 도시의 주거, 상업, 공업지역은 당연히 좋지만 땅 가격이 비싸서 투자하기 힘들다. 돈이 3억 있는데 강남역 앞 1평이 3억이라면 꼴랑 1평만 살 수 있나? 그래서 개발가능지의 용도지역을 찾아서 헤맨다. 땅 투자는 개발가능한 지역의 농림지역, 전, 답, 임야를 사서 오를 때까지 기다리는 일이기도 하다.

위 표에서 건축물의 종류를 구분하는 이유는 무엇일까? 어떤 용도지역을 가진 땅이 있다고 해보자. 이 땅에 건축허가가 난다면 어떤 건축물을 지을 수 있을까? 단독주택이 가능한 곳도 있고, 공동주택을 지을 수 있는 곳도 있다.

용도		종류
단독주택	단독주택	면적제한 없음
	다중주택	연면적 330㎡↓ & 3층↓ & 독립된 주거형태가 아님
	다가구주택	연면적 660㎡↓ & 3개 층↓ & 19세대↓
공동주택	아파트	주택으로 쓰이는 층 수가 5개 층↑
	연립주택	연면적 660㎡↑ & 4개 층↓
	다세대주택	연면적 660㎡↓ & 4개 층↓

땅이 있다고 맘대로 지을 수 있는 게 아니다.

용도별 건축물의 종류를 보면 단독주택, 공동주택, 제1종근린생활시설, 제2종근린생활시설, 문화 및 집회시설, 종교시설, 판매시설 등 총 29가지가 있다. 이런 건축물의 종류를 구별하고 용도지역에 가능한 건물인지 아닌지를 판단할 수 있어야 한다. 좀 더 자세히 알아보자.

부동산공법을 이해하고 응용하는 방법은 아무리 강조해도 지나치지 않다. 땅에 투자할 때 토지이용계획 확인서에서 제공하는 정보를 확인해 허가 가능 여부, 건축 가능여부, 건축물의 면적, 어떤 건축물을 지을 수 있는지에 대해 대략적인 판단이 내려지면 그때 땅 투자에 나서야 한다. 용도지역에 관련해 많이들 헷갈리는 것들이 있으니 짚고 넘어가자.

	건축물의 종류	종류
1	단독주택	유통상업지역, 전용공업지역에서만 금지 (단 농림지역, 자연환경보전지역에서는 농어가주택에 한함)
2	제1종근린생활시설	모든 용도지역 내 가능
3	공장	전용주거지역, 유통상업지역, 보전녹지지역, 농림지역, 자연환경보전지역에서 금지

용도지역 용도지역은 크게는 도시지역, 관리지역, 농림지역, 자연환경보전지역으로 나뉘고, 다시 세부 21개 지역으로 구분된다. 그중 토지 투자의 대상이 되는 것은 도시지역 중 녹지지역(보전녹지, 생산녹지, 자연녹지), 관리지역(보전관리, 생산관리, 계획관리), 농림지역, 자연환경보전지역이다. 이 용도지역에 땅을 샀다면 어떤 건축물이 가능할까? 이들 지역의 지목은 대부분 전, 답, 과

수원, 임야다.

일단 맹지는 원칙적으로 건축이 안 된다. 그럼 4미터나 6미터 도로가 있다면 단독주택이 가능할까? 앞의 지역 중 농림지역, 자연환경보전지역에는 농어가주택이 가능하다. 다른 지역이라면 일반적으로 단독주택, 다가구주택, 전원주택이 가능하다.

용도지구 용도지역의 제한을 강화하거나 완화시키는 역할을 하며, 용도지역만으로 달성하기 어려운 미관, 경관, 안전 등을 도모하고 토지에 대한 구체적이고 입체적인 활용을 유도 관리한다.

용도구역 용도지역 및 용도지구와는 별개로 시가지의 무질서한 확산 방지, 계획적이고 단계적인 토지이용의 도모, 토지이용의 종합적 조정과 관리 등을 위한 것이다.

제1종근린생활시설 생활에 꼭 필요한 시설을 말한다. 식품, 잡화, 의류, 완구, 서적, 건축자재, 의약품, 의료기기, 휴게음식점, 제과점, 미용원, 목욕장, 세탁소 등의 소매점이다. 이런 시설은 모든 용도지역에서 가능하다.

건폐율 제한, 고도 제한, 일조권 내 토지를 최고로 효율적으로 이용하려면 바닥면적을 100% 활용해서 100층이든 200층이든 최고 높이로 지으면 된다. 그러나 모든 사람이 다 그렇게 지으면 이웃과 분쟁이 생길 게 뻔하다. 햇빛이 들지 않고, 서로 경계선이 붙어버리고, 바람도 통하지 않는다. 비행기

이착륙 문제도 있고, 새도 건물에 부딪친다. 그래서 만들어진 것이 햇빛이 들게 하자는 '일조권 사선제한'이다. 바람이 통하게 하자, 빗물도 흐르게 하자는 게 '건폐율 제한'이다. 답답하니 너무 높게 짓지 말자는 게 용적률에 따른 '연면적 규제'다. 물론 높이 제한인 '고도 제한'도 있다.

> 일조권 사선제한에서 층별 높이가 3m인 경우, 3층 9m까지는 인접대지와 1.5m의 이격 거리만 확보하면 되지만 9m가 넘어선 이후부터는 건축물의 높이가 인접대지 경계선으로부터 2배 이하가 되어야 한다. 그래서 4층(12m)의 경우 인접대지의 6m(12/2=6)를 이격해야 한다.

주차장 현장에서 건축하는 사람들의 이야기를 들어보면 가구 수와 주차대수가 항상 문제다. 가구 수는 임대료 문제가 걸려 있고, 주차대수는 건축비용과 1층을 상가로 만들 때의 수익률 문제가 걸린다고 한다. 결국 건축은 수익률의 싸움이다.

단독주택의 주차장은 시설면적 50~150㎡에 1대다. 시설면적이 150㎡를 초과하면 1+(시설면적-150)/100이다. 예를 들어 200㎡라면 1+(200-150)/100 = 1.5대다. 소숫점 이하의 수가 0.5 이하인 경우에는 이를 1로 본다. 다만, 당해 시설물 전체(연면적)에 대하여 산정된 총주차대수가 1대 미만(0.4)인 경우에는 주차대수를 0으로 적용한다. 따라서 1.5대는 2대로 해야 한다. 지자체마다 조례가 다르므로 참고하자.

> 법정 주차대수 = 시설면적 / 지자체조례기준
> 필요한 주차장 면적 = 법정주차대수 × 법정주차면적 × 비율

지목과 지목변경
웬만하면 사지 말아야 할 땅 7가지!

지목은 토지의 현황 또는 사용 목적에 따라 부르는 명칭이다. 전, 답, 과수원, 임야, 공장, 창고 등 세부적인 이름표가 붙어 있다. 원래 전은 밭으로만 이용하란다. 밭을 논으로 이용하면 원칙상 안 된다. 허가 사항이 아니라 신고해야 하지만 실제 현장에서는 그렇게 까다롭지 않다. 단 전, 답, 과수원, 임야에서 건축물이 가능한 대지, 공장, 창고 등 건축물 건축이 가능한 지목으로의 변경은 반드시 허가가 필요하고, 이런 행위를 '지목 변경'이라고 한다. 지목을 변경하면 돈이 되기 때문에 관공서에 쫓아다니면서 애를 쓴다.

그런데 시골 농지를 지목변경한다고 얼마나 오르겠는가? 이런 게 땅 투자의 어려움이다. 지목을 변경해야 하는 게 나을까? 아니면 도시나 산업단지가 확장되는 주변에 땅을 사서 개발되기를 기다리는 게 나을까? 쉽게 판단하기 어렵다. 내 경우 실수요자가 아니라면 개발지 주변에 땅을 사서 시간이 지나면 지가가 상승하는 방법을 선호한다. 그래서 방법을 달리해야 한다. 지목변경은 부동산공법에 대부분의 답이 있지만, 개발지의 지가상승은 다른 사회적인 요인과 통계 입지 국토계획 등 다양한 방면에서 분석하고 많이 알아야 한다.

건축물을 건축하거나 지목 변경 등의 토지이용 행위를 하고자 할 때는 토지소유자 마음대로 하는 것이 아니라 반드시 관할 시장, 군수, 구청장에게 개발행위 허가를 받아야 한다. 다음은 산지냐 농지냐에 따라 개발에 들어가는 비용의 계산식이다. 참고해서 적용하도록 하자.

> - 임야 개발행위 허가 비용
> 평당 가격 (약 1만 4천 원~1만 8천 원) × 평수 × 감면율(해당하는 경우) = 대체산림조성비
> 1만 원 × 평수 = 토목설계비
>
> - 전, 답 개발행위 허가비용
> 공시지가 × 30% × 평수 = 농지전용부담금(농지전용부담금 상한액 = 50,000원/㎡당)
> 1만 원 × 평수 = 토목설계비

지금부터 이야기하는 구역에 있는 땅들은 매수에 주의해야 한다. 현장부동산에서 설마 이런 땅을 팔지는 않을 거라고 생각하고 싶겠지만 꼭 그렇지도 않다. 투자자가 주의할 수밖에 없다.

① 개발제한구역(그린벨트) 개발제한구역의 지정 및 관리에 관한 특별조치법에 의해서 지정된다. 이 법은 개발제한구역의 효율적인 관리를 통해 도시의 무질서한 확산을 방지하고 도시 주변의 자연환경을 보전하여 도시민의 건전한 생활환경을 확보함을 목적으로 한다. 농어가주택의 신축도 불가능하며, 개발제한구역 지정 전(1972년 8월 25일) 대지에만 제한적 신축이 가능하다. 그린벨트 투자는 그린벨트가 해제되고 개발이 되어야만 투자수익을 누릴 수 있는데, 현재의 국토정책은 녹지공간의 지속적인 공급을 위해 도시의 임야(산지)개발을 엄격하게 제한하고 있다.

② 군사시설보호구역 군사시설을 보호하고 군작전의 원활한 수행을 위하여 국방부장관이 군사시설보호법 제4조의 규정에 의하여 설정하는 구역

이다. 군시설물의 보호와 일반인의 안전을 위해 건축이나 개발행위를 제한한다.

이 구역의 토지에 건축물을 건축하려면 행정청이 관할 부대장과 협의해서 허가해야 하므로 일반적인 건축허가 관련 서류와 함께 군사시설보호구역 협의신청서를 추가해야 한다. 따라서 이 지역의 토지를 매수하려면 미리 해당관청과 군부대에 방문하여 건축 기능 여부를 확인해야 하는데, 이 경우 협의신청서는 반드시 시·군·구를 경유하여 제출해야 한다는 점에 유의하자. 다시 한 번 강조하는데 군부대에 직접 제출하는 것이 아니다.

③ 절대농지 전·답·과수원· 기타 그 법적 지목과는 무관하게 실제의 토지현상에 의한 것으로 농지는 농지법에 의해서 토지이용의 행위규제를 받는다. 농지법 제3조 농지에 관한 기본 이념에 따르면 농지는 국민에게 식량을 공급하고 국토환경을 보전하는 데 필요한 기반이며, 농업과 국민경제의 조화로운 발전에 영향을 미치는 한정된 귀중한 자원이므로 소중히 보전되어야 하고 공공복리에 적합하게 관리되어야 하며, 농지에 관한 권리의 행사에는 필요한 제한과 의무가 따른다고 정의되어 있다.

농업진흥구역 안에서의 행위제한, 농작물의 경작, 다년생 식물의 재배, 고정식 온실, 버섯재배사 및 비닐하우스와 그 부속시설의 설치, 축사와 농림수산식품부령으로 정하는 그 부속시설의 설치, 농막 및 간이 저온 저장고, 간이 퇴비장 또는 간이액비 저장소의 설치, 농지개량사업 또는 농업용수개발사업의 시행을 제외하고는 건축할 수 없다.

④ **산지** 다음에 해당하는 토지를 말하며(법 제2조) 산지는 임업의 생산성을 높이고 재해방지, 수원보호, 자연생태계 보전, 자연경관 보전, 국민보건휴양증진 등 산림의 공약기능을 높이는 방향으로 관리되어야 하며, 산지전용은 자연친화적인 방법으로 하여야 한다(법 제3조). 투자 전에 산지전용, 일시사용제한지역의 행위제한이 있는지를 확인해야 한다.

⑤ **자연공원** 공원자연보존구역, 공원자연환경지구, 공원자연마을지구, 공원밀집마을지구, 공원집단시설지구가 있다.

⑥ **수도 상수원보호구역, 수질보전특별대책지역, 수변구역** 대표적으로 상수원보호구역이란 상수원 보호를 위해 환경부장관이 상수원의 확보와 수질 보전상 필요하다고 인정하는 지역을 지정한 곳이다. 상수원이란 식용, 공업용 등에 제공하기 위하여 취수시설을 설치한 지역의 하천, 호소, 지하수 등을 말한다.

⑦ **문화재** 인위적이거나 자연적으로 형성된 국가적, 민족적 또는 세계적 유산으로서 역사적, 예술적, 학술적 또는 경관적 가치가 큰 것을 말하며(법 제2조), 문화재의 보존·관리 및 활용은 원형유지를 기본 원칙으로 한다(법 제3조).

부동산공법을 이 정도로 이야기하는 것은 사실 수박 겉핥기에 불과하다. 500페이지가 넘는 공법을 몇 장에 걸쳐서 설명하기란 정말 어렵다. 더 필요하다면 부동산공법을 전문으로 다루는 책을 읽어보면 도움이 될 것이다. 처음에는 복잡해 보여도 공법을 알면 알수록 재미있다. 자신의 집이 어떻게 건축되어 있는지도 알 수 있고, 다른 건축물을 보면 건축 과정과 방법이 보이고 궁금한 것이 많아져 찾아보게 된다. 점점 땅 투자 실력이 좋아지는 건 덤이다. 부동산공법 내용은 《부동산공법 무작정 따라하기》(남우현, 길벗)를 참고하여 요약 발췌하였다.

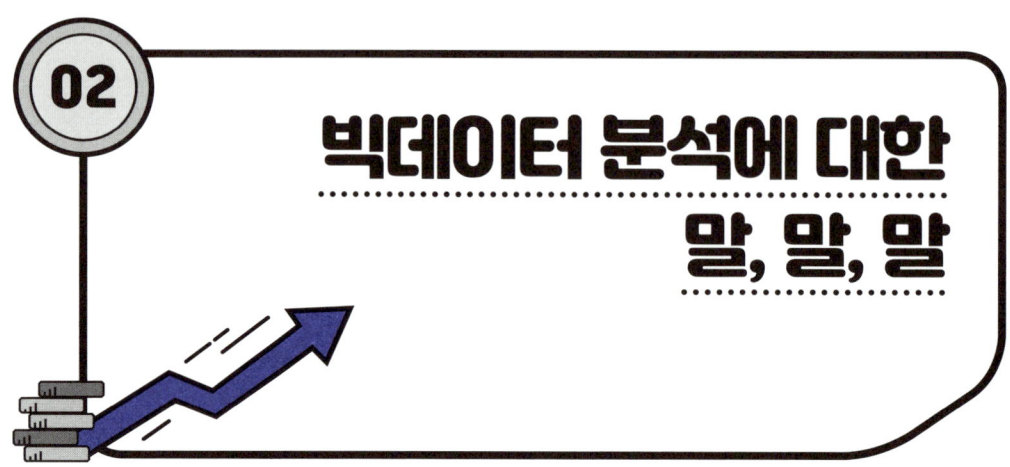

02 빅데이터 분석에 대한 말, 말, 말

땅 투자를 위해 빅데이터 분석이 중요하다는 말은 상식이다. 그러나 다들 말은 그렇게 하면서도 그 분석방법까지는 공개하지 않는다. 필자 역시 이 부분에서 고민했지만 시원하게 풀기로 했다. 사실 그리 꽁꽁 싸맬 것도 없다. 통계자료와 자료가 구축된 정부기관에서 엑셀로 데이터를 다운로드받아서 그 자료로 분석하면 된다. 자세한 방법은 다음 장에 있다.

통계의 신뢰도는 일차적으로 어떻게 자료를 수집했느냐에 달려 있다. 자료수집이 잘 되어 있다면 다음으로 중요한 것은 해석 능력이다. 통계를 분석하는 가장 손쉬운 방법은 대푯값을 찾는 것이다. 대푯값이란 통계자료를 단 한 줄로 압축해 표현할 수 있는 '통계의 맥'이라 할 수 있다. 통계 숫자와 싸우라고 하려는 의도는 없다. 그러나 한마디는 전하고 싶다. '통계로 미래를 상상하라' 그게 땅 가격을 예측하는 기술이다. 근거 없는 기술이 아닌 근거를 대자.

다만 너무 어려운 수학공식 같은 정보나 자료에 현혹되지는 말자. '여기가 좋다. 저기가 뜬다. 어디를 사라'는 주먹구구식 이야기는 듣고 넘기면 된다. 사회현상은 어떤 특정요인만으로 결정되는 것이 아니기 때문에 한두 개의 연관 통계자료가 들어맞는다고 성급하게 단언해서도 안 된다.

자료 분석 시 흔히 범하기 쉬운 실수는 부동산 가격이 30% 떨어졌다가 이듬해 30% 올랐으니 본전이라고 생각하는 것이다. 말도 안 된다! 예를 들어보자. 100원에서 30% 떨어지면 70원이다. 여기서 30%가 오르면 91원이다. 그럼 본전이 아니지 않나? 42.85%가 올라야 본전이다. 전문적으로 투자하는 사람들도 이런 오류에 쉽게 빠진다.

땅 투자, 토지 투자는 전 재산이 걸린 문제이다. 세상의 트렌드는 늘 변한다. 알파고가 이세돌을 이기는 순간 인간의 능력은 한계에 달했다. 빅데이터에 대한 분석과 공부를 하고 온 투자자와 전혀 모르는 투자자는 천지차이다. '돈을 벌었다더라'는 소문만 믿고 오는 투자자가 되지 말자. 어떻게 왜 무슨 근거로 그런 이야기를 하는지를 살펴보고 확인해보자.

빅데이터 분석은 결국 인구 분석이다
KOSIS 국가통계포털

빅데이터 분석은 어떻게 해야 할까? 빅데이터는 어디에 있을까? 대부분 정부기관이나 정부관련 기관 또는 공사에 있다. 제일 많은 곳은 'KOSIS 국가통계포털'이다. 이곳을 둘러보면 경제관련 자료, 소비자, 소상공인, 수출,

인구, 기업, 기상, 설비, 기업체, 우주산업 등 우리가 생각하지도 못한 자료들이 있다. 이런 자료들은 국민의 세금으로 국가기관들이 구축해 놓은 것이니 우리는 고맙게 잘 이용하기만 하면 된다.

땅, 토지, 부동산 투자에 있어서 가장 중요한 요인은 '인구'다. 인구의 흐름만 제대로 분석하면 대부분 방향을 읽을 수 있다. 한 도시의 땅에 투자하고 싶다면 그 도시의 인구증가률을 살펴보면 도시가 확장하고 있는지 쪼그라들고 있는지를 알 수 있다. 'KOSIS 국가 통계 포털 · 주제별 통계 · 인구.가구 · 국내 인구 이동 통계 전출지/전입지(시도)별 이동자 수'를 자신이 보고 싶은 데이터로 만들어서 엑셀로 다운로드한다. 이 자료를 근사한 그래프로 만들면 시각적으로 쉽게 알아볼 수 있다. 이렇게 분석하다 보면 자신만의 노하우도 생기고, 어느 순간 자신의 생각에 맞는 자료를 찾아 분석할 수 있게 된다.

부부가 아이를 1명만 낳는다는 것은 종이를 절반으로 접는 것과 같다. 종이의 면적은 반으로 줄어든다. 다음 세대도 또 아이를 1명만 낳는다면 다시 반으로 줄어들어 원래의 4분의 1이 된다. 이렇게 계속 절반으로 접어나가면 전지 크기의 종이도 순식간에 손톱만 해진다. 저출산이 계속되면 사회에 어떤 영향을 미칠까?

"2020년 일본 여성 절반이 50세 이상, 2024년 전 국민 3명 중 1명이 65세 이상, 2027년 수혈용 혈액 부족, 2033년 세 집 중 한 집이 빈 집, 2039년 화장장 부족, 2040년 지자체 절반이 소멸, 2042년 고령자 인구 정점"
― 《미래연표》, 가와이마사시 지음, 최미숙 옮김, 한국경제신문

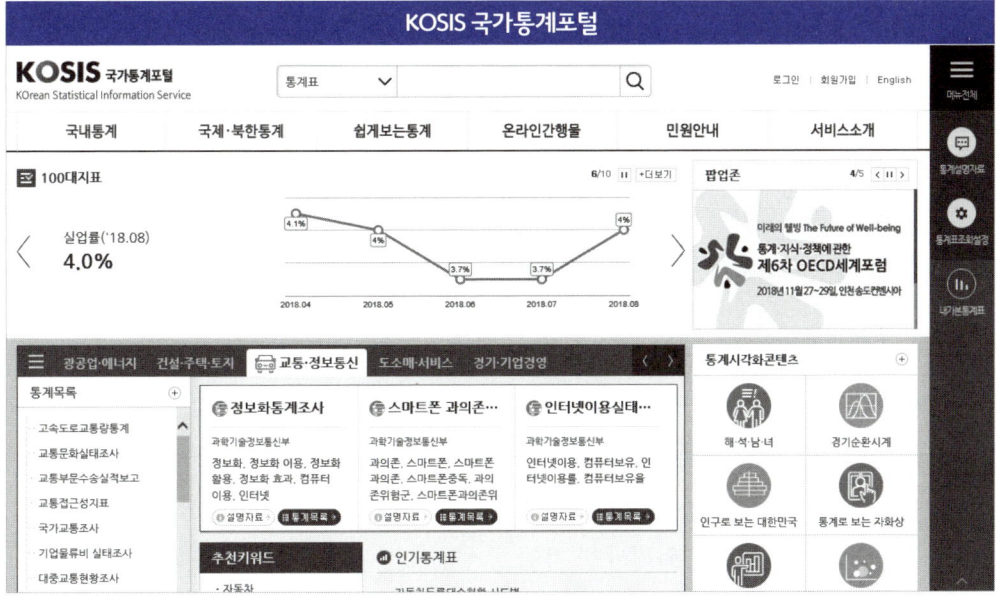

(http://kosis.kr)

위의 이야기를 들어보면 섬뜩하지 않은가? 이래서는 부동산 투자, 토지 투자는 물 건너 간 이야기다. 인구가 줄어들고 있는데 땅을 왜 사야 하는가? 있는 아파트도 줄여야 하고 일할 사람이 없어서 산업단지도 폐쇄되어야 마땅하다. 인구가 줄어들면 도시계획시설도 줄어든다. 세수가 줄어들고 고령자가 증가해서 복지나 의료연금으로 빠져나가는 돈이 급격하게 늘어난다. 이런 실정에서 땅 투자를 하고 싶겠는가?

하지만 실제는 그렇지 않다. 재미있는 사실이 있다. 인구는 줄어들고 있는데 세대수는 늘어난다. 이런 사회적인 현상들을 분석해서 현장에 반영하는 것이 빅데이터의 분석이다. 우리가 접할 수 있는 많은 부분은 데이터로 변한다. 그 데이터를 분석하면 땅 투자가 보인다. 출산율이 감소하니 인구가 줄어든다는 단순한 통계만으로 땅 투자의 미래를 판단하는 것은 위험하다.

 ### 빅데이터 분석은 결국 부동산 통계 분석이다

땅 투자를 하기 위해서 한 가지 통계만 보는 것은 위험하다. 가격상승이나 거래량 증가만 생각하면 될 것 같지만 아니다. 다양한 부동산 관련 수치들을 해석해봐야 한다.

'지가지수'란 「국토의 계획 및 이용에 관한 법률」(제125조)의 규정에 의하여 전국 247개 대도시, 시지역, 군지역, 시·도, 시·군·구를 대상으로 조사·평가하고 있는 지가를 변동지수로 만든 것이다. 토지정책 자료, 각종 행정목적

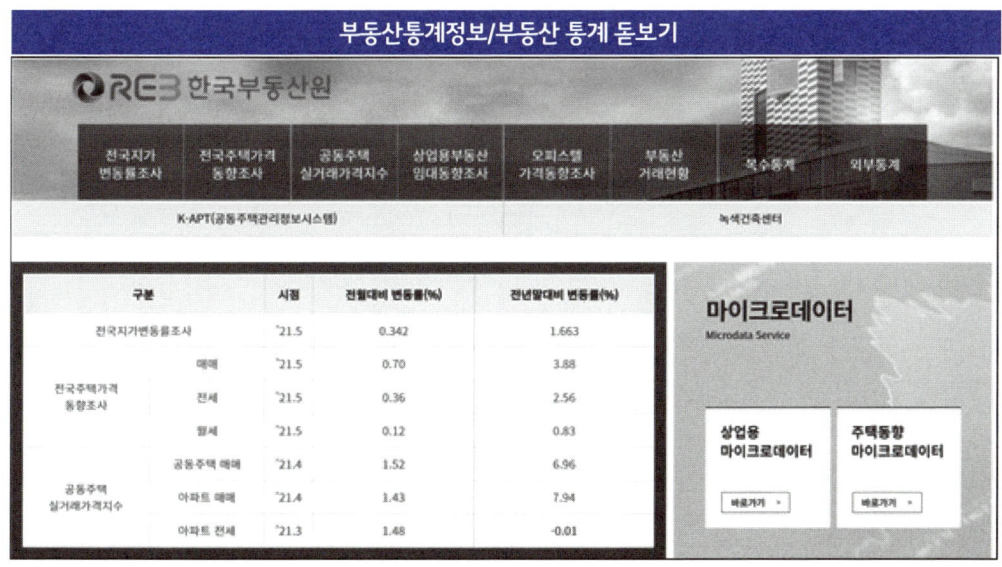

(출처: 한국부동산원 www.r-one.co.kr)

으로 활용하는 정부의 공식통계다. 표본지를 국토해양부가 선정하고, 감정평가법인에게 평가를 의뢰하여, 그 결과를 한국토지주택공사가 지수 및 변동률로 만들고 국토해양부가 공표한다. 기준연도(2008.1.1.)를 100으로 하여 매월의 변동률을 나타낸 지수다.

용도지역별 조사대상은 주거지역, 상업지역, 공업지역, 녹지지역, 관리지역, 농림지역, 자연환경보전지역이고, 이용상황별 조사대상은 실제 토지 이용상황을 기준으로 전, 답, 주거용(대), 상업용(대), 임야, 공장용지, 기타이다.

이 지수는 ① 공시지가를 기준으로 하여 개별 토지 가격의 평가 시 시점수정자료로 활용하고, ② 개발이익환수에 관한 법률에 의한 개발부담금 부과 시 정상 지가상승분 산정의 기초자료로 활용하며, ③ 지가 관련 각종 행정업무와 투기지역 지정 등 부동산정책, 각종 경제·사회지표와의 상관관계 분석·연구 등에 활용한다.

- [네이버 지식백과] 지가지수 [地價指數] , 《부동산용어사전》, 부연사

지가지수 하나만 해석해도 이렇게나 많다. 위의 용어들을 이해하고 현장에서 응용할 수 있다면 좋은 성과를 낼 수 있다. 귀찮고 복잡해 보이지만 부동산을 이해하고 공부하는 방법 자체를 몰라서 못 하는 투자자들이 많으니 열심히 알아보자. 하나씩 이해하고 응용해 나간다면 얼마 되지 않아서 고수가 될 것이다.

위 자료에서는 전국지가변동률, 토지거래(증감률), 상업용 부동산임대동향, 전국 주택가격 동향조사, 공동주택 매매 실거래지수, 주택거래/공급/재고/기타, 오피스텔 가격동향조사, 부동산 관련지수, 거시경제지표를 알 수 있다.

땅 투자 컨설팅을 하는 전문가로서 이 정보들은 많은 도움이 되고 있다. 부동산 시장을 항해할 때의 등대나 마찬가지다. 투자금을 들고 이 시점에서 투자를 해야 할지 말아야 할지를 판단하는 유용한 지표다. 위의 지표들이 상승하고 증가하고 거시적인 지표들이 가르키는 방향이 우상향일 때 투자를 고려해야 한다. 아니라면 의미 있는 신호를 보낼 때까지 기다리자. 확실해질 때 투자를 결정해야 한다.

 그러나 빅데이터 분석이라고 완벽한 것은 아니다

요즘 많은 블로그들은 데이터 분석에 몰두한다. 왜냐하면 분석이 돈이 되기 때문이다. 사람들은 늘 새로운 것을 찾는다. 새로움이 현재의 위기를 해결해줄 거라고 믿는다. 아쉽게도 그런 것은 없다. 누구든 새로운 것이 세상에 퍼지는 순간 그 허점을 역이용한다.

맹신해서도 안 된다. 맹신하는 순간 말린다. 지금까지 많은 전문가를 만났지만 세상에 완전한 사람은 없었다. 완전함은 스스로가 수준이 될 때 보이는 법이다. 그 전에는 자신보다 많이 알고 있는 사람이 모두 구원자로 보인다. '빅데이터가 최고다, 인구분석이 전부다'라는 인식을 갖는 순간 실패한다. 빅데이터를 알았다면 이제는 빅데이터를 버려야 한다. 가슴이 열려 있을 때 모든 것을 인정할 때 목표는 이루어진다.

땅 투자는 근사한 그래프 몇 개 분석한다고 끝나는 일이 아니다. 훨씬 더 복잡하고 다양한 것들이 개입되어야 가능하다. 특히 경험은 수치로 제시되지 않는다. 몇 년을 했다고 되는 일도 아니다. 또한 운좋게 수익을 올렸다고 해답을 얻은 것도 아니다. 시장에서 살아남아야 하고 꾸준히 수익을 올려야 한다.

이 책의 제목을 《돈이 되는 토지를 사라》로 달았을 때 뭔가 한 방에 이 책만 읽으면 끝난다고 생각했을 수도 있다. 그러나 지나온 시간을 돌아보니 늘 힘들고 어려운 시기가 더 많았다. 공부를 해도 사람들을 만나도 명쾌하게 정리되는 것은 없었다. 더 혼란스럽고 애매하고 늘 궁금증만 더해갔다. 부동산이나 주식, 재테크 등이 다 그렇다. 한 권으로 끝날 일이라면 더 이상 책을 출간하는 일은 없을 것이다.

땅 투자가 어렵다는 것은 제대로 해보지 않았다는 것이다. 누군가의 이야기만 듣고 있으면 늘 궁금하고 의문투성이다. 실전이 없다면 아무런 소용이 없다. 실전의 중요성을 아무리 강조해도 지나치지 않다. 땅 투자에 정답은 존재하지 않는다. 이 책에 쓰여진 많은 방법들이 사실은 하나하나 숙제다. 많은 이론과 경험과 데이터가 융합되어야만 제대로 된 성과가 나온다.

남의 이야기를 들을 줄 알아야 하고 자신의 주관도 있어야 한다. 생전에 접해보지 못한 분석법을 알게 되었을 때 누구나 그 방법에 확 빠진다. 하지만 시간이 지나고 익숙해지는 순간이 오면 하나의 '툴'은 도구에 지나지 않는다는 것을 안다. 그런 '툴'에 빠져서 전 재산을 올인하는 어리석음은 없어야 하겠다. 데이터도 열려 있어야 하겠지만 투자자의 마인드도 열려 있어야 한다. 투자자의 마인드가 열려 있지 않으면 아무 정보도 얻지 못한다. 신문이나 잡지, 카페, 아니면 아는 사람 등 어떤 경로를 통해서든 정보는 흘러넘친다. 정보를 해석하고 분석하고 투자를 결정하는 능력이 무엇보다 중요하다. 이 책을 통해서 일관적으로 강조하는 것은 판단하고 행동하는 능력이다. 그 능력은 투자를 판단하는 실력에서 나온다.

    필자 역시 땅에 관심을 가지고 땅만 생각하다 보니 다른 물건에 대해서는 관심을 끊어버렸다. 그런 이유로 아무도 내게 좋은 정보를 제공하지 않았다. 다른 물건을 투자하는 사람을 만나고 전문가를 만나서 이야기를 들어보았더니 결과적으로 내가 너무 편협한 생각을 가지고 있었다는 것을 알게 되었다. 많은 물건을 알고 나니 땅에서 응용 가능한 것이 많다는 것 역시 알게 되었다. 지역 또한 내 고집만 가지지 않기로 하면서 다른 지역이 보이기 시작했다. 투자자 여러분도 그러는 게 좋지 않을까 한다. 땅만 고집하지도 말고, 특정 지역만 고집하지도 않았으면 한다.

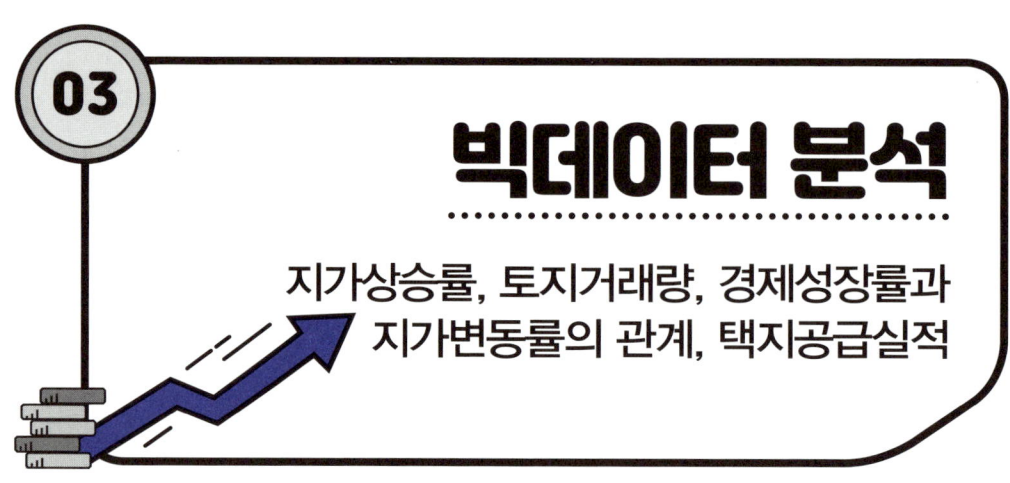

최근 부동산 투자의 방향은 빅데이터 분석에 초점이 맞춰져 있다. 사실 과거에는 분석할 데이터가 별로 없었지만, 지금은 정부기관과 민간기관의 부동산에 대한 정보들이 많이 구축되어 있다. 일단은 거래가 가장 활발한 경기도 지역을 분석하고 해석해보자. 토지 투자를 위해 다른 지역을 분석할 때도 이런 기준으로 자료를 모으면 된다. 어떤 자료가 필요하고, 각 자료가 어떤 의미를 가지는지를 아는 것이 중요하다.

고수가 되는 길은 해석하고 분석하는 길이다. 하수는 전국을 다니지만 어디가 오를까? 얼마나 오를까? 좋은 호재가 있는가? 이런 질문만 계속한다. 현장에 휘둘리고 현장부동산의 영업에 끌려다니기 십상이다. 필자도 처음에는 그랬다. 하지만 깊이 들어갈수록 3%의 저자나 전문가들은 그들만의 투자 철학이 있었고 분명한 이유를 제시했다. 고수들의 기준을 들여다보자.

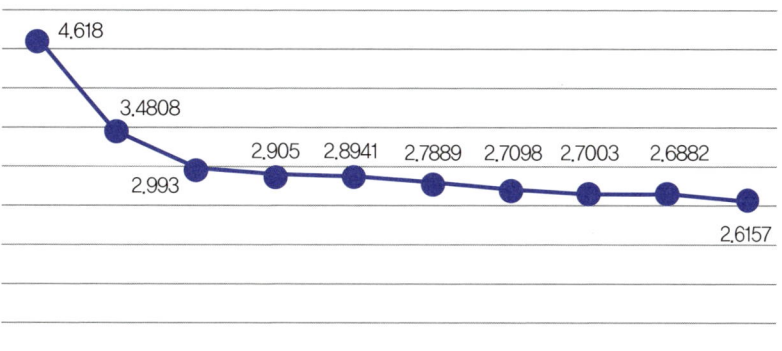

	하남시	평택시	남양주시	과천시	광명시	의왕시	화성시	구리시	성남시	시흥시
상승률	4.618	3.4808	2.993	2.905	2.8941	2.7889	2.7098	2.7003	2.6882	2.6157

(출처: 온나라 부동산정보 포털)

첫 번째, 지가상승률

지가상승률은 통찰에 필요한 중요한 자료다. 위 그림은 2010~2020년도의 경기도 평균지가상승률이 1등은 하남시로 4.618%이고, 2등은 평택시 3.4808%, 3등은 남양주시 2.993%이다. 이런 통계자료를 분석하다 보면 어디에 땅을 사야 할지가 분명히 보인다. 우려스러운 점도 있다. 데이터가 말해주는 통계라고는 해도 과거에 축척된 정보일 뿐이라 현재나 미래를 알려주는 것은 아니기 때문이다. 과거 데이터를 분석하는 방법은 주식시장에서 가장 활발하다. 그러나 누구나 아는 정보이기 때문에 데이터 분석만으로 돈을 벌기는 힘들다. 그럼에도 불구하고 부동산 투자 역시 누구나 알 수 있는 정보를 기본

자료로 삼아야 하지만, 절대적인 기준은 아니라는 점을 알아야 한다. 주먹구구식 투자로 한 번은 수익을 낼 수 있지만 지속적이고 장기적이고 실패하지 않은 투자는 당연히 데이터 분석과 시장에 대한 이해에 있다는 점을 분명히 하자.

 두 번째, 토지거래량

거래량이 높다는 것은 무엇을 뜻하는가? 그 지역이 인기가 높다는 뜻이다. 환금성이 좋다는 뜻이다. 가격이 아무리 올라도 사줄 투자자가 없는 지역이라면 투자해서는 안 된다. 그런 지역에 잘못 물리면 원하지 않아도 장기투자 혹은 상속투자가 된다. 말로는 땅이 장기투자라고 하지만 단기간에 많이 오른 땅을 싫어할 사람은 없다.

매스컴에서 발표하는 자료에 문제가 없는지도 늘 촉각을 세우고 있어야 한다. 만약 어떤 지역에 거래가 몇 건이 있고 20% 상당의 가격 상승이 있다면 과연 믿을 수 있는 자료인가 생각해보자. 이런 왜곡된 정보에 당할 수도 있다. 거래량이 얼마 되지 않으면 가격에 대한 신뢰를 가지면 안 된다.

이런 사실들을 알고 모르고의 차이는 수익 차이로 나타난다. 두루뭉술하게 장님 코끼리 만지듯 그런 투자가 통하는 시대는 더더욱 아니다. 실제 인구가 증가하는 지역을 분석하는 방법을 앞에서 분명히 제시했다. 교통이 좋아지고 산업단지, 택지개발지구가 생기는 곳, 인구가 늘어나고 거래량이 늘어나는 지역은 땅값이 당연히 올라간다.

2020년 경기도 토지거래량, (단위: 건수)

합계	화성시	평택시	용인시	양평군	광주시	파주시	남양주시	이천시	김포시	여주시
	24,250	14,999	13,192	12,678	9,374	8,894	8,703	8,134	7,517	7,440

(출처: 경기도 부동산 포털)

세 번째, 경제성장률과 지가변동률의 관계

경제성장률과 지가상승률은 과연 관계가 있을까? 결론부터 말하면 밀접하지는 않지만 그 추이는 비슷하다. 이런 식의 시각이 필요하다. 때로는 큰 흐름을, 때로는 디테일한 투자 방향을 잡기 위해 사회적인 현상이나 경제적인 현상들을 분석해봐야 한다. 일반 투자자가 이렇게 분석하거나 데이터를 수집하려면 많은 시간과 노력이 필요하다. 거듭 말하지만 해당 분야의 전문가가 되려고 하지 말고, 시중에 나와 있는 자료들을 해석하고 분석하기 위해 노력하는 게 낫다.

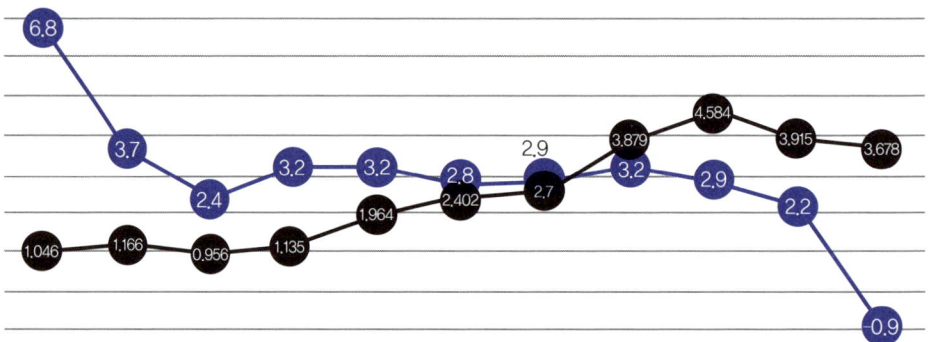

(출처: 온나라 부동산정보포털+한국은행통계)

경제가 성장한다는 것은 무엇을 뜻할까? 기업으로 보면 매출이 증가한다는 뜻이다. 규모가 커진다는 뜻이다. 토지, 자본, 인력을 많이 쓴다는 뜻이다. 이 세 가지는 당연히 땅 가격에 영향을 미치는 요소들이다. 토지를 많이 쓴다? 땅 투자자에게는 희소식이다. 자본을 많이 쓴다? 돈이 도니 기업하는 사람들 입장에서는 좋다. 혈액순환처럼 돈이 돌면 자산가치가 오른다. 인력을 많이 쓴다? 취업이 잘되고, 월급을 받는 사람들은 각종 소비를 한다. 그럼 결국 부동산에도 돈이 돌게 되어 있다.

이런 식이다. 은행에 저축하러 갔더니 이자율이 너무 낮다. 꼴랑 1% 대다. 이참에 부동산 투자나 하자 싶어 일단 부동산 책을 사서 읽어본다. 어렵다. 차라리 강의를 듣자 싶어 들었더니 아파트는 너무 올랐다더라. 상가는 상권 분석도 해야 하고 골치가 아프다. 그래, 땅이 좋겠다! 땅에 묻어두면 손해는 안 본다니까.

이런 흐름으로 진행된다. 경제성장률이 달라지면 이렇게 그 파급 효과가 상당하다. 그러니 지금부터 대한민국 경제가 4% 이상 성장하도록 기대하자. 신문의 경제면을 자주 읽고, 낌새라도 보이면 메모해두자. 이런 사소한 습관들이 쌓이고 쌓여 땅 투자의 능력자가 된다.

 네 번째, 택지공급실적

토지 가격이 상승하고, 거래량이 많아졌다는 말이 나오는 이유가 뭘까? 결국은 이 지역에 그럴 만한 요인들이 있다는 이야기가 된다. 그중 하나가 택지개발을 얼마나 하느냐이다. 현재 시장에서 벌어지고 있는 서울의 아파트가격 상승률로 국토교통부가 홍역을 치루고 있다. 이제는 공급이 문제라고 한다. 국토교통부는 3기신도시(남양주 왕숙, 하남 교산, 고양 창릉, 인천 계양)를 발표하고 서둘러 공급을 획기적으로 늘리겠다고 한다. 서울 주변에서 택지로 공급 가능한 땅들은 들썩일 것이다. 미리 예상하고 준비하고 있어야 한다. 과천도 유력한 후보지다. 입지나 교통, 서울 접근성이 우수한 곳이다. 아래로는 용인의 동부, 화성, 평택까지다. 또 한 차례 땅 가격 상승의 기회가 오고 있다.

투자 능력자들이 누구에게나 공개되어 있는 위의 정보를 통해 어디를 사서 팔고 나오는지 감이 오는가? 왜 그토록 빅데이터 정보를 통한 투자를 강조하는지를 알아야 한다. 더 많은 자료를 통해 그 실체를 검증하고, 더 많은 투자 사례를 통해 앞으로의 추세를 읽어야 한다. 과거에는 이런 정보들이 구축되지 않아서 소문과 감으로 투자했었다. 경기도의 택지공급실적은 절대적이다. 앞에서 살펴본 가격상승률과 거래량까지 보면 손에 잡히는 것이 분명히 있다.

땅 투자자들은 범인을 잡는 형사처럼 치밀해야 한다. 피해자의 손톱에 남은 실 한 오라기로 범인을 찾아내듯 데이터에서 흘리는 신호를 예민하게 잡아내야 한다. 이런 훈련된 습관이 부자로 만들어준다. 뉴스를 듣고 '공급을 확대하겠다는 신호' '서울 근처라는 신호' '직주 근접한 토지'라는 신호를 읽어내면서 그동안 공급량이 증가한 경기도 지역, 그중에서도 땅 가격이 상승한 평택-화성-용인이라는 흔적을 예측할 수 있어야 한다.

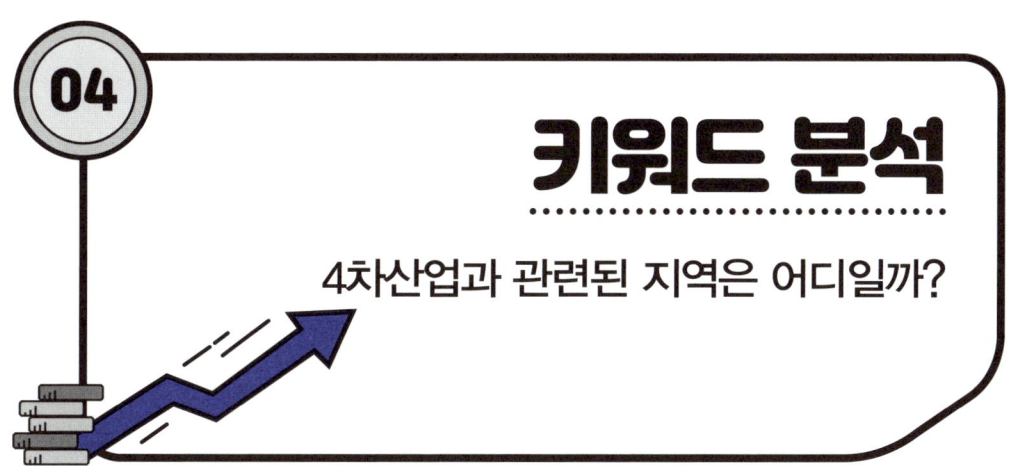

04 키워드 분석
4차산업과 관련된 지역은 어디일까?

앞에서 산업단지, 택지개발지구, 인구이동을 통해서 투자할 만한 지역이 어디인가를 찾는 방법을 살펴보았다. 그 결과 가장 가능성이 큰 지역은 화성과 평택, 세종시였다. 도시를 통째로 살 수는 없으니 좀 더 세밀하게 파고들기 위해 처음 할 일은 인터넷을 통해 이들 지역에 어떤 이슈가 있는지를 확인하는 것이다. 그 방법을 알아보자.

 키워드로 개발이슈 지역 찾기

개발지의 이슈를 찾는 방법이다. 개발계획을 살펴본 결과 경기도 평택시는 삼성 제2공장 추가투자와 브레인시티 사업진척 및 미군부대 이전에 대한 기대감이라는 키워드가 있다는 것을 알았다. 서평택 지역은 현덕지구, 포승지구(포승BIX), 화양택지개발지구, 평택호관광단지, 평택항 배후단지라는 키워드가 있다. 이 중 '현덕지구'로 검색해보자.

검색 결과를 자세히 읽어보면 사업이 어떻게 진행되고 있는지를 알 수 있다. 물론 필자 역시 현지에서 땅에 대한 컨설팅을 하고 있기 때문에 뉴스와 실제 정보와의 시차를 체감한다. 빠른 정보는 바로 다음날이면 뉴스에 나오지만 늦을 때는 몇 개월이 지난 후에 나오기도 한다. 몇 개월이나 늦는 정보가 효과가 있을까? 결론부터 말하면 정보를 빨리 아는 것도 좋지만, 정보의 진위와 현장에 미치는 영향을 파악하고 행동하는 것이 더 중요하다는 것을 알게 되었다.

앞에서도 경기도를 분석하면서 알아봤듯이 2020년에 평택시 지가가 3.805% 상승했다. 거래량은 13,192건이다. 화성, 용인 다음으로 많다. 2020년 평택시의 순유입인구는 23,018명이다. 산업단지와 택지개발 지정면적도 많다.

인터넷 검색을 통해 대충 큰 틀을 파악했다면 그다음은 현장답사다. 현덕지구가 위치한 평택시 현덕면 권관리, 장수리 인근 포승읍 신영리 방림리 방축리의 땅을 사야 하는지를 판단하려면 현지 부동산에서는 무슨 이야기를 하는지, 그 이야기가 그동안 검증하고 확인한 데이터와 맞는지도 확인해야 한다. 3년 전부터 추적한 현지의 땅 가격은 2015년에 평당 20~30만 원에 매수한 농지가 현재는 100~120만 원에 거래되고 있다. 보통 4~5배 정도는 올랐다. 이런 현장의 사례들은 통계를 통해서도 나타나고 있다.

결과적으로 현덕지구가 실제로 개발되느냐 안 되느냐에 따라 땅 가격에 상당한 영향을 미칠 것이다. 만약 예상대로 안 된다면 다른 대안이 있어야 한다.

네이버에서 키워드로 관련 뉴스 검색하기

NAVER | 현덕지구

통합검색 뉴스 블로그 카페 이미지 지도 동영상 웹사이트 더보기▾   검색옵션⌃

정렬▾ 기간▾ 영역▾ 유형▾ 언론사▾ 기자명▾   옵션유지 꺼짐 켜짐   상세검색▾

연관검색어 ⓘ   평택개발   평택 화양지구   수도권 관문 평택이 변한다   서부내륙고속도로   신고 ✕
  황해경제자유구역 현덕지구   평택 고덕신도시   평택부동산   평택 현덕지구보상   더보기▾

뉴스 1-10 / 1,905건

PiCK 해당 언론사가 채널 주요기사로 직접 선정한 기사입니다.   뉴스검색 가이드

✓ 관련도순 ✓ 최신순 ✓ 오래된순   검색결과 자동고침 시작▸

황해경제자유구역 현덕지구 개발 순항…평택 부동산 시장 들썩
이코노믹리뷰 | 2018.05.08.
황해경제자유구역 **현덕지구** 개발이 급 순항을 타고 있다. **현덕지구** PF계약과 관련하여 **현덕지구**에 참여하고 싶은 업체들이 서로 이자율을 낮추며 경쟁을 시작한 것, 5000억원에 달하는 PF계약은 사실상 마무리가 되었고…

안중~조암간 도로 확충 등 개발호재 풍부 평택 서부권 눈길 매일경제 | 1일 전 | 네이버뉴스
서부권 지역을 지나는 안중~조암간 도로가 올해 말 개통하면 평택항 내 매립지에 조성되는 항만도시와 황해경제자유구역 차이나타운(**현덕지구**), 평택항 배후신도시 화양지구간 접근성이 좋아질 것으로 보인다.…

황해경제자유구역 현덕지구, 개발사업 무산 위기 속사정은? 아주경제 | 2018.04.12.
시행사-증권사간, PF 대출 이율 놓고 이견 사업자 지정 철회 가능성… 주민 반발 우려 최신영·홍성환 기자 kakahong@ajunews.com 황해경제자유구역 **현덕지구** 조감도 [사진=황해경제자유구역청] 황해경제자유구역 **현덕지구**…

주변에 평택호 관광단지는 지정이 되어서 개발을 시작할 것이다. 이미 진행하고 있는 포승BIX 산업단지 사업은 계획대로 진행될 것이다. 이런 계획의 진행 사항은 황해경제자유구역청이나 평택시의 해당과로 문의를 해보면 어느 정도 윤곽을 잡을 수 있다. 하나의 사례로서 분석하는 방법을 이야기해 보았다.

 키워드로 4차산업시대를 선도할 지역을 찾아볼까?

어쩌면 정해진 길인지도 모른다. 요즘 '핫'한 4차산업혁명에 대해 이야기해보고, 이런 키워드를 가지고 땅 투자를 한다면 어디가 될지 생각해보자.

필자는 10년을 IT로 밥먹고 살았었다. 메인프레임(IBM)에서 유닉스 기반의 다운사이징으로 서서히 작업들이 옮겨가던 시절, 그 변화에 적응하지 못하고 일을 그만두었다. 메인프레임 시대에는 여의도와 남대문 을지로에 대형 금융기관이 자리 잡고 있었다. 그들이 나의 고객이었으며 정규직을 그만두고 프리랜서가 된 다음에는 갑, 을, 병 중 병이 되었다. 밤새우는 작업도 많았고 갑의 요구에 저항할 길도 없는 소모품 같은 존재였다.

완전한 자유를 원했을 때 나를 지탱해줄 언덕은 존재하지 않았다. 그래도 구본형 선생님의《낯선 곳에서의 아침》《익숙한 것과의 결별》《그대, 스스로를 고용하라》등을 읽으며 내가 기댈 언덕을 찾아다녔다. 수없이 많은 불면의 밤을 지새우고도 투자에 실패하고 사기를 당하고 화를 참지 못해 글을 썼다. 내가 갈망하고 열망하면 돈이란 녀석은 내게서 멀어졌다. 소박하게 '밥만 먹고 살자'라고 스스로를 달래자 그제야 마음이 조금 편해졌다. 영업을 만나서 열정을 불태웠다. 그것도 10년이 넘어가자 지루해졌다. 그렇게 여러 가지를 전전했다.

물론 4차산업혁명의 진원지는 땅이 아니라 두뇌에 있다. 건물이 아니라 네트워크다. 즉 집단지성이다. 미래에 다가올 직업, 아니 이미 우리 곁에 와서 나지막이 나 여기에 있다고 외치는 제4의 혁명의 물결과 맞닿아 있다. 앨빈 토플러는 《제3의 물결》에서 지식산업 노동자의 시대를 예견했었다. 그런 노동자들은 이제 우리 주변에 흔하다. 메인프레임-분산처리-스마트폰 앱으로 이어지는 변화의 물결 속에 많은 이들이 침몰할 것이다.

우리 자리를 인공지능에게 양보할 날이 그리 멀지 않은 것 같다. 그럼 나무 그늘 아래서 수박이나 먹으면서 AI가 벌어다주는 풍요를 만끽하면 될까? 두렵다. 그들은 의식주가 필요없다. 단지 인간에게만 필요하다. 그들에게는 땅도 필요 없다. 다행스러운 일이다. 소유는 인간에게만 필요한 개념이다.

 ## 스마트 팩토리, 스마트한 땅 투자

세계적인 신발업체인 아디다스가 신발공장을 사물인터넷과 인공지능이 접목된 스마트팩토리로 전환했다. 이제 600명이 하던 일을 고작 3명이 하게 되었다고 한다. 그렇다면 앞으로 다가올 시대에는 제조업조차 직원들이 많이 필요하지 않게 된다. 공장 지을 땅은 필요해도 택지개발지구, 원룸, 빌라 등 직원들이 거주할 공간은 필요 없게 된다는 뜻이다. 이런 사실들을 알고 있다면 어떤 땅에 투자해야 할지 짐작할 수 있다.

한국고용정보원에 따르면 2016년을 기준으로 우리나라 근로자 2560만 명의

70%에 달하는 1800만 명이 인공지능과 로봇으로 인해 고용 위협을 받을 수 있다고 전망하였다. 4차산업혁명의 신기술과 관련된 분야에서 새로운 직업이 창출될 것이다. 자율주행, 사물인터넷, 인공지능, 빅데이터, 로봇, 3D프린터, 드론, 가상현실 등의 신기술로부터 생겨나는 직업들이다.

무인화 기술이 늘어나면 늘어날수록 사람들은 더 자연친화적이고 경치 좋은 곳에서 거주할 가능성이 높아진다. 무인 자동차 기술은 시간과 공간의 제약을 받지 않기 때문에 순식간에 공간이동이 가능하다. 그런 상황이라면 복잡한 기반시설이 많은 도시에 거주할 이유는 없어진다. 따라서 지금까지 개발이 덜된 곳, 소외된 곳이 앞으로 뜰 가능성이 있다. 돈을 가진 사람들은 물과 공기가 깨끗한 곳으로 가고 싶어 한다. 4차산업혁명 시대에는 우리의 상상력을 최대한 발휘해야 한다. 거주는 자연친화적인 곳, 공장은 관리하기가 용이한 곳, 즉 기반시설이 갖추어진 곳이 좋다.

얼마 전까지 테헤란로는 IT기업의 집결지였다. 양재로를 거쳐 판교에서 수원-용인-화성-평택-천안·아산-세종으로 이어지는 경부측 라인이 형성되어 있다. 필자는 이 라인을 '4차산업벨트'라고 부르고 싶다. 소프트웨어와 하드웨어가 동시에 발달한 지역이다. 2021년 현재 코로나19와 미국과 중국의 반도체 전쟁으로 반도체의 중요성이 커지고 있다. 세계적인 반도체 부족으로 현재는 K-반도체 벨트까지 주목받고 있는데, 수원-화성-평택-용인-안성-괴산-청주지역이 K-반도체 벨트다.

진통을 겪는 중이긴 하지만 비트코인으로 땅 가격을 지불하는 시대가 도래할지도 모른다. 물론 아직까지 그런 거래가 성사되었다는 말은 듣지 못했다. SNS를 통해 정보의 확산이 굉장히 빨라진 현 상황에서는 언젠가 이슈가 될 수도 있다. 상상은 자유다. 땅을 사고파는 일도 마찬가지다. 비트코인을 채굴하려면 창고도 있어야 하고 하드웨어와 전기도 사용해야 한다. 이런 시설들을 건축해서 임대해준다면? 다른 사람이 하지 못하는 실험정신을 발휘해서 어떻게 하든 내 땅의 가치를 올리는 일이다.

4차산업 이야기를 하다가 너무 앞서갔는지도 모르겠다. 하지만 다른 사람과 같은 생각을 할 필요는 없다. 때로는 다른 생각을 해야 한다. 차량 공유(우버), 숙박 공유(에이비앤비) 등은 소유라는 고정관념을 파괴한 대표적인 사례다. 예를 들어 땅이나 토지, 부동산을 거래소처럼 상장해서 거래하는 것은 어떨까? 이런 것들이 4차산업혁명시대에 필요한 생각들이다. 늘 하던 대로 같은 생각만 해서는 경쟁에서 살아남기 어렵다. 여러 가지 생각을 많이 하다 보면 좋은 아이디어가 나온다. 좋은 아이디어라도 그대로 할 필요는 없다. 세상에 던져진 아이디어는 결국 누군가의 행동을 거쳐 세상에 나오게 된다.

 4차산업혁명 시대의 신종 직업

4차산업혁명에서 생기는 직업은 도시재생전문가, 빌딩정보모델링 전문가, 스마트헬스케어기기개발자, 3D프린터개발자, 디지털광고게시판기획자, 빅데이터전문가, 엔스크린서비스개발자(디바이스에 상관없이 콘텐츠를 보는 방식), 홀로그램전문가 등이 될 것이다.
　　- 2016년 한국고용정보원에서 발행한 《2015 직종별 직업사전》 중에서

이런 정보들을 분석하고 이해하려는 이유는 땅 투자의 흐름을 읽기 위해서다. 급격하게 변화하는 흐름 속에 놓여 있는 우리는 그 어떤 현상으로부터도 자유롭지 못하다. 세상은 우리가 인식하고 있지 못하는 사이에 너무도 빨리 변한다.

인공지능전문가, 착용로봇개발자, 빅데이터전문가, 드론운항관리사, 가상현실전문가, 스마트도로설계사, 사물인터넷전문가, 개인간대출전문가 등 자동화가 되고 로봇이 등장하면 우리의 생활과 직업에 엄청난 변화가 있을 것이라고 예상되었었다. 그때부터 10년, 20년이 지나 조금 편리해지고 조금 빨라졌지만 크게 변화를 느끼는 것은 없다. 전화기가 없던 시절이나 스마트폰을 쓰는 지금이나 아이들은 여전히 학원과 학교를 오가고 아빠와 엄마는 회사를 다닌다. 아파트 가격은 여전히 오르고 땅 가격은 상승한다. 많이 편리해지기는 했지만 말이다.

우리 주변은 서서히 스마트하게 변한다. 무인 자동차, 자율주행 자동차가 가져올 변화는 무엇일까? 그렇다면 땅 투자의 방향은 어떻게 달라져야 할까? 하드웨어 중심의 공장에서 S/W 중심의 땅 투자는 무엇이 어떻게 달라질까? 땅을 많이 사용하는 것은 3차 산업까지의 현상이었다. 인구가 줄어들고 로봇이 인간을 대체할 즈음에는 최적화된 공장의 규모만 있어도 대체가 가능하다. 그렇다면 이미 기반시설이 갖추어진 대도시에 땅 투자의 기회가 생기는 것은 아닌지 각자의 상상이 필요하다. 생각을 바꾸어야 한다. 경제가 발전해도 일자리는 늘지 않는 시대다. 과거에 100명이 하던 일을 지금은 1명이 한다. 자동화 기계를 컨트롤하는 일이 고작이다. 이 기계를 고치고 관리하고 유지보수하는 일은 외부에서 한다. 이제 제품을 생산하는 정형화된 일은 사람이 필요 없다.

현대모비스가 용인시 기술연구소에 소프트웨어 중심 R&D(연구, 개발)인력을 2025년까지 4천 명까지 확충하기로 했다.

이시종 충북도지사는 '혁신도시 이전 공공기관을 연계 활용해 충북혁신도시를 4차산업혁명 전진기지 R&D센터 기능을 강화하기 위한 시설로 우수한 중견·중소기업을 유치하기 위해서는 오픈랩과 같은 R&D 중추 기능을 할 수 있는 기반 구축이 선행돼야 할 것'이라고 말했다. 내년까지는 충북혁신도시 태양광기술지원센터 내 연구공간을 활용하고, 사업 완료 시점인 2022년까지 연면적 3674㎡, 지상 2층·지하 1층 규모의 전용건물을 신축할 계획이다. 충북도와 진천군은 충북혁신도시를 4차산업혁명 전진기지로 만든다.

- 《머니투데이》, 2018년 6월 11일 자

앞으로 땅 투자 현장도 많이 변할 것이다. 우리의 상상을 초월하는 일들이 일어난다. 지금까지의 변화는 아무것도 아니다. 지금부터가 진짜다. 이미 기반시설이 갖추어진 지역으로 공장들이 확장되고, 4차산업혁명을 선도할 지역으로 재편된다. 이미 그 지역은 다 알고 있다. 인구가 모여 있는 수도권을 중심으로 4차산업혁명도 확산될 것이다. 생각지도 못한 지역이 튀어나올 가능성은 거의 없다. '4차산업혁명'을 키워드로 검색하면 주도할 지역이 어디인지 충분히 알 수 있다. 땅 투자 정보를 알아내는 일도 결국은 관심이다. 정보는 곳곳에 널려 있다. 그 활용은 직접 해야 한다. 식당은 어디에나 있지만 숟가락으로 떠먹는 수고는 결국 직접 해야 한다.

05 용도지역별, 이용상황별 지가상승률 분석

땅 투자의 예언서가 있으면 좋겠지만 당연히 없다. 단지 분석을 통해서 추측할 수 있을 뿐이다. 과거의 기록이 전부는 아니지만 과거를 분석해서 더 세밀하게 접근해야 한다. 앞에서는 큰 그림을 그리고 분석했다면, 여기서는 아주 자세하게 어떤 땅이 오르는지 분석해보도록 하자.

국토계획에 대한 공부가 어느 정도 되었다면 전국의 어떤 지역을 어떻게 개발할지 머릿속에 그림이 그려질 것이다. 이제 나침판과 보물지도가 있으니 전국으로 투자여행을 떠나면 된다. 사전에 어디를 사야 하는지는 인터넷 지도를 통해서 확인이 가능하다. 지적편집도와 위성지도를 보면 주변의 개발 내용까지 확인할 수 있다. 이런 정보가 제공되는 덕분에 땅 투자가 전문가들의 영역을 벗어나 일반인들이 접근 가능한 분야로 인기를 얻고 있다.

참고로 밸류맵(https://www.valueupmap.com/)이라는 토지거래 가격을 확인할 수 있는 사이트가 있다. 이 사이트를 이용해 파주시 문산읍의 어느 토지의 가격을 확인해보자. 2010년(49만 원), 2013년(42만 원), 2016년(63만 원), 2018년(83만 원), 2020년(93만 원)으로 가격이 상승했다. 해당 지역의 대략적인 땅 가격의 흐름을 확인하고 싶다면 요긴하게 활용할 수 있을 것이다.

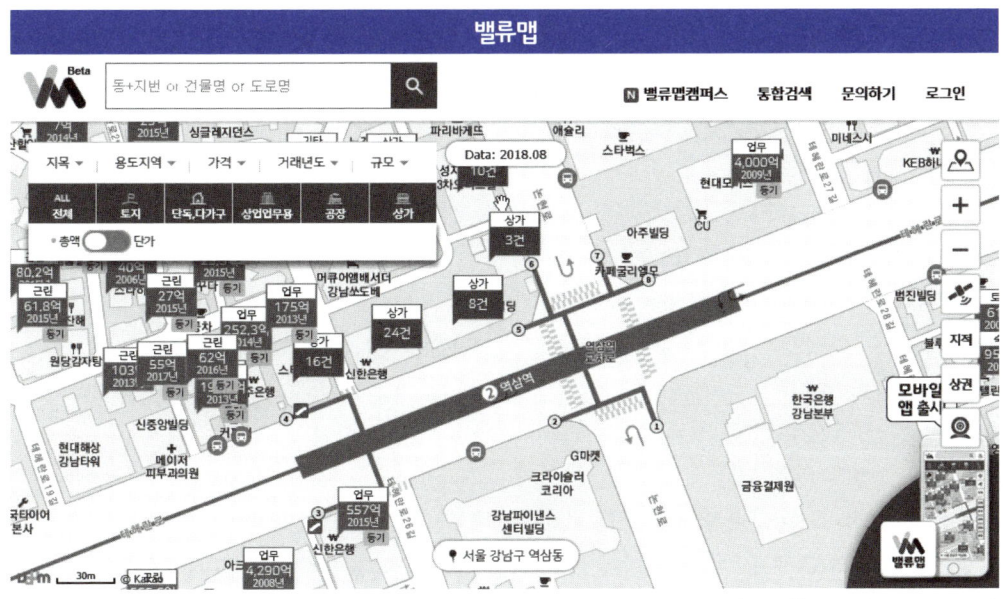

(https://www.valueupmap.com/)

 용도지역별 지가상승률
평택, 안성

아직도 기획부동산의 마케팅 멘트에 유혹당해서 잘못된 땅을 사는 경우도 있다. 하지만 데이터에 의해서 오르는 지역을 선정해서 매수하는 방법으

안성, 평택 용도지역별 지가상승률(2020.6~2021.5)

지역	용도	지가상승률
안성시	준농림지역	0
안성시	준도시지역	0
안성시	비도시지역	0
안성시	자연환경보전지역	0
안성시	농림지역	3.29
안성시	계획관리지역	3.18
안성시	생산관리지역	2.351
안성시	보전관리지역	2.204
안성시	관리지역	0
안성시	녹지지역	3.766
안성시	공업지역	0.816
안성시	상업지역	0.773
안성시	주거지역	2.249
평택시	준농림지역	0
평택시	준도시지역	0
평택시	비도시지역	0
평택시	자연환경보전지역	3.615
평택시	농림지역	4.424
평택시	계획관리지역	5.065
평택시	생산관리지역	2.825
평택시	보전관리지역	3.583
평택시	관리지역	0
평택시	녹지지역	3.748
평택시	공업지역	1.788
평택시	상업지역	2.598
평택시	주거지역	3.451

(출처: 국토교통부 통계누리)

로 세밀하게 진행하다 보면 일희일비하지 않아도 된다. 앞서도 이야기했지만 평택은 2020년 3.805%의 지가상승이 있었다. 그렇다면 용도지역은 어떤 곳이 올랐을까? 주거지역은 3.451% 상승했고, 농림지역이 4.424%, 계획관리지역은 5.065% 상승했다. 그러니 평택이라면 계획관리나 농림지역을 매수해야 충분한 수익을 맛볼 수 있다.

많은 투자자들이 땅값은 계획관리지역이 더 좋다고 알고 있지만 평택은 수치에서 보여주듯이 농림지역이 더 많이 상승했다. 물론 입지에 따라서 다르겠지만 데이터로 본 수치가 알려주는 바는 그렇다. 필자가 현장에서 본 사정도 비슷하다. 평택의 경우 입지가 좋은 농림지역의 땅 가격이 더 많이 오른다는 사실을 경험으로 알고 있다. 하지만 안성은 다르다. 녹지지역 3.766%, 농림지역 3.29%, 계획관리지역 3.18%의 지가 상승이 있었다.

많은 투자자들은 이런 통계를 모르다 보니 현장부동산에서 소개하는 매물로 쏠리는 현상을 보인다. 현장부동산은 매물이 진짜 좋아서가 아니라 자기가 가지고 있는 매물 위주로 판매하려다 보니 그렇다. 그러니 어느 지역이 유망한지에 대한 근거 있는 자료를 이해하는 것이 중요하다. 대세는 평택과 안성이다. 평택에서는 이슈가 있는 개발지 중 입지가 좋은 농림지역 전답의 땅 가격이 오를 것으로 판단된다. 안성은 개발축을 보면서 녹지지역, 농림지역, 계획관리지역의 땅을 사야 한다. 용인 원삼에 하이닉스가 들어온다. 지금은 용인시 원삼면 아래쪽인 안성시 보개면, 고삼면, 양성면의 토지들이 '핫' 하다. 5년, 10년 단위로 길게 본다면 상승률이 높은 땅들도 많다고 본다.

이용상황별 지가상승률
평택, 안성

평택시의 경우 '주거용_대'의 상승률이 높다. 땅 투자는 기본적으로 관리지역, 자연녹지, 농림지역의 인기가 높지만 통계적으로는 꼭 그렇지만도 않다. 거래량은 당연히 대지보다는 건축물이 없는 토지들의 거래가 훨씬 활발하다. 주거용_대는 지가상승은 높지만 거래는 충분하지 않을 것으로 본다.

안성시는 뒤에서 다시 이야기하겠지만 개발이슈가 넘쳐나는 지역이다. 하지만 투자자들은 투자금이 적기 때문에 당연히 전답, 임야가 더 현실적인 투자상품이라고 생각한다. 안성은 아직 지가상승률이나 토지거래량이 그렇게 큰 지역이 아니다. 하지만 가칭 제2경부고속도로(서울~세종 간) IC가 4곳이나 생기는 호재가 있고, 중소기업산단이 들어올 예정이다. 삼성의 움직임이 느껴지는 보개면 남풍리는 지금부터 대세 상승기를 만들 곳이라고 본다. 자금이 적고 땅 투자에 초보라면 '한 우물을 파야' 한다. 그래야 그 지역의 흐름을 알 수 있기 때문이다. 부동산을 선택할 때도 3곳 이상은 도움이 안 된다. 괜히 여러 군데 다녀봤자 서로 신뢰만 깨지고, 판단만 어려워질 뿐이다. 이 지역 저 지역을 돌아다니면서 여러 곳을 파는 전략은 초보 투자자에게는 별로 도움이 안 된다. 처음에는 자신에게 익숙하고, 현재 사는 곳에서 가까운 지역을 연습 삼아서 투자해보는 것도 좋다.

평택, 안성 이용상황별 지가상승률(2020.6~2021.5)

평택시
- 기타: 0
- 임야: 3.177
- 답: 4.234
- 전: 4.736
- 공장용지: 2.651
- 상업용_대: 3.09
- 주거용_대: 3.736

안성시
- 기타: 0.875
- 임야: 1.571
- 답: 3.583
- 전: 3.562
- 공장용지: 1.117
- 상업용_대: 1.413
- 주거용_대: 2.311

(출처: 국토교통부 통계누리)

세종시 북부에 집중하라

> **소정, 전의, 전동면의 개발압력이 높아진다**

필자가 세종시 북부에 관심을 가지는 것은 여러 가지 이유 때문이다. 그동안 공주시 장군면, 평택의 고덕동, 아산 탕정지구 등 땅 투자의 기회가 많았지만 다 놓치고 말았다. 이런 지역들을 발굴하긴 했지만 행동을 못한 결과다. 그래서 아직은 저평가되어 있지만 앞으로 더 오를 지역으로 추천한다. 가능성이 충분히 많고 호재가 많기 때문이다.

> **물은 높은 곳에서 낮은 곳으로 흐른다**

세종시의 개발은 물의 흐름과 비슷하다. 즉 땅값이 높은 곳에서 낮은 곳으로 개발이 진행된다고 보면 된다. 어떤 지역의 개발도 지가가 높은 곳에서 시작할 수는 없다. 물론 이 지역에는 이미 산업단지가 많이 들어와 있고, 개발계획도 잡혀 있다. 세종스마트그린 일반산업단지는 소정면 고등리 산65

투자분석

세종시 소정, 전의, 전동면의 개발 가능지도

번지, 전의면 읍내리 47번지 일원이다. 전체 908,196㎡로 2017~2020년까지가 사업기간이며 자동차, 항공기 부품, 에너지 분야 산업단지다.

서울에서 청주는 1시간 20분 대로 이동이 가능하다. 2022년 이 노선이 전의, 전동을 지나가게 된다. 즉 교통에 있어서도 수도권 접근성이 좋아진다는 말이다. 서울~세종고속도로 북세종IC도 예정되어 있다. 전의역은 지금은 시골역이지만 앞으로 산업단지에 인구가 들어오고 거주인구가 늘어나면 커질 곳이다. 지금도 이 주변 원룸은 상당히 부족하다고 한다. 그만큼 일자리가 늘어나고 있다는 뜻이다.

산업단지는 첨단산업단지 1공구, 전의 산업단지 1·2공구, 첨단산업단지 2공구, 세종스마트그린산업단지가 있다. 세종시는 국가산업단지가 하나도 없어 330만㎡ 규모의 국가산단 지정을 요청했고, 구체적 사업부지도 제시한 것으로 알려졌다. 현재까지 국가산단 경쟁 후보지는 세종을 비롯해 인천 계양, 충북 오송, 충남 논산, 강원 원주, 경북 영주, 충북 충주, 전남 나주 등 8곳이다. 정부는 이번 국가산단 신규 개발을 통해 4차 산업혁명에 필요한 첨단 신소재와 정밀부품 산업을 육성한다는 계획이다.

세종시 연서면 와촌리의 부동산을 방문해보니 농지가 50만 원, 계획관리지역은 100만 원, 대지는 150만 원으로 많이 오른 상태였다. 개발계획이 소문이 나서 매물은 씨가 말랐다. 부동산에서 만난 투자자도 건축허가를 받아서 건축을 한 후 향후 생활대책용지를 받을 거라고 이야기했다. 열기가 뜨겁다. 참고로 생활대책용지란 신도시, 택지개발예정지구 내에서 기존에 영업을 하거나 농축산업을 하던 생업종사자에게 생활대책 보상차원에서 제공하는 상가용지 우선 분양권을 말한다. 일명 '상가딱지'다.

투자분석

> 세종시 북부에는 교통 호재가 넘친다

세종시는 경부고속도로와 천안-논산 간 고속도로 남풍세IC, 목천IC, 서울~세종 간 북세종IC(가칭) 등 고속도로로 둘러싸여 있다. 경부와 호남의 분기점으로 KTX 오송역 등 철도도 가까이에 있다. 또 행정중심복합도시로서의 역할에 걸맞게 앞으로도 계속 교통은 좋아질 것이다.

세종시의 북부는 이런 교통 호재가 겹치는 곳이다. 서울~세종 간 고속도로 북세종IC가 예정되어 있고, 천안~청주 간 복선전철도 예정되어 있다. 주변에 KTX 오송역이 있다. KTX 세종역 얘기도 솔솔 나오고 있다. 교통 계획은 발표 단계 – 착공 직전 단계 – 완공 직전 단계에서 각 단계마다 가격이 상승한다.

땅 투자는 향후개발이 확실한 지역, 그중 상업지역, 주거지역, 공업지역 등 도시계획으로의 편입이 기대되는 지역 내의 땅을 구입해야 많은 투자수익을 올릴 수 있다. 개발 정보를 사업 구상초기 단계부터 수집, 정확히 분석하고 이를 단계별로 추적하여 남들보다 한발 앞서 투자하는 것이 성공 포인트다.

교통이 좋아지면 사람들이 모이고 흩어진다. 일자리가 있는 소정, 전의, 전동면으로 사람들은 일자리를 찾아 모이고 쉴 곳과 잘 곳을 찾아 주변 도시로 빠져나간다. 땅을 사는 것과 집을 사는 것은 다르다. 집은 기반시설, 도로, 학교, 공원, 병원, 쇼핑센터 등 편리한 시설들이 많은 곳을 찾는다. 이런 곳에 땅을 사기는 어렵다. 땅값이 이미 꼭지이고 상승력이 크지 않다. 자금이 크고 오래 묶이기 쉽다. 하지만 아직 이런 시설이 없는 곳이라면 사람들의 관심도 적고 땅 가격도 저렴하다. 이런 곳이 땅 투자의 최적지다.

교통이 좋아진다고 아무 곳이나 사서는 안 된다. 일본에는 사슴만 다닌다는 '사슴도로'가 있다. 도로가 뚫렸다고 이런 도로 주변에 땅을 산다면 오랫 동안 땅 가격이 오르지 않을 뿐만 아니라 환금성이 없어 돈이 묶인다. 지나가는 도로 주변은 소음과 먼지만 남는다. 사람들은 이런 곳을 좋아하지 않는다. 현지 부동산에서는 이런 땅을 팔지 못하기 때문에 블로그를 통해 파는 소유주가 있다. 주의해야 한다. 이런 땅은 소개하지 않는 게 좋다. 당연히 싼 것도 아니다. 직거래는 이런 점을 파악하기 어렵다. 일부 초보 땅 투자자들은 이런 사정을 모르고 샀다가 되팔지 못해서 애를 태우곤 한다.

전문가는 풍부한 현장경험이 있고, 정부정책을 분석하고, 미래를 예측하는 판단력을 가지고 있으니 섣불리 나서지 말고 믿을 만한 전문가를 찾자. 모든 지역은 지역마다의 패턴이 있다. 한 지역을 제대로 분석할 줄 아는 전문가는 다른 지역의 분석도 어렵지 않다. 시간만 주어지면 웬만한 보고서를 제출할 정도의 자료는 모으고, 그 지역의 전문가들보다 더 많은 정보와 질 좋은 정보를 모을 수 있다.

여러분이 현장에 가서 고개만 끄덕이고 온다면 역시 초보라는 말을 들을 것이다. 그들의 이야기가 맞는지 틀리는지 판단할 정도의 공부는 되어 있어야 한다. 그래야 현장의 부동산에 휘둘리지 않을 수 있다. 현장부동산들이 바

투자분석

보가 아닌 다음에야 당신에게 좋은 매물을 소개해줄 리가 없다. 그들에게는 50~100억 정도의 자산을 가지고 언제든지 현금을 쏠 준비가 된 '쩐주'들이 많다. 좋은 매물만 나오길 기다리는 투자자들이 줄을 서 있는데 어쩌다 들른 뜨내기인 당신에게 좋은 매물을 소개해줄까? 순진한 생각이다.

당신을 테스트해볼 요량으로 좋지 않은 물건을 보여줄 수 있다. 그 매물을 먹어야 그들은 당신과 친구가 되고 좋은 물건이 나오면 소개시켜준다. 개발지라고 소문난 지역에 뜨내기들은 넘치고 넘친다. 그들에게는 대부분 자금을 지닌 단골들이 매수할 수 없는 그런 매물만 흘러나온다. 당신이 우연히 잡은 매물은 경쟁자들이 돈이 되지 않는다고 버린 물건이란 점을 명심해야 한다.

개발호재지역의 땅에 투자할 때 주의할 점

개발 사업에 따른 투자수익을 기대하려면 사업의 확실성 여부를 잘 따져 사업으로 확정되기 직전에 투자를 결정하는 것이 바람직하다는 점을 강조하고 싶다. 개발사업의 동선 특히 도로 교통계획을 주의해서 살펴야 한다. 도시가 확산되더라도 결국에는 이것이 도로를 따라 이뤄질 것이기 때문이다.

개발호재지역 땅 투자 시에는 땅에 대한 고정관념을 버려야 한다. 몇 천만 원 혹은 더 적은 금액으로도 얼마든지 투자가 가능하다. 하지만 짧은 시간에 돈을 번다는 것은 위험한 생각이다. 땅의 모양은 중요하지 않다. 위치가 중요하다. 지분등기를 하는데 두려움을 가져서는 안 된다. 단, 기획부동산의 지분등기는 주의해야 한다. 계획관리지역의 땅을 사야 한다는 고정관념을 버리자. 어차피 용도지역은 개발이 된다면 바뀐다.

개발계획 주민공청회가 열린 시점이 적정한 투자시점이다. 철도라면 철도건설기본계획(안) 공고 공람 및 주민설명회가 열리는 시점이다. 건설기본계획 수립 시점이 실질적인 투자 출발점이다. 이런 정보들은 지방의회 회의록을 살펴보는 것이 좋다. 개발 잠복기간 동안의 어느 한 시점이 투자의 적정시점이 된다. 현지의 믿을 만한 부동산이나 측량사무소 등을 알아 놓고 수시로 확인하는 것이 좋다. 개발사업 실시계획 승인 단계는 사업의 확실성을 보장한다.

개발지를 다녀보면 현장 분위기에 편승해서 정보의 진위를 파악하지 않고 땅을 사는 사람들이 있다. 물론 분위기가 좋은 지역의 땅을 사야 한다. 그래야 환금성이 있다. 그렇다 해도 분위기가 순식간에 식을 수도 있다는 것을 잊으면 안 된다. 개발계획은 중간에 변수가 많다. 필자 역시 그런 경험이 많다. 당장 다른 사람이 사버릴 것 같더라도 다시 집에 돌아와 인터넷 검색도 하고 과거 땅 가격의 추이도 파악하는 등 좀 더 신중한 접근이 필요하다. 아무리 좋은 곳이라는 생각이 들어도 지갑을 바로 열면 안 된다. 후회만 남는다.

제일 중요한 것은 현장의 목소리다. 실제 세종시의 아파트 경쟁률은 상당히 높다. 아파트 가격도 수도권에 비해 낮지 않다. 그만큼 투자자들의 관심을 받

투자분석

《역세권땅 투자》, 동은주, 지상사

1단계: 개발소문 입수단계	**개발정보는 믿을 만한 정보인가?** 신문의 추측성기사인가? 정부의 공식적보도 자료인가? **개발정보의 소스는 어디인가?** 정부당국자, 지자체담당자, 부동산업자, 신문기사 **자료수집과 정리** 모든 관련자료와 기사를 수집해 정리한다.
2단계: 개발사업 분석단계	**국토계획 상위 및 관련계획 분석** 국토종합계획, 도종합계획, 시·군종합계획, 광역계획 등 국토계획과 관련 계획을 종합하여 추진상황 분석 **지자체 및 관련기관 확인** 해당 지자체 및 추진 담당기관·부서를 직접 방문하거나 홈페이지 등을 통해 개발계획 진행상황 등을 확인 **관련법규 및 규제 파악** 그 지역 내의 한 필지에 대한 토지이용계획확인서를 발급받아 공법상의 규제사항 등을 파악 **현장방문/조사** 해당 지역 내의 부동산사무소나 측량사무소 등을 직접 방문하여 현지여건 및 상황, 향후 가능성 등을 파악
3단계: 투자 결정 단계	**정부·정부기관 추진사업인가? 민자사업인가?** 민자사업의 경우에는 지연과 축소 가능성에 유의 **중앙정부 추진사업인가? 지자체 추진사업인가?** 지자체 추진사업의 경우 예산편성 여부 확인 필요 **국토계획에 다른 사업인가? 특별법을 제정·추진하는 사업인가?** 특별법을 제정·추진하는 경우 국회통과 가능성을 파악 **투자시점 및 지역분석** 개발사업 단계별로 이와 연동한 투자시기, 지역, 기간 등을 파악하고 투자의 우선순위를 결정한다. (1순위) 국가추진계획으로 철도망환승지역이면서 역세권 지역 (2순위) 국가추진계획으로 철도 역세권지역 (3순위) 국가추진계획으로 도로IC 인접지역으로 도시개발지역 **투자물건 조사·선정** 반드시 현장을 최소 4~5회 이상 방문하고, 복수의 부동산과 접촉

세종시(소정, 전의, 전동) 땅 투자를 위한 재료 분석

항목	내용	비고
1. 교통	경부고속도로(목천IC, 청주IC) 천안~논산 간 고속도로(남천안IC, 남풍세IC) 서울~세종 간 고속도로(북세종IC)(예정) 경부선(오송역) 천안청주공항선(예정) 보령선(조치원~보령)(예정)	
2. 산업단지	세종스마트그린 일반산업단지 첨단산업단지 1공구 전의산업단지 1, 2공구 첨단산업단지 2공구 세종벤처밸리 일반산업단지 소정일반산업단지	
3. 택지개발지구	주변에 택지개발지구는 없다. 20km 이내에는 아산신도시, 탕정택지개발예정지구, 천안시 청룡동, 조치원 역세권, 세종 시내 이 지역에 일자리는 많으나 택지개발지구가 없으므로 임대용 건축물을 지어 임대를 주거나 매매를 해도 사업성이 있다.	
4. 인구계획	36만(현재) 2030년 80만 명 예정	

투자분석

고 있다는 증거다. 아직은 여러 가지 편의 시설들이 부족해 생활하기에는 불편하다. 서울로 오는 길도 KTX 오송역을 이용해야 하는데 시내에서 20분이나 가야 하는 거리에 있다. 이런 목소리들은 시간이 지나면 해결될 것이다. 어느 도시도 안정되기 전까지는 인기도 없고 도시기반시설이 갖춰지지 않았기 때문에 관심을 덜 받는다. 투자자라면 이런 타이밍에 들어가서 사람들의 관심을 받고 가격이 올라가면 그때 빠져나와야 한다.

　세종시 주변의 땅은 아직 먹을 게 많다. 지금도 늦지 않다. 인구도 늘어나고 일자리도 계속 생긴다. 과거 경남의 산업단지가 들어오면서 창원이 커졌듯이 세종시도 그런 모습으로 변하고 있었다. 투자가치가 충분한 땅은 많다. 시간과의 싸움이다. 시간을 견딜 각오를 가진 사람은 이곳을 눈여겨보는 것도 좋다고 생각한다.

땅 투자가 어렵다는 것은 제대로 해보지 않았다는 의미다.
다른 누군가의 말만 듣고 있으면 늘 궁금하고 의문투성이일 것이다.
보는 눈을 갖췄다면 이제 현장에 가자.
4장에서는 지금까지 분석하고 알아낸 정보를 바탕으로
현장에서 진짜 좋은 토지를 사고파는 과정과
현장부동산에서 일어나는 일까지를 생생하게 전한다.

4장

준비가 끝났으면 현장이다

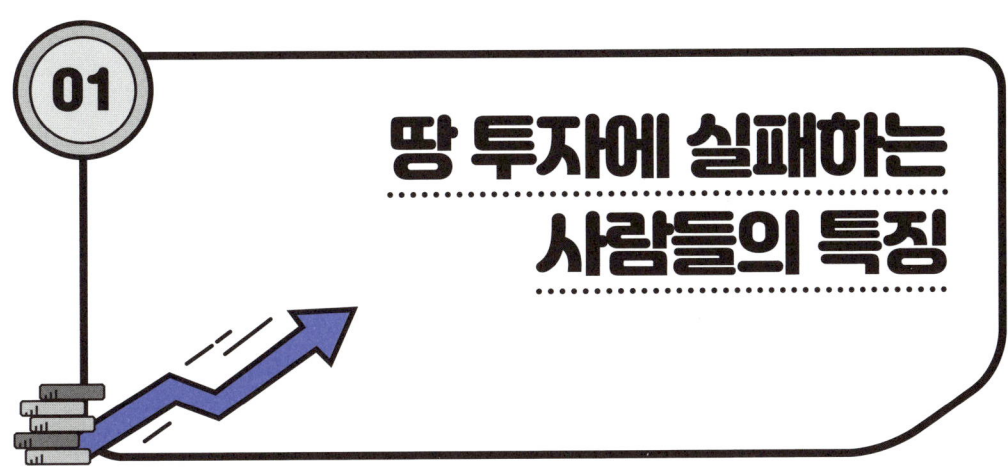

01 땅 투자에 실패하는 사람들의 특징

이런저런 자료와 분석을 통해 특정 용도지역이나 지목의 땅값 상승률이 높다는 걸 알았다. 확인하러 현장에 갔는데, 대체 뭘 확인해야 할까? 현장에서 벌어지는 일은 어떨지 궁금할 것이다. 이번에는 그 궁금증을 풀어보도록 하자.

땅도 주변의 여건이 가장 중요하다. 전국에서 제일 비싼 땅은 명동의 화장품회사가 가지고 있는 땅이다. 왜 그럴까? 당연히 입지다. 인구가 많고, 교통이 좋고, 일자리가 풍부하고, 문화시설이 많아서 다른 사람이 탐낼 땅이다. 같은 땅이 지리산 산골의 어느 마을에 있다면 아무도 거들떠보지 않을 것이다. 대부분 땅에 실패하는 투자자의 특징을 보면 답이 나온다.

1. 개발계획이 있으니 기다리기만 하면 되지! - 안 되면 어쩔래?

일단 인구가 유입될 만한 입지가 아니다. 특히 지방의 농공단지가 들어오는 주변의 땅을 산 경우 흔히 그렇다. 농공단지로 지정되어 땅을 샀지만 들어올 기업이 없어 취소되는 곳이 허다하다. 만약 개발계획대로 안 되면 어떤 대안이 있는가? 현장부동산들은 초보 투자자의 이런 점을 노리고 떠넘기기를 한다. 중개수수료 + 알파가 생기는 일인데 왜 안 하겠나? 이런 땅을 기획부동산에서 샀다면 제대로 바가지를 쓴 거다. 이 점은 필자의 전작《땅을 사기 전에 알았더라면 좋았을 것들》이라는 책에서 다 얘기했다. 아쉽게도 땅은 눈에 보이지 않는 제약이 너무 많아서 전문가들도 어렵다. 시간이 지나면서 변화무쌍하기에 늘 퇴로를 열어두고 작업해야 한다.

2. 뭐하러 오를 만큼 오른 곳을 사? – 묻어두기만 하면 바보다

대도시 주변에 개발의 압력이 생길 만한 곳을 찾아서 투자하자. 화성을 가보면 그런 그림이 잘 나온다. 주변에 소규모 공장도 있고, 멀리 아파트도 보이고, 재수 좋으면 역세권도 공사를 시작한다. 산업단지는 흔하다. 인구도 계속 늘어난다. 평택도 마찬가지다. 세종도 마찬가지다. 투자할 곳이 널려 있는데 왜 굳이 장기투자의 험로로 나서는지 모를 일이다. 좀 비싸면 어떤가? 개발지는 사실 농지들도 평당 100만 원은 한다. 책대로 하면 너무 비싸서 사지 못할 땅이다. 10만 원짜리로 평수 늘리기에 혈안이 될 게 아니다. 그런 땅은 전국을 1년내내 돌아다녀도 찾지도 못하고 기름값에 밥값에 시간 낭비만 한다.

수익 생각 없이 경치 좋고 물 좋은 펜션이나 전원주택을 지을 생각이 아니라면 대도시를 벗어나기 어렵다. 서울에 살고 있는 사람이라면 경기도를 벗어나기 어렵다. 관리도 안 되고 애정도 식어버린다. 수시로 들여다보고 시세 파악이 가능한 그런 땅이 좋다. 좋은 땅을 찾는 것은 쉽다. 가격이 문제다. 하긴 지나고 보면 지금이 제일 쌀 때다. 아파트처럼 수시로 오르내리지도 않기 때문에 심리적으로 흔들릴 일도 적다. 매도 타이밍을 잘 잡고 머릿속에 계획을 세우면서 매수를 한다면 역설적으로 쉬운 것이 땅 투자다.

3. 지금 안 사면 딴 사람이 채갈 것 같은데? – 열심히 공부하고 판단하라

땅 투자에 특별한 묘수가 있는 것은 아니지만 바둑의 정석처럼 땅 투자에도 정석은 있다. 약간의 변화는 물론 중요하다. 그러나 원칙을 버리면 실수하게 된다. 욕심 때문에 오판을 많이 한다. 현장부동산의 얘기를 듣다 보면 지름신이 달려들어서 지갑을 열고 만다. 하긴 땅에 중개를 하고 컨설팅을 하는 입장이 되어보니 꼭 그렇지도 않더라. 너무 생각이 많아서 좋은 매물을 놓치는 경우도 많았다. 물론 내일이면 땅이 현장에서 다 사라지는 것은 아니다. 기다리면 더 좋은 매물이 나오기도 한다. 그런데 그걸 누가 알겠는가?

4. 절대 손해보지 않을 땅을 사고 싶다! – 다양한 경험이 더 큰 수익을 가져온다

땅을 샀는데 어찌 알고 더 줄 테니 부동산에서 팔라고 전화가 자주 온다면 이보다 더 즐거운 일은 없다. 이런 경험이 있는 투자자는 행복하다. 그래서 이 많은 내용을 공부하고 데이터를 분석하고 귀찮고 피곤한 몸을 이끌고 현장에 가서 하나라도 더 보고 오는 것이다. 가만히 있는데 감이 입 안으로 떨어지는 일은 없다. 현장의 경험이 쌓이고 투자금을 잃어보고 벌어도 보면 더 이상 어렵거나 두렵지 않다. 그때부터 진정한 투자의 세계에 입문한 셈이다. 밤낮으로 좋은 투자방법을 찾아서 책을 읽고 블로그를 뒤지고 데이터를 찾아 헤맨다. 현장은 수시로 왔다 갔다 하고 현장부동산 사장들과는 형·아우 하면서

지내다 보면 그때 매물이 들어온다. 팔아달라 사달라 요구사항이 생긴다. 이렇게 현장에서 몇 년을 경험하다 보면 거의 전문가 수준에 이른다.

이 정도가 돼야 먹고사는 문제를 땅으로 해결할 수 있다. 거의 '똠방' 수준이 된다. 똠방은 자격증은 없지만 동네 부동산의 공급과 수요를 담당하는 사람을 말한다. 동네 이장이 할 수도 있고 오랜 경험이 있는 원주민이 그 역할을 하기도 한다. 다른 건 몰라도 이 사람들은 냄새 하나는 기가 막히게 맡는다. 시장의 최전선에서 흐름을 가장 빨리 안다. 현장부동산도 이들의 도움이 없으면 먹고살기 어렵다. 현장에 가보면 부동산마다 둘셋은 있다. 같이 밥을 먹고 술을 먹고 쩐주가 되어 돈을 투자하기도 한다. 이런 세상의 흐름을 이해해야 땅으로 돈을 버는 길이 보인다. 자신이 살지도 않는 곳에 어쩌다 가서 땅을 사는 투자자는 어떤 일을 당할지 눈에 보인다. 땅은 시세도 없고 정가도 없고 어떤 것도 존재하지 않는다.

5. 안 가봐도 다 알지! – 현장에 가보지도 않고 지르는 쇼핑족

투자에 실패하는 많은 투자자들의 실패 원인은 현장에 가보지 않는다는 점이다. '범죄는 흔적을 남긴다'라는 이야기가 있다. 많은 경우 현장에 가보면 투자의 흔적이 남아 있다. 현장에 자주 가보면 대개는 토지 소유주들을 만날 수 있다. 땅 주인들은 대부분 농사를 짓기 때문에 현장에 가면 종종 만난다. 땅을 내놓거나 내놓으려는 사람들은 서로 윈윈하기를 바란다. 파는 사람은 중간에 유통마진을 생략하고 조금 더 받기를 원하고, 사는 사람은 한 푼이라도 싸게 사고 싶다.

이런 사실을 아는 투자자는 현장을 기웃거린다. 기웃거리다 보면 이장도 만나고 똠방도 만나고 땅 소유주도 만난다. 실제 매수자라면 협상도 가능하다.

단 현지 사정을 잘모르는 상태에서 이런 방법으로 땅을 사려고 하다가는 되레 피해를 당할 수 있다. 섣부르게 책에서 소개한다고 생각 없이 투자한다면 그 피해는 고스란히 나에게 돌아온다. 당연히 현장을 제대로 확인하고 위험이 없을 때 투자해야 한다. 아무리 좋은 말과 자료를 보았다고 하더라도 현장의 부동산에서 확인을 거친 후에 매수하는 게 좋은 결과를 가져온다.

홈쇼핑 방식을 보면 제품에 대한 디테일한 설명을 한다. 기존의 시장에서는 들을 수 없는 차별화된 이야기다. 옷을 팔면 단추 하나에 대한 설명까지도 디테일하다. 전혀 속인다는 느낌이 들지 않는다. 또 근사한 모델이 입고 있으니 마치 내가 입어도 그럴 것이라는 착각에 빠진다. 막상 구입해서 입어보면 말하던 것과 다르다. 홈쇼핑 반품률은 30%에 달한다. 직접 입어보지 않았고 장점만을 생각하며 조기 마감이나 한정 판매라는 심리적 요인에 쫓겨서 충동구매를 한 결과다. 문제는 이런 일이 옷 한 벌이 아니라 몇천만 원이 왔다갔다 하는 땅을 매매할 때도 생긴다는 점이다.

많은 이들이 보지도 않고 2~3천만 원만 투자하면 된다는 생각에 가볍게 투자한다. 하지만 200만 원이든 2천만 원이든 2억 원이든 금액의 차이일 뿐 의미는 비슷하다. 자금 규모가 작은 사람이라면 이 금액도 적지 않고, 잘못될 경우 그 타격은 오래간다. 처음부터 신중하게 접근하자.

두 종류의 투자자들

대부분의 투자자들은 '계획'의 중요성을 모른다. 단지 해당 토지의 입지나 가치에 몰입해서 큰 그림을 놓치기 일쑤다. 이런 계획이 있는지, 그게 어떤 의미를 가지고 있는지, 어떻게 써먹을 수 있는지를 아는 투자자들은 상위 3% 정도일 뿐이고, 현장에서 이런 투자자를 만나는 것도 흔치 않다.

투자자들은 두 가지로 나눠진다. 하나는 이론에 박식하고 모르는 것이 없는 교수형이다. 이들은 실전 투자에는 약하기 때문에 주로 주부 대상 강의나 학교에서 강의를 하는 경우가 많다. 또 하나는 현장형으로 이론이나 정보는 거의 모르는 투자자가 많다. 이들은 현장에 가면 가끔 만날 수 있는 공격적이고 실속형인 투자자들이다. 이들 중에 30~40억 대 부자들은 제법 많다.

교수형 분석가들에게는 그들만의 이론이 있다. 그 이론은 배워야 한다. 그러나 이론의 적용은 별개의 문제다. 현장형 투자자들은 '감'으로 투자하기 때문에 어느 한 지역에 대해 전문가보다 더 잘 아는 소위 '빠꿈이'들이 많다. 이들에게는 이론으로 설득되지 않는 뭔가가 있고, 치고 빠지며 전투를 하듯 투자하며 전국을 누빈다. 그러나 자신이 익숙하지 않은 지역으로 옮겨가 지역의 토박이 부동산에게 노출되면 한마디로 치명타를 입는다.

우리가 이 두 가지 교수형+현장형을 잘 융합해서 상위 3%의 투자자로 남으려면 이 책에서 이야기하는 방법을 읽어보고 제대로 된 실력을 키워나가야 한다. 어느 한쪽으로 치우치면 반쪽짜리 투자자로 원금에 손실을 보고 현장에서 퇴출당하고 만다.

또 작전 세력은 주식시장에서만 존재하는 것이 아니다. 부동산 시장이라고 세력이 없을까? 분명 존재할 것이다. 그들이 힘을 모아 어떤 지역을 공략하면 그 지역은 순식간에 땅값이 달아오른다. 이들의 움직임을 멀리서나마 감시하고 있어야 한다. 이들의 움직임을 포착하기 위해서 '계획'이라는 세력이 움직이는 투자지도가 필요하다. 이 중요성을 일깨우기 위해서 장황하게 설명했다. '계획을 알기 위해 무엇을 해야 하는가?'라는 질문을 던져볼 필요가 있다.

> **좋은 땅을 사는 10가지 TIP**
> 1. 신뢰가 가는 부동산 공인중개사사무소를 선택하자.
> 2. 수도권에 신규로 생기는 IC 주변 토지에 주목하자.
> 3. 2차선에 접한 땅이라면 관심을 가져라.
> 4. 지목보다는 용도지역에 주목하자. 특히 2차선에 접한 농업보호구역이 좋다.
> 5. 개발지 주변에 위치 좋고 저렴한 임야를 선점하자.
> 6. 서울에서 1시간 이내의 땅에 관심을 가져라.
> 7. GTX 역사 주변, 아직은 개발이 안 된 땅이 있다면 매입하자.
> 8. 산업단지, 택지개발지구, 공공청사 주변의 땅은 언제나 좋다.
> 9. 신규 예정된 도로에 접하는 땅을 사라.
> 10. 비싼 땅이라고 무조건 거부하지 말고, 그럴 만한 이유가 있다면 매입하자.

백 번은 가봐야 현장이 보인다

전문가들은 다들 현장을 강조하고 현장을 이야기한다. 정말 현장에 가면 답이 있을까? 있다고 생각한다. 일단 현장에 가면 생각이 달라진다. 치열하고 긴박하다. 또 다른 세상이 보인다. 시장을 보는 통찰이 생겨나기까지는 단 한 번의 답사로 해결되지 않는다. 많이 다녀야 한다.

 현장에서 다른 세상을 만나자

어쩌면 부동산보다 토지에 대해서 더 깊이 넓게 알아야 한다. 어렵다고? 쉬우면 누구나 하겠지만 이 정도의 열정을 가진 투자자를 만나기가 쉽지 않다. 그래서 성공하는 투자자는 제한되어 있는 모양이다. 뒤에서 자세히 얘

평택시 포승읍 토지매매 현장

기하겠지만 내가 만난 이들 중 조 대표라는 사람이 있다. 그는 강남에서 학원을 운영했지만 돈을 많이 벌지는 못했다고 한다. 우연히 현지 부동산 이야기를 듣고 투자한 것이 재미를 봤다. 그 후 9년 동안 매일 현장에 출퇴근하면서 현장 감각을 키웠고, 그것이 성공의 비결이다.

내가 17년 동안 현장을 다니면서 느낀 점은 현장은 아무도 모른다는 점이다. 《1억으로 수도권에서 내집 갖기》(남이영 지음, 부키)라는 책을 보면 1억으로 경기도에 58평 집을 마련하기까지 9개월 간의 발품 노하우가 담겨 있다. 진솔하고 솔직하고 때로는 어렵고 힘들다는 날것 그대로의 경험서다.

땅은 스토리가 많다. 사연도 많다. 인내와 끈기, 열정이 필요하다. 실제 어떤 계획이나 가능성 때문에 땅을 사는 경우도 있지만 건축이 가능한 땅을 찾을 수도 있다. 실제 현장에서는 맹지에 건축된 시골집이 많이 있다. 건축물이 있다고 해서 문제가 없는 것은 아니다. 번지가 잘못된 것도 있다. 현장은 실제와 다르다. 황당한 일도 있다. 도로명주소가 11-22가 아니고 11-28번 같은 엉뚱한 지번이 나오기도 한다. 만약 현 소유주가 경계문제로 골치를 앓고 있는 땅이라면 시세보다 저렴하게 샀다고 좋아할 일은 아니다. 나중에 마음고생으로 손해보고 다시 팔아야 하는 일도 생긴다. 현장은 단순하게 보여도 단순하지 않다. 비행기로 높은 곳에서 보면 땅과 바다, 집과 호수들이 조화롭고 평화롭다. 하지만 작은 마을 안에 사람들과 부딪치며 살다 보면 비행기에서 보던 모습과는 아주 달라진다. 그런 의미에서 이런 책은 현장의 생생한 목소리를 전달받을 수 있다.

어떤 이들은 임야를 사서 길을 내고 펜션을 짓는다. 펜션 임대사업이 사업모델이다. 펜션을 건축하는 것이 비즈니스 모델이기도 하다. 펜션을 건축하고 운영하는 일은 건축을 잘 알아야 하고 펜션에 대한 시장조사를 철저히 하고, 광고나 홍보도 열심히 해야 한다. 건축+펜션+광고, 홍보+관리까지 펜션 사업은 종합예술이다. 또한 현장을 철저히 알아야 가능하다. 지역 관광상품과 연계한 비즈니스 모델이라면 지역의 관광상품을 알아야 한다. 차별성 경쟁력을 염두에 두고 땅을 매입해서 사업을 해야 한다. '된다더라, 돈을 벌었다더라' 이런 소문만 믿고 하는 투자는 과거에는 통했을지 모르지만 지금은 어림도 없다.

현장에서 만난 투자자들

현장으로 고객을 데려가길 백 번 해도 성사율은 5% 미만이다. 이 정도로 어려운 일이 땅 투자다. 투자자들이 시간을 내고 돈을 들여서 현장으로 오기까지 얼마나 많은 수고를 했을 것인가. 초라한 성적이지만 이게 현실이고 현장이다. 많은 황당한 일들을 겪었다. 아래의 사례들도 그런 이야기의 일부분이다.

많은 투자자를 만났다. 김해의 어떤 투자자는 땅에 투자해서 많은 수익을 올렸다고 자랑하듯 말했다. 평택 투자 현장 근처에 있는 친구의 집을 베이스캠프 삼아 6박7일 동안 그 지역 부동산을 죄다 뒤지고 다녔다. 필자를 만난 것도 블로그를 통해서였다. 필자의 직업, 고향, 학교 친구들까지 파악하고 만나자는 연락을 해왔다. 현장에서 서너 번은 만났던 것 같다. 마치 계약할 것처럼 가격을 확 후려치면서 접근했다. 당시 판매가격이 300만 원인 땅이 마지막에는 190만 원까지 내려가서 다음날 총 8억을 투자하기로 하고 만났다. 최종 사인만 남겨둔 상태에서 점심을 먹고 오겠다며 나간 후 3시간 동안 연락이 되지 않았다. 그리고 사라졌다.

어떤 고객은 며칠씩 내 돈을 들여서 차로 모시고 다녔다. 계약한다고 하면서 좋은 물건을 더 알아봐달라고 했다. 긴급히 찾아서 보여주니 마음에 든다고 했다. 다음날 남편과 오겠다고 하더니 문자만 보냈다. 어머님이 갑자기 아파서 중환자실에 입원을 했단다. 왜 하필 계약하는 날 그런 일이 생길까? 핑계 없는 무덤이 없다. 참으로 많이 당했다. 알고도 당하고 모르고도 당했다.

이렇게 현장에는 까다로운 고객들이 많고 경험이 쌓일수록 확실한 물건이 아니면 투자하지 않는다. 한 건의 투자를 유치시키기 위해 들인 노력은 상상을 초월한다. 투자자도 마찬가지지만 컨설팅에서 결과를 내기 위해서는 그만큼의 노력을 해야 한다. 시간이 지나면 대부분의 땅 가격은 우상향한다.

"주택도 이제는 찍어내는 시대다. 과거에는 집 한 채 짓다가 폭삭 늙는다는 자조 섞인 말들이 오갔다. 지금은 '3D 프린팅 주택'에서 사는 날이 멀지 않았다. 네덜란드에 세계 최초의 상업용 3차원(3D) 프린팅 주택이 건설된다."
– 《동아일보》, 2018년 6월 11일 자

땅을 제외한 건축물도 앞으로는 3D 프린팅 기술로 만들어질 것이다. 당장 한꺼번에 바뀌지는 않겠지만 서서히 변화가 다가오고 있다. 시간이나 돈, 인력이 최적화된 기술이 등장했으니 우리의 투자방향도 달라져야 한다. 현장도 달라진다. 새로운 기술이 나오고 패러다임은 변한다. 넋 놓고 있으면 무엇이 지나가는지도 모르게 빠르게 흘러간다. 너무 안이하게 생각하다가는 시장에서 뒤통수를 맞을 수 있다. 우리의 주변에 다가오는 기술들이 우리의 생활에 어떤 영향을 미칠 수 있는지 현장과 같이 접목해서 보아야 한다. 남들에게 뒤처지지 않기 위해서는 배우고 익혀야 한다.

03 현장에 가라는 게 무슨 말일까? 가서 뭘 해야 하지?

이론으로만 머리로만 아는 정보로는 부족하다. 대부분의 사람들은 계속 공부만 하고 현장으로 갈 생각은 하지 않는다. '귀차니즘'일 수도 두려워서일 수도 있다. 여름이면 대부분의 사람들은 휴가를 간다. 돈을 쓰고 재충전을 위한 시간을 가진다. 그 시간 동안 재충전을 하면서 돈을 벌 생각을 해보면 어떨까? 이론이 아니라 실제로 투자가치가 있는 지역이 구체적으로 어디인지, 왜 유망한지에 대한 이유는 앞에서 자세히 다뤘다. 다시 한번 정리하면 다음과 같다.

> **투자가치가 있는 지역**
> ① 인구가 늘어나는 곳(화성, 평택, 용인, 세종)
> ② 교통이 좋아지는 곳(파주, 용인 동부, 안성, 천안, 아산, 홍성)
> ③ 산업단지가 늘어나는 곳(용인, 화성, 평택, 천안, 아산, 당진, 청주, 세종)
> ④ 택지개발지구가 늘어나는 곳(화성, 용인, 평택, 파주, 세종, 천안, 아산, 홍성)
> ⑤ 큰 이슈가 있는 지역, 즉 소문이 나는 지역(파주, 화성, 평택, 춘천, 원주, 세종)

평택 고덕국제신도시 개발현장

이 지역들 중 하나를 골랐다면 현장답사 계획을 세우고, 세밀하게 준비해서 현장에 가야 한다. 그런데 뭘 준비해야 할까? 가서 뭘 봐야 할까?

1) 네이버 지도를 이용해 주변 지역과 현장을 미리 파악하자

어렵게 생각하지 말고 네이버에서 지도를 출력해서 가면 된다. 네이버 지도에 들어간 후 특정 지역을 중심으로 범위를 좁혔다 넓혔다 하면 윤곽이 드러난다. 예를 들어 평택에 답사를 갈 예정이면 고덕 국제신도시나 그 주변을 보면 된다. 이 지역은 삼성전자와 그 협력업체들이 계속해서 들어오는 지역이

다. 어느 지역이 좋은지 모르겠다면 네이버 지도에서 고덕 국제신도시를 검색하면 경계선이 보인다. 주변이 고덕면 당현리, 두릉리, 문곡리, 동청리, 방축리, 지제동, 이충동, 장안동, 가재동 등이라는 것을 확인할 수 있다.

현장 사진, 지적편집도, 위성사진으로 현장을 사전에 파악하여야 한다. 모든 현장에는 개발의 근거가 있다. 부동산 투자 방송을 보면 땅 지번만 알려줘도 땅의 미래를 알려준다. 위치가 가진 입지를 근거로 그 가치를 알려주는 것이다. 나머지는 강사의 머릿속에 오랜 경험과 연구를 통해서 구축되어 있는 데이터다.

2) 짐작하는 가격과 현장의 가격은 다르다

이런 지역들의 땅 가격이 굉장히 비쌀 것 같지만 모르는 소리다. 발품을 팔아 현장부동산에 들러서 위치와 용도지역, 지목 등 기본적인 정보와 가격을 반드시 확인하고 와야 한다. 대부분의 부동산들은 뜨내기손님이라 생각하고 거들떠보지도 않을 수 있다. 하지만 투자하는 사람이라면 기죽지 말고 반드시 확인하고 오는 습관을 길러야 한다. 이게 힘이다.

땅 투자는 단순히 한 가지 이유만으로 승부가 나는 것이 아니다. 다양한 조건들이 합쳐져야 시너지 효과가 나타난다. 현장 경험은 시간이 쌓인 뒤에는 큰 힘을 발휘한다. 꼭 이렇게 소문난 땅을 사라는 말이 아니다. 앞으로 이렇게 변할 땅을 찾아내는 것이 목적이다.

3) 매수는 타이밍이라는 걸 잊지 말자

청주 지역에서 활동하는 지인들의 이야기에 따르면 하이닉스 공장 추가공

청주 하이닉스 정문

사를 시작함에 따라 이 주변의 땅들이 많이 올랐다고 한다. 그런데 알면서도 매수를 하지 못했다. 현장에서 변화를 보고 있으면서도 행동까지는 어렵다. 그래서 투자가 어렵다. 비싸다고 할 때가 제일 쌀 때일 수도 있다.

4) 가장 좋은 입지는 개발지와의 거리다

인터넷 지도를 보면서 개발지와 얼마나 떨어진 곳인지를 파악한다. 가까울수록 좋다. 10km 떨어진 곳보다는 1km 떨어진 곳이 좋다. 그러나 경험과 지식을 통해서 무조건 가깝다고 좋은 곳만도 아니더라. 거리를 두고 개발할 수 있으니 끊임없이 확인하고 분석해야 한다. 스스로 분석할 수 있다면 전국의 어디라도 그 가능성을 확인하는 게 어렵지 않다. 계속 끊임없이 보다 보면 그때는 모든 땅들이 보이기 시작한다. 너무 추상적인 이야기라 피부에 와 닿지 않을 수 있지만 무엇이든 잘하고 성공하고 싶다면 꾸준함이 답이다.

5) 심심하면 현장에 가라. 습관은 힘이다

현장으로 가는 것도 습관이다. 이 습관이 부자로 만들어준다. 여행, 글쓰기, 음악 감상 등 즐거운 취미도 돈벌이가 되는 순간 노동이 되고 재미가 없어진다. 현장에 가는 것도 여행이라고 생각될 때는 재미있지만, 투자가 되면 재미없다. 재미없는 일이라도 돈을 버는 투자가 되면 재미있어진다. 모든 것은 마음먹기에 달렸다.

04 싼 게 좋다고? 10(5) + 5가 좋은 땅이다

10(5)+5, 이 규칙 하나를 기억하고 있으면 현장에서 투자 여부를 판단할 때 도움이 된다. 이게 무슨 말일까? 이 책을 처음부터 읽어왔다면 슬슬 감이 올 것이다. 이 조건을 만족하는 지역이라면 매수를 고려해야 한다고 권했었다. 경치 좋고 싼 곳이 아니라 이런 땅이 좋은 물건이다.

> **좋은 물건? 10(5) + 5 필요충분조건을 기억하자!**
>
> 10km(5km 이내면 더 좋다) 안에
> ① 고속도로IC 2개 이상
> ② 지하철(철도) 역사
> ③ 산업단지 2개 이상
> ④ 택지개발지구 1개 이상
> ⑤ 농지 평당 50만 원 이하, 관리 지역 100만 원 이하

옥석을 골라야 제대로 된 투자다

요즘 이슈가 있는 지역에 대규모 임야를 받아서 싸게 판매한다는 경매업체들이 제법 많다. 그 지역 근처인 건 맞지만 개발 가능성이 적은 임야를 싸게 경매나 공매로 받은 후 분할해서 땅을 팔기도 한다. 땅은 임자가 있고, 각각의 역할도 있다. 농사지을 땅은 그냥 농사지을 땅이다. 더 이상의 부가가치는 없다. 순수하게 농사만 짓는다면 큰 수익을 올리기 힘들다. 농사를 짓는 땅이 수익이 생기려면 건축이 가능하거나 향후 주변 개발로 인해 지가상승이 일어나야 한다. 쉬운 일이 아니다. 그러니 누군가 그런 정보를 준다면 일단 의심해야 한다. 누군가가 당신에게 팔기 위해 혈안이 되어 있는 땅일 수도 있다.

개발가치가 떨어지는, 배보다 배꼽이 더 큰 땅은 조심해야 한다. 완충녹지, 공원부지, 도로예정지, 그린벨트, 군사시설보호구역, 수산자원보호구역, 국립공원, 비오톱, 혐오시설 주변의 땅은 특히 조심해야 한다. 내가 해결할 수 없는 문제는 해결하기도 어렵고, 해결이 가능하다 해도 비용이 많이 든다.

평택의 현덕면 평택호 관광단지는 사업이 시행되고 있다. 사람들은 이런 플래카드가 붙으면 맹신하는데, 직접 현장을 확인해봐야 한다. 개발계획도 취소되거나 변경되거나 연기되거나 축소되기도 한다. 개발현장에 있다 보니 많은 일이 생긴다. 일이 발생하면 대응하는 것이 능력이다.

이제 많은 고객들이 똑똑해져서 사탕발림에 넘어가지 않는다. 요즘은 대부분 단독필지, 개발행위 허가 가능, 주변이 개발지역인 곳을 선호한다. 그래서 부동산법인들은 이런 요구에 맞춰 분양을 하고 있다. 이런 땅은 아파트의 분양권처럼 P(프리미엄)의 싸움이다. 고객들이 선호하는 곳은 그 가치가 상당히

평택호 관광단지 개발 플래카드, 평택시 현덕면 소재

올라갈 것이고, 아닌 지역은 본전도 못 받을 것이다.

즉, 옥석을 가려야 한다. 무조건 좋은 곳은 없다. '연예인이 샀다더라, 어느 대기업이 들어온다더라, 무슨 ○○랜드가 들어온다더라' 이런 소문에 흔들리면 안 된다. 그 이면을 보아야 한다. 실제 그런지를 확인해야 한다. 안 사면 마음고생을 하거나 손해볼 일도 없다. 괜히 사서 마음고생하는 것보다 구경하다가 배 아픈 게 낫다.

좋은 매물은 어떤 매물인가?

일단은 때가 덜 묻은 땅이 좋다. 40~50년 농사짓다 나온 땅, 개발지 근처의 땅은 대부분 그렇지 못하다. 보통은 여러 차례 손 바뀜이 일어난다. 농지나 관리지역에서 벗어날 땅이 좋다. 수용, 환지도 좋고 도시가 확장되어 그 수혜를 볼 수 있는 땅이 좋다.

처음부터 해결이 어려운 땅은 준비가 되었을 때 들어가야 한다. 얼마 전에 경매로 도로를 낙찰받은 사람이 자기 땅이라고 자동차로 도로를 막고 사용료를 청구한 적이 있다. 경찰서에서는 교통방해죄로 처벌하겠다고 한다. 필자가 판단할 문제는 아니라서 그 이후는 모르겠다. 그런 작업들은 일반인이 끼어들어 해결하기가 어렵다. 아마 그 낙찰자는 전문으로 그런 일을 하는 사람이 아닌가 싶다. 사유지라면 사용료를 내는 것이 마땅하지 않을까? 아니라면 경매에 나오지 말았어야 정상이다.

토지 작업을 계속하다 보면 여러 가지 경험이 쌓인다. 땅이 자기에게 잘 맞고 기다림에 익숙한 사람이라면 땅 투자가 제격이다. 기획이든 법인이든 현지든 토지 소유주든 모두들 자기 땅이 좋고 가격이 싸다고 말한다. 어떻게 다 알겠는가? 내가 아는 범위 내에서만 생각하자.

역세권이 좋다, 대규모 택지개발 지구가 좋다라고들 한다. 누구나 모든 책에서 그렇게 말하지만 실제 현장에서는 그런 좋은 땅은 보이지 않는다. 지리산이나 강원도 산골의 땅도 서울에서 사고파는 시대다. 정보는 어디에나 있다. 주소만 있으면 모든 것을 앉은자리에서 확인할 수 있다. 그런데도 여전히 그런 정보에 어두운 이들을 상대로 거짓말을 하는 사람들이 있다. 사람들의 심리를 역이용하면서 뜯어먹는 이들이다.

크게 소문나기 전에 가능성이 있는 지역을 조용히 찾아다녀야 한다. 투자자가 몰려오기 시작하면 늦다. 죽기 살기로 그런 지역을 찾아야 한다. 투자를 위해서라면 어디든 갈 준비가 되어 있어야 한다. 뭘 하든 결과를 내놓아야 한다. 어렵고 힘들다는 핑계에 익숙해지면 아무것도 할 수 없다.

장기 미집행 도시계획시설부지 해제에 대한 투자

도시계획시설은 공원, 도로, 공공청사 등 도시기능에 필요한 기반시설(52종)로서 지자체가 도시관리계획으로 결정한 시설을, 장기 미집행시설은 결정 후 10년이 지날 때까지 사업이 시행되지 않는 시설을 말한다.

일반인들이 부동산으로 돈을 벌 기회는 점점 줄어들고 있다. 정보의 독점현상이 깨지고 있기 때문이다. 정보로 돈을 벌기도 어렵고, 현장도 서로 끈끈한 관계가 있어야 좋은 정보를 준다. 뜨내기가 좋은 정보를 얻는다는 것은 어쩌면 사치다. 열심히 공부해 알고 하면 적어도 속지는 않는다.

국토법 제48조 2에 의하여 해제 입안 신청이나 해제 신청, 해제심사 신청을 하고 이에 대해 행정청이 거부했을 때 소유자가 거부취소 소송을 제기한다면 토지에 대한 도시계획시설 결정폐지(해제) 신청이 받아들여질 가능성이 매우 높아졌다. 이제는 법에 구체적인 해제 기준이 생겨서 행정청의 처분은 재량의 여지가 전혀 허용되지 않는 기속행위가 되었으므로 도시계획시설

부지에 대한 신기원이 열린 것이다.

과거에는 소유자로서는 폐지(해제)소송을 활용하였다. 그러나 현실적으로 폐지소송에서 승소하기가 매우 어려웠다. 그 이유는 법에 구체적으로 어떤 경우에 폐지(해제)할 것인지에 대한 기준이 없고 단지 법원이 이익형량으로 판단하였기 때문이다. 그러나 2017.1.1. 이후부터는 달라질 것으로 보인다.
- 《도로, 공원 경매 및 골목길, 진입도로 해결법》,
김은유, 윤덕수 공저, 법무법인 강산

2020년 7월 1일 이후 장기 미집행 도시계획시설 실효대상 중 공원은 396.7㎢(56.4%)이고 도로는 188.7㎢(26.8%)이다. 장기 미집행 도시계획시설은 주민들의 사유재산권 보호와 도시공원 일몰제 이행을 요구하지만, 지자체는 예산 문제와 주민과의 마찰로 해결하지 못하고 있다. 잘못하면 장기투자, 상속투자가 될 수도 있다. 어설프게 아는 것은 도움이 안 된다. 지금은 이런 게 있구나 하고, 주의 깊게 상황을 관찰하고 공부하자. 알고 있으면 써먹을 일도 생긴다.

196쪽에 있는 표는 장기 미집행 도시계획시설의 해제신청 절차에 대한 구조다. 이 그림을 말로 정리하면 197쪽의 표와 같다. 장기 미집행 도시계획시설의 해제신청에 대하여 어떤 절차를 거쳐서 해제되는지를 요약한 내용이다. 이 분야만 해도 책 한 권은 되는 분량이다. 물론 정확하게 전체적으로 알아야 한다. 여기서는 수박 겉핥기가 되더라도 관심을 유발하는 차원에서 이야기를 해보았다. 혹시 이런 분야에 관심을 가지고 있다면 이 내용을 토대로 깊게 공부해야 한다.

지구단위계획으로 결정할 수 있는 도시·군 계획시설	
교통시설	도로, 주차장, 자동차정류장, 자동차 및 건설기계검사시설, 자동차 및 건설기계 운전학원
공간시설	광장, 공원(도시공원 및 녹지 등에 관한 법률에 따른 묘지공원을 제외) 녹지, 공공용지
유통, 공급시설	유통업무시설, 수도공급설비, 전기공급설비, 가스공급설비, 열공급설비, 공동구시장, 학교(고등교육법 제2조에 다른 학교제외) 공공청사, 문화시설
공공, 문화체육시설	체육시설 도서관, 연구시설, 사회복지시설, 공공작업훈련시설, 청소년수련시설
방재시설	하천, 유수지, 방화설비, 방풍설비, 방수설비, 사방설비, 방조설비
보건위생설비	장례식장, 종합의료시설
환경기초설비	하수도, 폐기물처리시설, 수질오염방지시설, 폐차장
기타시설	산업 및 개발에 관한 법률에 따른 농공단지인 경우에는 당해법률에 의한 개발사업으로 설치하는 기반시설, 기반시설 부담 구역인 경우에는 기반시설 부담 계획에서 정하는 시설

장기 미집행 도시계획시설 시설별 미집행 현황(단위: km², %)

구분 (시설명)	결정면적	집행면적		미집행		
		집행비율	전체	10년이상 (장기미집행)	'20.7. 실효대상	
계	7,356.1	6,099.3		1,256.9	833.2	703.3
	100	82.9		100	100	100
도로	1,795.1	1,440.5		354.6	242.3	188.7
	24.4	80.2		28.2	29.1	26.8
공원	942.2	437.3		504.9	433.4	396.7
	12.8	46.4		40.2	52.0	56.4
녹지	244.1	137.1		87.0	43.5	34.3
	3.0	61.2		6.9	5.2	4.9
광장	146.9	124.0		22.9	11.6	7.2
	2.0	84.4		1.8	1.4	1.0
유원지	159.2	96.1		63.2	53.4	47.9
	2.2	60.3		5.0	6.4	6.8
학교	353.5	340.9		12.7	8.2	5.7
	4.8	96.4		1.0	1.0	0.8
기타	3,735.1	3,523.5		211.6	40.8	22.8
	50.8	94.3		16.8	4.9	3.2

(출처: 국토교통부)

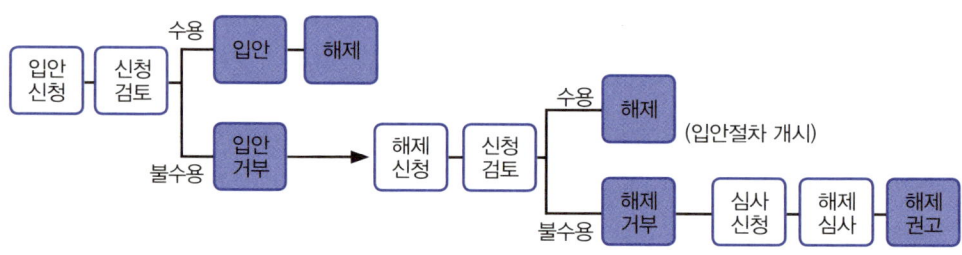

(출처: 국토교통부)

장기 미집행 도시계획시설 해제 물건 중 주변에 개발압력이 높은 지역의 물건이라면 주변여건에 따라 주택, 공장, 창고 등으로 개발하여 직접 이용하거나 토지가치가 상승하면 매도하면 된다. 모 변호사 부인이 운영하는 법인이 용산구 이촌파출소 토지를 매입해 6배 이상으로 보상을 받는다고 한다. 다른 쪽에서는 자연녹지가 보전녹지로, 용도지역이 강화되어 손실이 생겼다고 한다. 아직은 어떤 것도 정답이 없는 상황이다.

장기 미집행 도시계획시설 해제신청제 절차도			
	해제입안 신청	해제 신청	해제심사 신청
1. 의의 및 요건	· 입안권자에게 · 해제입안 신청 10년 미집행 + 실효 시까지 집행 계획 ×	· 해제입안 ×: 결정권자에게 해제 직접신청 ① 반려사유 없이 입안 안 하는 경우 ② 해제 입안 후 결정권자가 해제 안 하는 경우	· 국토부장관에게 해제심사 신청 ① 결정권자가 해제 안 하기로 한 경우 ② 해제 통지하였으나 도시계획으로 미해제하는 경우
2. 신청 방법	· 규칙 서신으로 신청 · 입안권자는 결정권자에게 통지	· 규칙 서신으로 신청 · 결정권자는 즉시 입안권자에게 통지	시행규칙 제8조의 제2항에 따른 해제심사 신청서
3. 결과 통지	· 3개월 이내에 결정 신청인 및 결정권자에게 통지요건미비 시 14일 내 통지	· 2개월 이내에 결정통지 · 수용 시에는 해제기한 제시, 반려 시에는 반려이유 제시	· 3개월 이내에 통지 (2개월 연장 가능) · 사유와 해제 결정기한 제시

《도로 · 공원 경매 및 골목길 · 진입도로 해결법》(법무법인 강산, 김은유 · 윤덕수 공저, 파워에셋, 76~77p)

05 기획부동산이 몰리는 곳이 좋은 땅이다

　기획부동산이 땅을 매매하는 곳은 그만큼 이슈가 풍부한 곳이고, 투자자들의 관심을 끌어들이는 곳이다. 부동산은 관심 즉 수요가 따라야 한다. 땅 가격을 올리려면 투자자의 심리에 불을 당겨야 한다. 기획부동산이 그런 역할을 한다.

부동산의 증가 개수로 본 투자의 가능성 평가

　2017년 6월 평택의 현덕면에 있는 현덕지구에 토지보상이 나간다는 소문이 무성했다. 지금은 토지조서 및 물건조서 내용에 대한 주민 이의신청이 진행 중이다. 또 사업자 시행자 지정이 취소되었다. 주변에 하나둘 부동산이 들어오기 시작해서 8개에서 84개의 부동산 중개사무소가 생겼다. 이 정도로 부동산이 증가하자 땅 가격은 계속해서 올라갔다.

시장에 나올 땅은 한정되어 있는데 팔아줄 곳은 많다. 84개의 부동산 사무실에 평균 2~3명이 근무한다. 자동차 판매왕 조지 라드가 말한 법칙에 따르면 1명은 250명과 관계를 맺고 지낸다고 한다. 이 말대로라면 4만여 명에게 직간접적으로 정보가 흘러들게 된다. 이 정보는 SNS를 타고 거의 전 국민에게 직간접적으로 노출된다고 봐야 한다.

요즘은 정보의 파급력이 대단히 빠르다. 소문이 나는 지역이라면 전국에서 어떻게든 알고 찾아온다. 땅 투자는 이런 지역을 찾아다니며 매물을 확인하고 매수를 고려하는 일이다. 그런 이유로 평택시의 신영리, 방축리, 방림리, 희곡리, 내기리, 도대리, 장수리, 권관리, 기산리의 땅들은 시장에 나오기가 무섭게 팔려 나간다.

필자가 컨설팅하고 있는 현재까지도 늘 매도자 우위 시장이다. 이것이 의미하는 바는 크다. 토지를 매수하는 순간부터 소유자의 고민은 늘 매도에 대한 것이다. 매도는 상대가 있어야 가능하다. 위에서 늘어난 84개의 부동산은 매수를 성사시켜야 수수료를 받는다. 매도가 아무리 많아도 돈이 되지는 않는다. 그들은 오늘도 내일도 땅을 매수해줄 고객을 찾아 발에 땀이 나도록 뛰고 있다. 나는 일을 하지 않는데 일을 해줄 상대가 많다는 사실은 땅 투자에 있어서 최대의 장점이다.

지나가다가 논과 밭으로 구성된 시골 마을에 부동산이 한 집 건너 하나씩 있다면 일단 관심을 가져야 한다. 그런 지역은 반드시 확인해보자. 그 지역에 어떤 이유로 그렇게나 많은 부동산이 있는지 알아야 한다. 현장에서 알기 어렵더라도 인터넷 검색을 통해 확인할 수 있는 경우도 있다. 지역명만 조회해도 나온다. 그다음에 할 일은 그 이슈의 실체를 파고드는 것이다. 네이버의 뉴스, 블로그, 지식검색, 카페를 통해서 해당 자료를 출력하고 스크랩하다 보면 그 이슈의 가능성을 검증할 수 있다. 그냥 소문만 무성한 경우도 있고 시간만 끌고 있는 경우도 있다. 실제 보상을 진행하는 단계도 있다. 단계별 진행계획에 따라서 투자여부를 결정하면 된다.

이와 비교되는 예로서 용인의 양지, 백암, 원삼이라는 지역이 있다.

영동고속도로 양지 IC에서 나오면 부동산들이 제법 많다. 양지면은 소규모 공장이나 물류창고들이 꾸준히 들어오고 있는 지역이다. 이 지역은 수도권정비계획법에 따라 용인시의 자연보전권역이다. 정확히는 김량장동, 남동·역북동·삼가동·유방동·고림동·마평동·운학동·호동·해곡동, 포곡읍, 모현면, 백암면, 양지면과 원삼면 가재월리·사암리·미평리·좌항리·맹리·두창리에 한한다. 팔당으로 물이 흘러 들어가서 서울과 수도권의 상수원이 되는 곳에 위치한 지역으로서 땅 투자에 있어서는 늘 소외된 곳이다.

백암과 원삼에는 부동산 사무실이 몇 개 없다. 그곳은 특별한 이슈가 없다. 2025년 완공될 구리~세종 간 고속도로IC가 확정된 지역의 땅들은 조금씩 움직이고 있다. 이 지역은 철저히 실수요자 중심의 시장이다. 전원주택을 지을 수 있는 땅은 50~70만 원, 창고나 공장을 지을 수 있는 땅은 100만 원 정도다. 용인에서도 땅값이 가장 저렴한 지역이라고 할 수 있다. 2021년 현재 원삼면에는 SK하이닉스 공장이 들어온다. 상황이 많이 달라졌다.

수도권정비계획법에 변경이 없는 이상 향후에도 급격한 이슈나 개발의 가능성은 떨어지는 지역이라 할 수 있다. 단 공기 좋고 물 좋고 살기 좋은 곳을 찾는 사람이라면 그 목적에 맞게 땅을 사는 것은 좋다. 장기투자를 원하고 상대적으로 저렴한 가격으로 땅에 투자하고 싶은 이들은 이런 곳이 제격이다. 투자는 목적에 맞아야 한다. 제아무리 개별건축이 어렵다 하더라도 건축에 관심을 가진 이들은 그 방향으로 진행하면 된다. 그러나 회사를 다니면서 건축을 해보려고 땅을 구입하는 것은 두 마리 토끼를 한꺼번에 잃는 행위다.

현장에서 만나는 많은 투자자들은 개별건축을 위한 토지와 지가상승을 노린 토지를 구분하지 못한다. 결국은 그런 땅을 찾기 위해 유람하듯 다니다가 하이에나들의 먹잇감이 된다. 세상에서 제일 좋은 투자는 현금을 가지고 기다리는 투자다. 조급함을 버릴 수만 있다면 언제든 좋은 먹잇감이 나타날 때 가로채면 된다. 현장에는 좋은 먹잇감, 즉 매물이 많다. 현금을 들고 기다리면 분명히 기회가 오는데 대부분의 투자자들은 기다리지 못하고 성급하다. 성급함 때문에 판단이 흐려진다.

현장에서 발로 뛰고 있는 전업투자자조차도 전문가에게 수시로 땅 매매 상담을 받는다. 그들은 경험이 많지만 이론적인 부분이나 정책, 계획에 있어서는 부족한 부분이 있기 때문이다. 사람은 혼자서 살 수 없다. 여럿이 뭉치고 힘을 합쳐야 잘살 수 있다.

현장을 다녀보면 나보다 훨씬 유식하고 전문지식이 많은 고수들을 만난다. 그들의 이야기를 무시하면 안 된다. 현장과 이론을 겸비한 진짜 고수는 일반인의 눈에는 보이지 않는다. 그들을 고수라고 판단할 근거도 없다. 그래서 고수의 눈에만 고수가 보인다. 돈을 주고 배우든 구워삶든 고수의 비법을 알아내면서 꾸준히 실력을 키우다 보면 땅도 보이고 사람도 보인다.

기획부동산이 가는 곳이 돈이 되는 땅이다

필자는 기획부동산 사무실에서 일을 했었다. 자랑스러워서가 아니라 그 경험을 통해 해줄 수 있는 말들이 있어서 말할 뿐이다. 사실 처음에도 기획부동산이 나쁘다는 것은 알았지만 필자의 지인이 있어서 대놓고 비판만 할 수도 없었다. 미묘한 동정심이 생기기도 했다. 필자의 전작 《땅을 사기 전에 알았더라면 좋았을 것들》이라는 책에서 부정적인 이야기를 많이 했고 실제로도 그렇다.

그들은 사람들의 심리를 교묘하게 악용한다. 투자자금이 부족하고 현지 땅 사정을 잘 모르는 투자자들이 대상이다. 결코 처음부터 큰돈을 넣게 하지 않는다. 처음에는 2~3천 정도 10~20평 정도만 투자하게 만든다. 속된 말로 '발을 담그게' 만든다. 한번 발을 담그면 조종하기는 쉽다. 이후에 기획부동산에서 잘못 산 것을 알게 되더라도 빠져나오기 어려운 구조다. 투자한 원금을 건지려면 결국은 동조자가 되어야 한다. 그러나 액수가 커지면 커질수록 기획부동산의 감옥에 갇히게 된다. 대부분은 친한 사람을 이용한다. 그래야 땅을 산다. 전혀 모르는 사람이 땅을 사줄 리 없다. 현지 부동산과 짜고 각본에 따라 역할을 분담하면서 움직이기 때문에 알아채기 어렵다.

기획부동산은 늘 이슈를 따라 다닌다. 춘천의 레고랜드, 원주의 혁신도시/의료·첨단 산업단지, 이천의 부발역 일대, 판교·과천의 그린벨트 해제, 평택의 신영리/브레인시티/삼성전자/미군부대, 충남 홍성의 충남도청~공주 KTX역세권, 화성 향남 신도시, 향남 역세권, 화성 송산그린시티, 송산역, 시흥의 시흥시청 역세권 등 그들이 움직이는 지역에 이슈가 없는 지역은 없다.

고객을 움직이기 위해 직원들을 철저하게 교육시킨다. 사실 지인이 있어서 손쉽게 많은 정보를 알아낼 수 있었다. 그들 중 가장 악성인 곳들은 자기 땅도 아니면서 마치 바로 등기를 해줄 것처럼 팔아먹고 등기를 차일피일 미루며 피해 다니다가 어느 날 잠수를 탄다. 그런 일들을 벌이고 있기 때문에 상상을 초월하는 일들이 발생한다. 기획부동산을 오래 한 회장들은 감옥을 갔다오지 않는 사람이 드물다. 더 디테일한 내용은 필자의 전작을 참고해보면 도움이 될 것이다.

필자에게 상담해오는 대부분의 사례들을 보면 이슈를 가지고 있는 지역이 많다. 위치와 입지가 좋은 땅들이 더러 보이긴 하는데 그런 땅은 대개 더 비싸게 산 경우들이 많았다. 이런 땅들은 시간이 지나면 가격이 올라서 기획부동산에 속아서 샀다 하더라도 수익이 생기는 경우도 있다. 그런 이야기를 침 튀기며 하는 투자자를 볼 때면 현지에서 정상적인 가격으로 샀더라면 어땠을까 하는 안타까운 마음이 들기도 한다.

이슈의 소용돌이 속에서 인정받을 수 있는 그런 땅들도 많다. 대박을 노리고 투자하는 습성은 결국 쪽박을 차는 지름길이다. 대박과 쪽박은 한 끝 차이라 알기 어렵다. 살아오며 직간접적으로 부동산 투자를 경험하며 돈을 많이 번 사람들이 있다. 대부분 자신의 일을 따로 가지고, 여윳돈으로 땅을 매입한 사람들이 훨씬 많았다. 개발계획이란 말도 모르고, 거래하던 부동산에서 좋으니 투자하라는 말을 믿고 사둔 땅이 주변의 개발로 인해 팔라는 전화를 수시로 받는 그런 운이 따른다. 투기를 하고 단타를 하고 돈을 따라다니는 일을 하지 않는 이들이다. 오히려 순박하게 자신의 일만 하는 이들이다.

어린 시절부터 지금까지 50년이 넘는 세월 동안 땅을 사서 농사를 짓는 부모님의 모습을 보고 있다. 투자나 투기를 단 한 번도 생각해본 적이 없는 순박한 이들이 오히려 땅 가진 부자다. 머리 굴린다고 젊은 시절 땅을 팔아 도회지로 간 이들은 늙어서 빈털터리가 되었지만, 시골에 자리 잡은 농부들은 땅 가진 부자가 되었다. 이런 일들을 어떻게 설명해야 할까?

고향의 시골집 주변에 다섯 갈래의 길이 생겼다. 어린 시절에는 겨우 지게 지고 지나는 그런 오솔길 하나가 전부라서 '꼬랑(도랑의 사투리) 옆 누구누구 집'이라고 불렀다. 그 오지가 지금은 변화가 근처 교통 요지에 자리 잡고 있다. 시간을 타고 그 누구도 예상하지 못하는 일이 일어나는 것이 땅이라는 놈이다. 그때 머리를 쳤다. 나무를 심는 마음으로 땅을 사고 투자하자.

분명 차트를 분석하고 인구 이동과 산업단지, 도로를 분석하는 것은 중요하다. 그러나 더 중요한 것은 투자에 있어서의 마음자세, 즉 심리임을 잊어서는 안 된다. 사람의 심리가 가는 곳, 이슈가 생기는 곳, 기획부동산이 가는 곳, 현장에 부동산이 늘어나는 곳에 길이 있다. 땅 투자는 심리가 큰 작용을 한다.

파주 접경벨트가 뜨고 있는 것은 사람들의 기대심리가 커졌기 때문이다. 이슈가 생기는 곳은 기획부동산들이 설칠 것이다. 파주, 연천, 철원, 양구, 인제, 고성 등 접경벨트의 광풍이 불어올 것이다. 일시적 요인인지 지속적 요인인지 트럼프의 말을 빌려 지켜보자. 총알(투자금)을 준비하고 지켜보자. 그곳이 아니라도 투자할 곳은 널려 있다. 진짜와 가짜를 구별하는 능력이 요구된다.

오른쪽의 표는 기획부동산들이 매매하는 토지의 거래현황이다. 자세히 보면 평택시 포승읍에서 33㎡의 임야가 계속해서 거래되고 있다. 33㎡라면 딱 10평이다. 10평의 지분투자가 많다? 거기다 지목이 임야? 숲이나 들판, 황무

평택시 포승읍 지분투자현황

경기도 부동산포털

부동산가격 | 원스톱서비스 | 지도서비스 | 포털맵비교 | 중개업/측량업 | 개발정보 | 생활정보 | 민원안내

실거래 통합 조회

Home > 실거래 통합 조회

알림 |
- 매 매 : 신고된 실거래가에서 승인 및 적정판정된 자료입니다.
- 전월세 : 임차인이 전월세 거래 후 주민센터 등을 통해 확정일자를 신고한 자료입니다.
- 일부 자료는 신고과정에서 오기입력이나 누락등의 이유로 오차가 생길 수 있습니다.

[아파트] [분양권/입주권] [다세대/연립] [단독/다가구] [오피스텔] [토지/임야] [상업/업무용]

계약일 ▼ 기간 ▼ 2018-08-0 ~ 2018-09-0 평택시 ▼ 포승읍 ▼ 검색

분양진행 누락단지신고 중개보수계산 주변중개사무소   단위(만원)

지목(112건)	계약일	면적(㎡)	거래가격	도로조건(접면)	도로조건(거리)	지형지세(고저)	지형지세(방위)	토지이용계획
임야	09.04	33	2,300 (지분)					계획관리지역
임야	09.03	33	1,800 (지분)					계획관리지역
임야	09.03	116	8,000 (지분)					계획관리지역
전	08.31	68	4,850 (지분)					계획관리지역
전	08.30	33	3,100 (지분)					계획관리지역
임야	08.30	33	2,300 (지분)					계획관리지역
임야	08.30	17	1,100 (지분)					계획관리지역
임야	08.29	33	3,900 (지분)					계획관리지역
답	08.29	1,570	90,000					농림지역
임야	08.29	33	1,800 (지분)					계획관리지역
임야	08.28	17	1,350 (지분)					계획관리지역
전	08.28	36	3,190 (지분)					생산관리지역
답	08.28	552	43,400					농림지역
제방	08.27	288	3,900					계획관리지역
제방	08.27	168	1,750 (지분)					계획관리지역

(출처: 경기도 부동산포털)

지를 10평씩 꾸준히 거래한다는 말은 기획부동산이 지분을 가지고 팔고 있다는 신호다. 이런 거래로 인해 2020년 평택의 토지 거래량은 13,192건이었는데, 이는 경기도에서 화성, 용인 다음으로 많은 건수였다. 이런 지분매매가 많다는 것은 거래량을 왜곡시킨다. 투자판단에 참고하자.

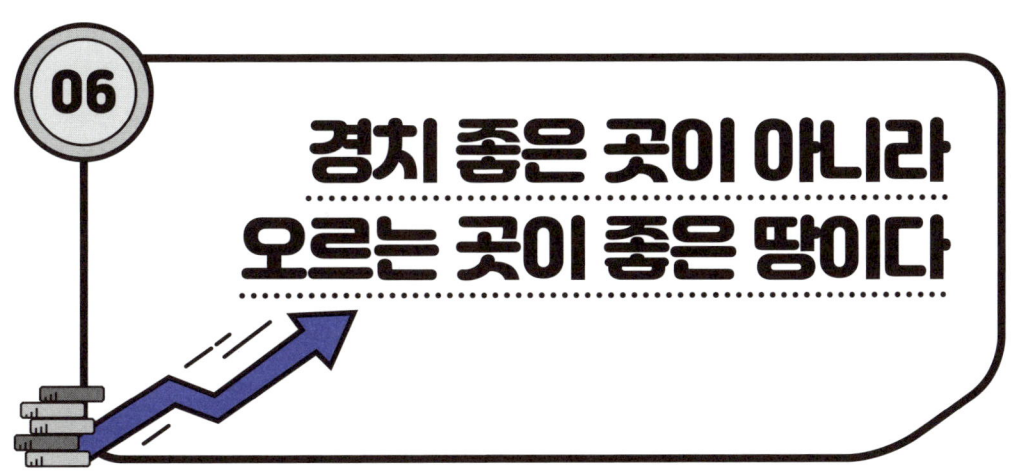

06 경치 좋은 곳이 아니라 오르는 곳이 좋은 땅이다

우리가 어딘가로 여행을 가면 여행자의 시선으로 그곳을 본다. '놀기 좋고, 물 좋고, 공기 좋은 곳'이라는 표현은 여행자의 관점이다. 땅은 투자자의 관점에서 봐야 한다. 대부분의 땅은 경치도 별로고 공기도 안 좋다. 시커먼 굴뚝에서 연기가 솟는 곳은 아니더라도 그와 비슷하다. 이미 모든 것이 형성된 도시는 이미 모든 것이 가능한 곳이고, 더불어 땅 가격도 많이 상승한 곳이다. 그 이야기는 크게 먹을 것이 없는 땅이라는 뜻이라고 보면 된다.

 밭이나 논의 미래를 보지 못하면 땅 투자는 실패한다

서울을 기준으로 한강의 동쪽인 청평, 가평, 양평, 이천, 여주 등은 자연환경이 우수하고 공기도 깨끗하다. 그러나 땅 투자에 좋은 곳은 아니다. 개별토지의 가능성에 따라서 다르겠지만 전반적으로 그렇다는 뜻이니 오해하진 말자. 누군가는 그런 얘기 말고 어디가 오를 건지 콕 집어서 말해달라고 할 수도 있다. 그런 곳이 있기는 한 거냐고 따지기도 한다. 물론 지역에 따라 아직 저평가된 땅은 많이 있다. 그러나 그걸 책으로만 배우려고 하면 안 된다. 귀찮아서 현장에 다니는 걸 싫어하는 사람은 결코 알 수 없는 것이 있다. 지난 15년 동안 필자는 투자자와 컨설팅을 하면서 참으로 많은 지역을 다녔고 그만큼 많은 실패를 경험했다. 그래서 이런 책을 쓰고 있는 것이기도 하다. 현장에 가도 아무 지식이 없으면 기회를 기회로 보지 못한다는 것을 알기에 알려주고 싶었다. 속은 쓰리지만 어떤 일들이 있었는지 풀어보겠다.

17년 전에 공주시, 조치원시에 땅을 보러 갔었다. 세종시가 된다는 말이 나올 즈음이었다. 현장에 가니 농지에 드문드문 컨테이너 박스를 갖다 놓고 부동산 영업을 하고 있었다. 이 지역이 앞으로 많이 오를 거라며 미리 땅을 사두라고 입에 침이 마르도록 브리핑을 했다. 삼십 대 후반으로 한참 젊었고 먹고살기 힘들지도 않았던 때라 그 기회를 제대로 살리지 못했다. 지금쯤 조용히 은퇴해서 경제적인 자유를 만끽할 수 있는 기회를 놓친 셈이다.

시간이 지나고 5~10만 원 했던 농지들이 30배 넘게 올랐다. 1억만 묻어두었어도 30억이 되었을 것이다. 서울의 아파트는 3배도 오르지 않았는데 말이다. 안타깝지만 현실이다.

이후 2006~2008년에는 지금의 천안아산역 일대로 답사를 다녔다. 앞으로 그쪽으로 삼성전자 탕정지구가 들어오고 KTX 역사도 들어온다는 소문을 듣고 발 빠르게 움직였고 방향도 제대로 맞았다. 그런데 막상 현지에 가보니 네

모반듯한 절대농지들만 끝없이 펼쳐져 있었고, 가끔 아파트 모델하우스가 보이기도 했지만 정말 이곳이 개발될 것인지 감이 오지 않았다. 다른 누군가의 코치도 받지 못했고 세상 경험도 충분치 못한 탓에 또 기회를 놓쳤다. 그렇게 늘 투자 순위가 밀렸다. 사실 좋다는 지역은 웬만큼 다 다녀보았다.

돌아보니 한 번의 성공이 아쉽다. 투자금은 공동투자 재건축에 묶여서 마음은 굴뚝같지만 선택의 여지도 없었다. 그 뒤로는 중고차 딜러 일을 하고 있어서 하루하루 돈을 벌어야 살아가는 그런 입장이라 투자 여력이 없었다. 누군가가 투자를 잘해서 큰돈을 벌었다는 소식이 들리면 무척 부러워했다. 어떤 이는 경매로 산 물건들이 몇 배씩 오르는 일들도 비일비재했다.

아직 주목받지 못하는 그런 땅을 주목하라

다음 페이지 그림에서 보이는 땅도 아직은 관심을 받지 못하는 농업보호구역의 농지다. 즉 현지 농업인의 농가주택 정도를 지을 수 있는 땅이다. 이 마을에도 변화의 바람은 불고 있다. 노곡일반산업단지가 들어왔다. 이런 변화를 눈치채야 한다. 안성은 향후 제2경부고속도로가 지나간다. 교통이 좋아지면 택지개발지구와 산업단지가 들어온다. 점점 개발의 바람이 불어온다.

내 일터는 강남에서 낙후된 율현동 세곡동 지역에 있었다. 그린벨트도 많고 개발 가능성도 없어 보였다. 비닐하우스에서 농부들이 연신 땀을 흘리며 상추 농사, 부추 농사 등을 짓고 있었다. 매일 출퇴근했지만 변화는 피부에 와닿지 않았다. 쓸모없는 임야와 밭과 야산이 신도시가 되어가는 동안에도 알지 못

경기도 안성시 양성면 농업보호구역의 농지

했다. 그때 뭐라도 했어야 하는데 또 기회를 놓친 셈이다. 대한민국 요지 중의 요지에 살고 있으면서 지방의 돈도 안 되는 건물에 투자했던 내 어리석음을 탓할 수밖에 없다.

이 책은 이런 자책의 결과다. 내가 중고차 딜러를 하고 있는 동안에 그 지역은 엄청나게 달라지고 있었다. 내 옆에서 일어나던 일인데 왜 나만 몰랐을까? 그때 평당 150만 원 하던 비닐하우스 농지를 샀어야 했다. 그런 거 왜 사느냐며 비웃을 게 아니라 투자해볼 생각을 했어야 했다. 당시 강남의 중고차매장 사무실 면적이 15평이었는데, 주차대수 20~30대 정도의 상가가 대략 12~15

억 정도였다. 그때 주변 땅에 1억만 묻어두었어도 지금 10억이 넘었을 것이다. 그쪽은 경치와는 거리가 먼 지역이다. 돌아보니 기회는 수없이 많았지만 그것이 기회인 줄 몰랐고 행동으로 옮기지도 못했다.

때늦은 후회만 남았지만 수업료는 낼 만큼 냈고, 이제 다시 놓치지 않겠다는 각오를 다져본다. 멀리 다니기보다 주변을 잘 보아야 하겠다. 사실 서울이 가장 투자수익이 높다. 먹을 게 많다. 꼭 멀리에서 찾을 일이 아니다.

수요가 100인 곳과 수요가 3인 곳의 땅의 가치가 같을까? 수요가 많은 곳은 끊임없이 찾는 사람이 있는 게 토지다. 찾는 사람이 꾸준히 있는 토지가 진짜 토지다. 아무도 찾지 않는 땅은 무슨 가치가 있을까? 너무 분위기나 경치에 취할 일이 아니다. 귀농 귀촌을 원한다면 당연히 그런 땅이 좋다. 환경이 훼손되길 원하지 않는 사람들은 결코 개발되기를 원하지 않는다. 그런 지역의 땅은 시간이 흘러도 땅 가격에 변동이 없다. 앞으로도 경치가 훼손되는 위험이 없을 테니 그대로 좋은 경치를 누리고 살 수 있다. 자기 목적이 확실해야 원하는 것을 얻을 수 있을 것이다.

 ### 여행을 다녀도 경치보다는 부동산에 빠져라

자동차를 가지고 여행을 가더라도 뭐라도 건지고 오자. 경치에 빠져서 경치만 보고 오지는 말자. 특정한 곳을 지나간다면 그곳에 어떤 부동산이 있는지를 눈여겨봐야 한다. 주변에 산업단지나 택지개발 지구가 있는 곳은 주거용 임대 부동산의 인기가 높고 공실 없이 꾸준히 임대료가 나온다. 필자는 수익형 부동산에 관심이 없었다. 그러다가 오피스텔 상가 분양 일을 하게 되면서 이런 물건들의 수익성이 높다는 것을 알았다. 고생은 고생대로 하고 큰돈 들여가며 직접 건축해도 20% 수익을 올리는 것이 힘든데, 2천~4천만 원만 투자하면 1채를 분양받아 8~10% 대의 수익을 얻을 수 있다. 황금부엉이 출판사의 《노후를 위해 오피스텔에 투자하라》를 읽어보고 소액투자로 접근한다면 도박 같은 투기가 아닌 안정된 투자로 수익을 올릴 수 있을 것이다.

부동산의 전반적인 상황을 모르는 채 처음부터 큰돈으로 인생을 건 도박을 한다면 회복불능이 되기 쉽다. 소액 수익형 오피스텔로 시동을 걸고 감을 익히면서 부동산에 관심을 가지면 꾸준히 투자할 수 있다. 뭔가 좀 될 것 같지 않은가? 오피스텔에 투자하다 보면 오피스텔의 평당가격과 아파트의 평당가격을 비교해보고 비싼지 싼지를 판단할 수 있다. 더 깊이 들어가면 오피스텔의 대지 면적과 땅 가격을 유추해볼 수도 있게 된다. 더 나아가 이곳에 다른 오피스텔을 건축할 수 있을지까지 분석이 가능해진다.

다른 부동산과 달리 땅은 대체가 불가능하다. 경치 좋은 땅도 같은 그림이 나오는 땅을 찾기가 어렵다. 그래서 땅이 좋다. 오피스텔이나 상가처럼 계속해서 경쟁 물건이 생기지도 않는다. 우리가 찾으려고 하는 것도 이렇게 대체가 불가능한 물건이다. 전국에 있는 혹은 투자자 여러분의 주변에 있는, 돈을 벌어주는 땅을 찾아야 한다. 시기에 따라 부동산 환경은 변한다. 수익형 부동산이 좋은 시절도 있지만, SOC개발이 줄어들고 부동산에 관심이 줄어들고 사람들 입에서 부동산이 이슈가 되지 않을 때도 있다. 그럴 때가 매수 적기다. 제발 사달라고 애원하는 시기라 좋은 매물을 골라서 살 수 있기 때문이다.

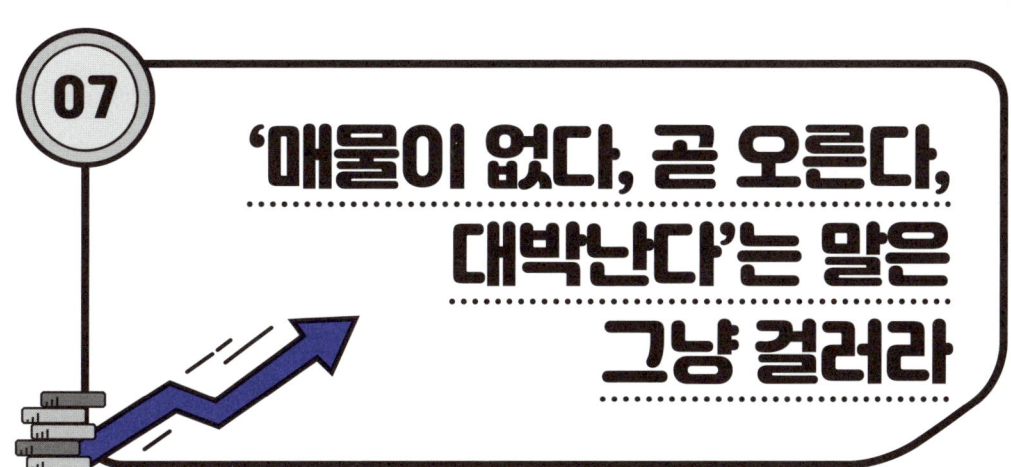

07 '매물이 없다, 곧 오른다, 대박난다'는 말은 그냥 걸러라

 모든 부동산은 기획이다

현장부동산은 마케팅이다. 그 사실만 잊지 않으면 쉽게 실패하지는 않는다. 모든 매물 즉 부동산은 기획자의 기획 의도가 있다. 그 기획 의도를 알면 사야 할지 말아야 할지를 판단할 수 있고, 적절한 가격에 적절한 매물을 살 수 있다. 어느 지역에서든 물건이 없어 매물 부족에 시달린다는 말은 거짓이다. 구하려면 뭘 구할 수 없겠는가, 조바심내면서 못 사서 안달부리는 그런 부동산은 없다. 그렇게 마케팅하는 이들이 있을 뿐이다.

현장에는 의외로 기획부동산과 법인부동산이 많다. 물론 그들이 다 위험한 것은 아니다. 신뢰 있고 괜찮은 업체들도 많다. 그러니 구별할 수 있는 능력이 필요하다. 대부분은 개발이 가능한 정상적인 토지를 분양하지만 개중에는 개발이 불가능한 땅을 다루기도 한다. 도시자연공원구역, 비오톱, 비행금지구역, 그린벨트, 완충녹지, 군사시설보호구역, 국립공원, 수산자원보호구역, 농업진흥구역 이외에도 있지만 이들의 개발여부는 일반인이 알기 어렵기 때문에 싸다는 점을 미끼로, 또는 관심 있는 투자자의 다급한 심정을 역이용하기도 한다.

생각보다 많은 투자자들이 이런 토지를 구입해 마음고생을 한다. 이런 땅을 끌어안고 20~30년이 지나면 개발제한이 해제되고 개발이 시작되기도 하기 때문에 업자들은 그렇게 될 것이라 일반화시키기도 한다. 이런 게 위험한 투자다.

어찌 보면 일반 투자자들이 공부하고 확인해야 할 내용이 너무 많다. 토지는 전문가라 할지라도 안심하고 투자할 수 없다. 용어나 글자 하나에 울고 웃는 경우가 많기 때문이다. 매물 부족에 시달리는 개발지 근처라 하더라도 늘 좋은 물건이 없는 게 아니다. 땅은 공동중개를 많이 하는 것이 아니기 때문에 여러 곳의 부동산 사무실을 돌아다니다 보면 좋은 매물이 나타나기도 한다.

 누구나 매수자이며 곧 매도자가 되기도 한다

개발지 근처의 땅은 부동산중개사, 컨설팅, 법인부동산, 기획부동산 등 많은 주체들이 부동산을 매매하려고 혈안이 되어 있다. 뭔가 행위가 일어나야 컨설팅수수료든 인정수수료든 중개수수료를 받을 수 있기 때문이다. 부동산이 오르는 이유는 한두 가지가 아니다. 과거에 나도 그랬다. 집권 여당에

핫 이슈인 평택항과 서해대교

서 나온 신빙성 있는 정보라고 해서 지인의 말을 믿고 투자를 감행했다. 하지만 결과 발표는 미뤄졌다. 집권당 말기라서 그랬을 것이다. 시간이 지나고 정권이 바뀌었고 여당이 야당이 되었다. 결과는 뻔하지 않는가? 정부 정책이란 게 변수가 너무 많다.

우리는 수많은 광고와 홍보 마케팅에 노출되어 있고, 정보의 진위여부를 가리지 않은 채 불나방처럼 달려든다. 스스로 깨어있지 않으면 결국은 다른 이의 총알받이가 될 뿐이다. 재테크, 부동산 투자, 토지 투자에 있어서 조급함은 일을 망친다. 천천히 차분하게 한 걸음씩 등산을 하듯 주변을 살피면서 가야 한다. '곧 오른다, 수익률이 좋다'는 멘트에 속아서 사고 나면 반드시 후회가 따라온다.

끊임없이 판촉과 마케팅으로 이어지는 그런 곳은 늘 거품이 존재한다. 거품을 쥐면 손에 남는 것이 없다. 그래서 어떤 투자든 옥석을 가리는 게 중요하다. 스스로 길을 찾아야 한다. '곧 오른다는 이야기는 언제 오를지 모른다'는 뜻이다. 남들이 보지 못하는 광고의 이면을 들여다볼 수 있어야 타이밍을 잡게 된다.

 대박이냐 쪽박이냐?

땅을 사면 대박이 날까? 그런 일은 거의 없다. 투자는 시간 싸움이라고 누누이 말했지만 대박은 쫓지 않는 것이 좋다. 대박이 아니라 가능성이 있는 지역들을 발굴하고 꾸준히 투자하는 게 목표가 되어야 한다. '집값이 크게 뛰면서 거래량이 갑자기 줄어들 때 주의해야 한다'라는 말이 무슨 뜻이냐면 거래량이 없는 가운데 호가를 높여 놓은 매물이 거래될 때 1건이 거래 금액이 된다. 이렇게 되면 이후에 부동산을 사려는 사람은 이전 가격을 시장가격으로 착각해서 올라간 가격을 인정해버리는 상태가 된다. 이때 구입하면 꼭지에서 사게 돼 큰 손실을 보거나 장기간 자금이 묶일 수 있다.

집을 사거나 부동산을 살 시기는 '부동산 불황기에 정부의 대출혜택이 늘어날 때'라고 알려져 있다. 필자도 이런 경험이 있다. 개발호재로 매물이 귀해지고 호가가 가파르게 상승할 때 지인이 사두기만 하면 대박이 난다는 이야기에 매수했건만 2008년 말 ~ 2009년 초 그때가 꼭지였다. 이후로 몇 년간은 오르지도 않았고 결국은 손절을 하고 말았다. 10년이 지난 지금에야 겨우 원금 회복 정도였다. 그때 손절하지 않고 가지고 있었더라면 더 큰 손실과 마음고생을 했을 것이다.

'대박이 난다' 그런 말을 믿을 필요가 없다. 30년 전 성수동은 소규모 공장이 있었을 뿐 환경이 좋지 않았다. 우연히 그곳을 가게 되었는데, 과거의 땅값 싸던 서민 동네는 주상복합 오피스텔이 뒤덮고 있었다. 30년을 돌아보니 긴 시간도 아닌 것 같다. 그때 대박을 노리지 않고 싼 지역의 매물들을 샀더라면 지금쯤 인생이 달라졌을 것이다. 현재만 생각하지 말고 입지가 가진 장점을 생각하면서 저평가된 땅에 꾸준히 투자를 하다 보면 기회가 온다.

대박은 없다. 대박이 필요한 것도 아니다. 천천히 주위를 살피면서 미래를 위한 씨앗을 뿌리자. 부동산(아파트, 토지, 상가, 오피스텔) 등에 대한 안목을 기르면서 미래가 어떻게 바뀌는지 주시하면서 대응하면 된다. 실력을 키우고 관심을 가지고 꾸준히 시도하다 보면 결국은 보인다. 다른 사람보다 한 발 앞을 내다보면 결국 원하는 대로 살게 되어 있다. 과감한 행동은 그동안의 실패와 경험, 정보, 지식에서 온다. 자제하고 확실한 근거를 가지고 투자하는 게 답이다.

땅을 파는 입장에서 보면 정말 어렵다. 나는 내가 가진 땅을 내놓기도 하고, 다른 사람이 의뢰한 땅을 팔기도 한다. 하지만 땅을 팔기는 너무 어렵다. 수없이 많은 잠재고객들을 데려왔지만 그들의 주머니는 아물었다. 잘 열리지 않는다. 그러니 땅을 사기 전부터 팔 때를 생각해야 한다. 아직 사지도 않았는데 너무 이른 고민이 아니냐고 하겠지만 현장에서 일해보면 절대 그렇지 않다.

팔 때를 생각하지 않는 투자는 오는 기회를 날리게 된다. 가격이든 매수자든 환경이 기회를 주더라도 그게 타이밍인지를 모르고 지나간다. 구체적으로 가격이 두 배가 되면 팔겠다든지, 주변의 개발지가 발표되면 팔겠다든지, 건설회사가 매수하러 오면 팔겠다든지 방향을 미리 생각해두어야 한다. 그러면 누가 뭐라든 흔들리지 않고 행동할 수 있다.

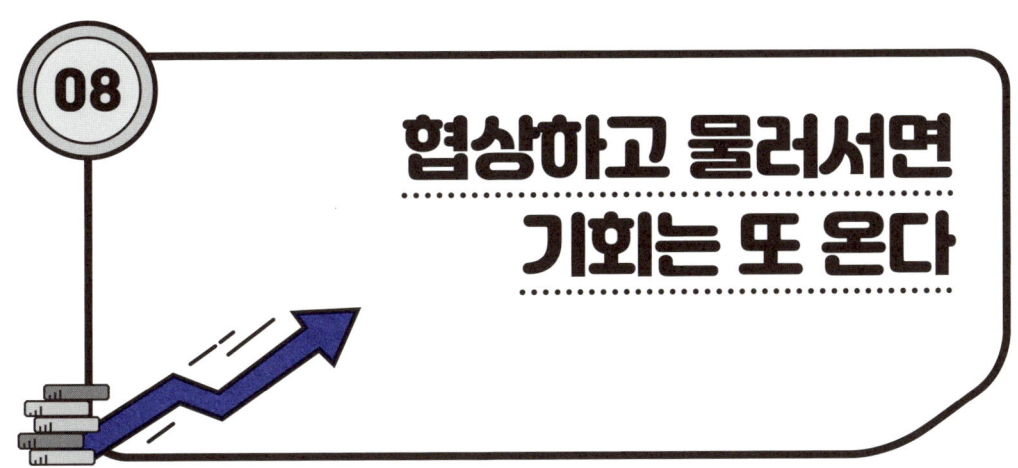

성격으로 투자 유형을 구분하자

　현장에서는 늘 하는 일이 설득하는 일이다. 협상하는 일이다. 매수와 매도에서 그 일은 그림자처럼 따라다닌다. 나는 늘 성급하고 귀가 얇았다. 그러니 자신의 성격을 잘 분석해서 땅 투자를 해야 한다. 대부분 귀가 얇은 성격은 순식간에 판단해서 결정하곤 한다. 항상 조심해야 한다. 자신도 모르는 사이에 주머니에 손이 가고 돈이 나오는 성격이기 때문이다.

　어떤 유형의 성격은 굉장히 치밀해서 전혀 움직이지 않는다. 주머니에서 돈이 나오는 시간이 너무 길기 때문에 본인이 먼저 지쳐버린다. '결정 장애' 유형이다. 판매자도 어렵고 본인도 어렵다. 물론 결정되고 나면 꾸준히 함께 갈 확률이 높아지는 사람이긴 하다. 힘들지만 서로 보람을 느낀다.

또 한 유형은 이랬다 저랬다 아침저녁으로 바뀌는 유형이다. 선택은 쉬운데 시간이 지나면 금방 후회하고 순식간에 바꿔버린다. 이런 유형들은 상대방이 꾸준하고 흔들림 없는 성격이어야 다툼 없이 일이 진행된다. 배우자를 만날 때도 서로의 성격이 중요하지만 영업을 하거나 일을 하거나 제품을 사거나 부동산을 구입할 때도 마찬가지다. 성격의 특성을 알면 이유를 알게 될 것이고 이유를 알게 되면 보완할 수 있게 된다. 조금씩 보완하다 보면 결국은 그 점을 찾게 된다. 성격은 하루 아침에 고쳐지지 않는다. 수없이 많은 시간 동안 고치고 고치다 보면 조금씩 의도대로 바뀌는 것이다.

땅에 투자하기에 앞서 자신의 재정 상태를 파악해야 한다. 재정에 곤란을 겪고 있는 사람이 투자할 수는 없다. 가끔은 무리하게 투자했다가 해결 불가능인 상태가 되는 사람들을 본다. 퇴로가 없다. 살 때는 달콤한 유혹에 넘어가서 샀지만 끈끈이에 발이 빠진 파리처럼 나오기 힘들다. 너무 안이하게 생각하는 사람들이 너무 많다. 다시 말하지만 모든 광고와 홍보 마케팅은 결국 포장과 편집이다.

땅에 대한 고정관념도 바꾸어야 한다. 세상은 빠른 속도로 변하고 있는데, 머릿속 생각이 따라가지 못한다. 땅에 투자하고 부동산에 투자하고 돈을 벌고 싶다면 사람에 대한 관심을 가져야 한다. 사람에 대한 관심은 곧 관계를 의미한다. 관계는 곧 협상을 생각하게 한다. 필자가 가장 필요한 분야가 바로 '설득과 협상'의 영역이다. 결국 세상을 살아가는 능력은 물건을 파는 능력이다. 물건을 파는 능력만 있다면 어디서든 굶어죽지 않고 살아갈 수 있다.

기획부동산도 마찬가지다. 고객과의 관계를 악용한 마케팅에 지나지 않는다. 아마 기획부동산에서 파는 토지가 그들의 홍보처럼 그렇게나 많은 수익을 낸다면 기획부동산에서 그 땅을 사려고 혈안이 되어 있을 것이다. 제품이 좋고 다른 경쟁자가 없다면 제품은 알아서 팔리기 마련이다. 하지만 세상에 그런 제품은 흔하지 않다.

우리가 사려는 개발지의 땅은 어떨까? 땅의 미래는 아무도 모른다. 그래서 아무도 달려들지 않는다. 많은 사람이 달려들 정도가 되면 이미 그 시장은 먹을 것이 없을 것이기 때문이다. 소문난 곳에 불나방처럼 달려들지 말아야 한다. 어쩌면 그곳은 당신이 마지막 소비자가 될지도 모른다. 새로운 시장을 개척하고 그곳에서 새로이 협상하고 느긋하게 기다리자.

 ### 설득과 협상으로 무장하라

새로운 시장을 개척하는 방법은 이미 앞에서 이야기했다. 국토계획에 나오는 유망한 입지를 스스로 골라야 한다는 것이다. 그런 지역이 전국에 제법 많다. 스스로 확신을 가지고 찾다 보면 찾아지는 게 입지가 좋은 곳이다. 아직도 추상적인 이야기로 들린다면 앞으로 돌아가 이해가 될 때까지 반복해서 읽어보자.

찾았다면 정착해야 한다. 정착했다면 마케팅을 해야 한다. 결국은 결과(수익)를 내야 한다. 목표를 분명히 정해야 한다. 수익을 내는 조직이 되어야 한다. 물론 사용자가 많아져야 나중에 광고 수익만으로 굴러가는 조직이 생기겠지만 '설득과 협상'은 어떤 마케팅에 있어서도 중요한 과제임이 분명하다.

토지 투자가 '설득과 협상'에 무슨 상관이 있다는 이야기인가? 부동산공법,

국토계획, 건축 등 토지 투자는 한두 가지로 해결되지 않는다. 가장 성공적인 토지 투자는 무엇인가? 싸게 사서 비싸게 파는 것이다. 소문이 나기 전에, 특별한 이슈가 없을 때, 좋은 입지의 땅을 싸게 사는 게 관건이다.

고정관념도 버리자. 큰돈이 들어가야 한다는 그런 고정관념 말이다. 100~500만 원만 있어도 땅 투자는 가능하다. 단, 시간은 반드시 확보해야 한다. 돈이 있더라도 시간과 열정이 없다면 불가능한 일이다. 너무 많이 알고 가면 두려움이 커져서 투자하기 어렵다. 작은 돈으로 많은 경험을 쌓는 것이 성공의 중요한 요인이다.

끊임없이 협상의 능력을 키우자. 트럼프의 《거래의 기술》을 따라 해도 좋고, 로버트 치알디니의 《설득의 기술》에서처럼 해도 좋다. 우리의 일상은 대화, 협상, 설득의 과정을 담고 있다. 필자는 협상의 기술을 배우고 싶다. 지금까지는 그 점이 가장 약한 고리였다. 땅에 투자하든 컨설팅을 하든 마찬가지다. 마케팅 능력, 협상, 설득의 능력만 있다면 무엇을 하든 살아가는 데는 지장이 없다.

늘 기대하게 만드는 능력이 투자의 비결이다

현장부동산에 방문할 때 조그만 성의지만 음료수 한 병이라도 가져가는 습관을 들여보자. 뭔가를 기대하지 말고 기대가 되게끔 해보자. 얻어먹는 것보다 사주는 습관을 가져보자. 좋은 매물을 먼저 잡기 위해서는 늘 주는 습관이 필요하다. 당신은 투자자가 아닌 사업가다. 당신의 거래처는 현장의 부동산이다. 가장 저렴하고 좋은 매물(땅)을 납품받아서 필요한 소비자에게 파는 일을 한다. 당신이 그저 투자자라고 생각할 때와 땅을 매입해서 소비자에게 파는 적극적인 사람이라고 생각했을 때 마음가짐이 달라지게 된다.

먼저 열정이 생긴다. 사업가는 어디에서 가장 좋은 제품을 저렴하게 받아와야 하는지를 고민한다. 한국, 중국, 베트남, 인도네시아 등 수없이 많은 경우의 수를 놓고 고민한다. 중국은 제조에서 강점을 보이며 가격이 저렴하다. 하지만 늘 리스크가 존재한다. 납기를 지키지 않으며 품질이 엉망이다. 클레임을 제기해도 쉽사리 해결해주지 않는다. 말이 먹히지 않아서 답답하다. 납기는 늘 늘어진다. 베트남은 저렴하고 열심히 하지만 아직은 중국보다 다양한 제품이 없고 구미에 맞는 제품을 찾기 어렵다.

땅에 비유해볼까? 수많은 이슈가 발생하는 화성, 평택, 천안, 아산, 세종은 좋은 제품(땅)이 남아 있지 않고 괜찮은 땅이 별로 없다. 이런 땅은 가격경쟁력과 차별화가 되지 않는다. 음성, 진천, 제천, 충주 등 저평가된 땅들은 저렴하고 좋은 위치의 땅을 구할 수 있지만 재고를 오랫동안 가지고 있어야 하고, 땅을 팔려면 제대로 된 마케팅을 해야 한다. 수요자가 많지 않아서 수익을 올리기도 어렵다. 잘못하면 악성 재고로 남아 두고두고 자신을 괴롭힐 가능성이 있다. 사업가 마인드로 땅 투자를 하면 이런 식으로 땅의 실제 모습이 보이기 시작한다.

선수들은 작은 돈을 잘 쓰는 사람들이다. 항상 밥을 사고 술을 산다. 일반인들은 그렇게 하지 못한다. 얻어먹은 사람들은 별것 아니지만 부담을 갖게 되고, 사준 사람을 위해서 작은 거라도 해주려고 한다. 기회는 그런 곳에서 생긴다. 정보를 주거나 매물을 소개해주거나 땅을 팔아준다. 얻어먹지 말고 사줘야 하는 이유다. 그런 사람을 만나는 것이 흔한 일은 아니지만 현장에서는 잘 쓰는 사람이 있다. 처음에는 손해 보는 장사 같았지만 절대 그렇지 않다. 받는 것보다 주는 것에 익숙해져라. 그것이 어설픈 마케팅보다 백배는 낫다.

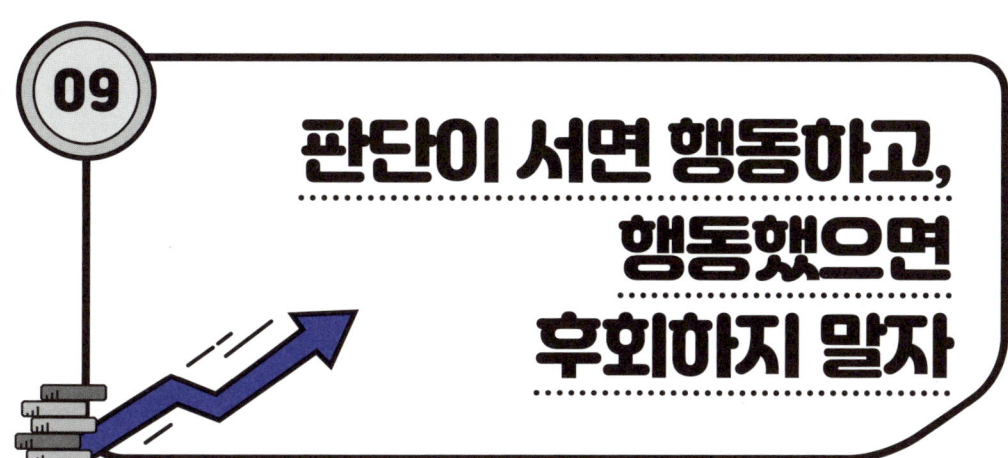

09 판단이 서면 행동하고, 행동했으면 후회하지 말자

머리로는 이해하지만 행동이 제일 어렵다. 만 원짜리 물건을 사고도 속지 않았는지 인터넷을 뒤져보는데 하물며 수천 수억을 투자하는 땅이야 말해서 무엇할까? 필자는 현장에서 컨설팅을 하고 있어도 늘 고민이 된다. 수없이 스스로에게 자문을 한다. '나는 오늘 고객에게 제대로 괜찮은 물건을 소개해 주었는가?' 그런 고민이 있었기에 나름대로 성과도 있었다.

 결정 전까지는 의심하고 신중하게 확인하라

땅에 대한 컨설팅을 처음 시작했을 때 사실 막막했다. 고향의 선배가 평택에 있는 땅을 분할해서 팔고 있었다. '컨설팅매매'라고 부른다고 했다. 큰

컨설팅매매를 했던 평택 현장

땅을 산 다음에 건축이 가능하게 전기나 오폐수 배수로, 통신선 등을 넣어 분할해서 파는 방법이다. 이런 작업들은 현장부동산들도 많이 한다. 친분을 활용해 계약금만 지불한 상태에서 분할작업하기 때문에 자기 돈이 들어가지 않고도 매매가 가능하다.

투자금이 적은 사람들, 즉 1~2억 정도로 개발지 주변에서 땅을 사려고 하는 사람들은 쉽지 않다. 결국 뒤집어 보면 개발지 주변에서 단필지로 1~2억 정도에 투자할 수 있는 땅이 가장 환금성이 높다는 말이기도 하다. 지방에 거주하고 있는 지인도 1억 미만으로 투자하고 싶어 했다. 평택에서 단필지로 그 정도의 땅을 사기에는 투자금이 부족했다. 선배에게 이야기를 해서 40평 정도를 분할해서 팔게 되었다. 지방이라면 소액이지만 과감한 판단을 하고 지갑을 열어야 수익이 생긴다. 이 지인은 빠른 판단력으로 그동안 수익을 많이 올렸다고 한다.

아무리 친구라도 공동으로 땅을 사는 것은 신중해야 한다. 땅은 단필지로 사야 마음대로 할 수 있다. 지분은 아무리 좋아도 지분일 뿐이다. 지분은 혼자서는 개발행위도 어렵고, 매매도 어렵다.

많은 책에서 때로는 동전의 양면 같은 이야기를 한다. 공동투자를 하지 말라고 했다가 괜찮다고도 한다. 지분투자를 하지 말라고 했다가 권하기도 한다. 또 지분으로 살 수밖에 없다는 터무니없는 이야기를 하기도 한다. 그린벨트, 맹지, 비오톱, 군사시설보호구역, 절대농지, 혐오시설이 인접한 땅조차 때로는 투자가치가 있다고 말한다. 알다가도 모를 일이다. 물론 상황에 따라 수없이 변하는 게 땅이니 그럴 수는 있다. 땅의 미래에 정답이 있겠는가? 가능성이 있다고 판단이 서면 과감하게 행동하는 것이다. 판단하기까지는 의심하고, 의심하고, 또 의심하자. 하지만 판단이 섰다면 과감할 필요도 있다.

 늘 행동에는 조화가 필요하다

지난날 지나치게 낙관적이고 빠른 판단으로 손해를 본 적이 있다. 그때의 심정은 말로 표현할 수 없었다. 때로는 원금을 지키는 전략이 최고의 전략이 될 수 있다. 고도의 심리 게임인 투자의 세계에서 원금을 지키기란 생각보다 몹시 어렵다. 그 게임에서 이긴다면 투자에서도 이길 수 있다.

워렌버핏이라면 점심식사에서 무슨 이야기를 할까? "원칙을 가지고 피나는 노력으로 찾아야 한다. 목숨을 걸고 그 원칙을 지켜야 한다"라고 말하지 않을까? 한때 주식의 세계에서도 고수를 찾아다니려고 애를 썼다. 고수를 찾아내 직접 교육을 받아도 늘 갈증만 심해졌다. 조금 알 것 같았지만 늘 부족했다. 고수는 분명 있지만 찾기는 어렵다. 대부분의 부자들은 신중하고 조심스럽다. 부자들은 고수를 찾기보다는 자신을 믿는다. 부자들은 부동산을 활용하면서 완전히 믿지는 않는다.

또 현장에서 이야기하는 성과는 골라서 들어야 한다. 말로는 얼마든지 수익을 부풀린다. 그야말로 검증이 불가능한 경우이다. 자랑 삼아서 떠벌리고 다니는 일도 흔하다. 자신의 무용담을 떠들고 다니는 사람들은 경계할 필요가 있다. 부동산 사무실에 모여 있는 사람들은 대부분 부동산에 유리한 이야기를 한다. 이 지역 땅을 사서 돈을 번 사람들이 많다고 한다. 그렇게 좋으면 부동산에 있는 사람들은 왜 그 땅을 사지 않는 걸까? 합리적 의심을 해야 한다.

현장에 갔을 때 빠른 판단이 좋다고 부동산에서 하는 이야기만 듣고 바로 계약을 해버리는 성급한 사람들이 있다. 그렇게 샀다가 10년이 지나도 원금 회복을 못하는 땅도 허다하다. 땅으로 돈을 번다고 해서 누구나 그런 것은 아니다. 당연히 심사숙고하고 노력하는 투자자에게 혜택이 돌아가게 되어 있다.

아는 지인도 부동산에서 추천한 물건으로 땅을 샀다. 지금 와서 보니 절대농지라 농사를 짓는 용도 이외에는 아무런 가치도 없었다. 현장부동산은 대부분 정보를 가지고 있기 때문에 그 땅의 향후 가치를 평가할 수 있다. 가격이 오를 가능성이 많은 땅들은 대부분 그 부동산의 VIP 고객에게 소개한다. 미래

가치가 없거나 분명하지 않는 땅은 어쩌다 한 번 만나는 고객에게 소개한다. 대부분은 이런 땅으로 고민하게 된다. 당연히 용도지역이 좋은 땅은 매도가 잘되기 때문에 고민할 필요는 없다.

 믿어야 할 것과 믿지 말아야 할 것의 구별이 필요하다

현장의 긴박감이나 분위기로 인해서 대부분의 초보 투자자들은 판단력이 흐려진다. 이런 분위기 속에서 냉정함을 유지하는 비결은 무엇일까? 처음이라면 어떤 말을 듣든 무조건 지르지 않는 것이 답이다. 눈에 보이고 머리로 이해할 때까지 기다리자. 혹은 블로그나 카페, 매스컴에서 검증된 전문가를 통해 정보를 충분히 숙지한 후에 실전투자에 뛰어들어야 한다. 특히 조심해야 되는 일은 지인의 소개로 땅을 사는 일이다. 이런 경우는 자신이 혼자서 잘했는지 잘못했는지 판단이 어렵기 때문에 아는 사람과 같이 하려는 심리가 작용한 결과다.

필자에게도 자주 연락하는 분이 있다. 60대 아주머니인데 1억 정도를 투자하려고 한다. 그분의 지인은 투자경험이 풍부하고 대처능력이 뛰어나다. 기획부동산의 땅을 사서 수익을 낼 정도라고 하니 말해 무엇할까. 물론 개발지 인근의 이슈가 있는 지역의 땅은 투자가치가 있다. 결정적인 약점은 그런 곳의 10평, 20평, 30평짜리다. 이런 땅은 미래 가치를 알 수 없고 주변 개발이 된다 해도 개인이 재산권 행사를 하기가 어렵다. 그런데 왜 늘 그런 땅만 이야기하는 걸까? 그 결과를 알기까지 상당히 오랜 시간이 필요해 당장에 잘했는지 못했는지 알 수 없기 때문이다. 이런 점을 노려 투자를 유도하는 것이다. 이런 말을 믿고 투자하려고 하니 설득하기가 어렵다. 이런 투자자는 그냥 내버려두어야 한다. 잘못하면 싸움만 난다.

처음부터 잘못된 선택을 했다면 되돌리기 어렵다. 아무리 잘못되었다고 하더라도 다단계는 없어지지 않는다. 상식적으로 보면 당연히 하는 사람이 없어야 하는데 계속해서 변종들이 생겨난다. 그 누구도 안심하기는 어렵다. 우리는 근거 없는 믿음에 빠져 있다. 실력도 없는 무대포 투자자가 시간이 흘러 엄청나게 부자가 되었다는 믿음이다. 과연 그럴까? 그런 근거는 어디에도 없다. 많은 책들이 그렇게 사례들을 이야기한다. 하지만 그대로 믿기에는 석연치 않다. 현장에서 많은 투자자를 보면서 느낀 것은 '아는 만큼 보인다'는 점이다. 실력 없이 타인의 도움에만 의존하면 결코 돈을 벌 수 없다.

그래서 우리는 알아야 한다. 시간이 걸려도 좋다. 좀 천천히 가도 좋다. 이 책을 읽고 난 후에는 이 책의 논리를 버리고 스스로 생각하고 판단할 기회를 만들어야 한다.

노후준비는 부동산으로 해야 한다. 나이 들어감에 따라 전원생활도 하고 땅에서 먹거리를 만들어내거나 농사를 지어서 수익을 내는 활동을 할 수 있는 땅이 좋다. 필자의 어머니도 시골에서 농사를 지어서 꾸준히 수익을 내고 있다. 칠십이 넘어도 노령연금이나 국민연금으로 생활비 전체를 감당하지는 못한다. 제2의 수익원이 필요하다. 땅 가격이 오르면 자산가치도 늘고, 그 땅에서 수익도 낼 수 있는 '일석이조'의 효과를 얻을 수 있다. 나중에 아이들에게 증여나 상속으로 넘겨주면 든든한 부모 역할도 할 수 있다. 다른 수익형 부동산도 그렇지만 건물은 시간이 지나거나 환경이 바뀌면 공실이 생기거나 가치가 떨어질 수 있다. 하지만 땅은 대부분 시간이 지남에 따라 가치가 오른다. 주변의 개발에 따라 의외의 수익을 올리는 것도 가능하다.

> 기획부동산에서 상담받은 땅을 사려고 했을 때, 실패가 무서워서 아무것도 못하는 사람보다 이런 분들이 백배 낫다. 나 역시 아파트, 오피스텔 같은 것에 기웃거리다 계약금을 엄청 날렸다. 그러면서 공부가 되었다.
> – 《30평 아파트 대신 1000평 땅 주인된 엄마》, 박보혜 지음, 청출판

이렇게 얘기했다고 기획부동산에서 땅을 사라는 말은 아니다. 사람들이 얼마나 망설이고 투자를 불신하는지 그 상황을 이야기하는 것 같다. 투자가 언제나 성공하는 것도 아니고, 늘 실패하는 것도 아니다. 투자하고 나면 마음고생을 많이 한다. 무작정 그 시간을 견디라고 하기는 두렵다. 그러나 땅은 쉽게 팔기도 어렵고, 주식처럼 시장에 내놓아도 쉽게 팔리지도 않는다. 의정부에서 상담하러 온 어떤 투자자는 사채를 빌려서 30평 지분의 땅을 고가에 매입했다고 한다. 땅을 팔지도 못했고, 빌린 돈을 갚지도 못해서 사채업자에게 시달린다고 울먹였다. 다시 한번 말하는데 소규모인 10~30평 지분의 땅은 절대로 사지 마라. 현장에서 제일 해결이 어려운 경우가 지분을 팔아달라고 상담하는 투자자들이다.

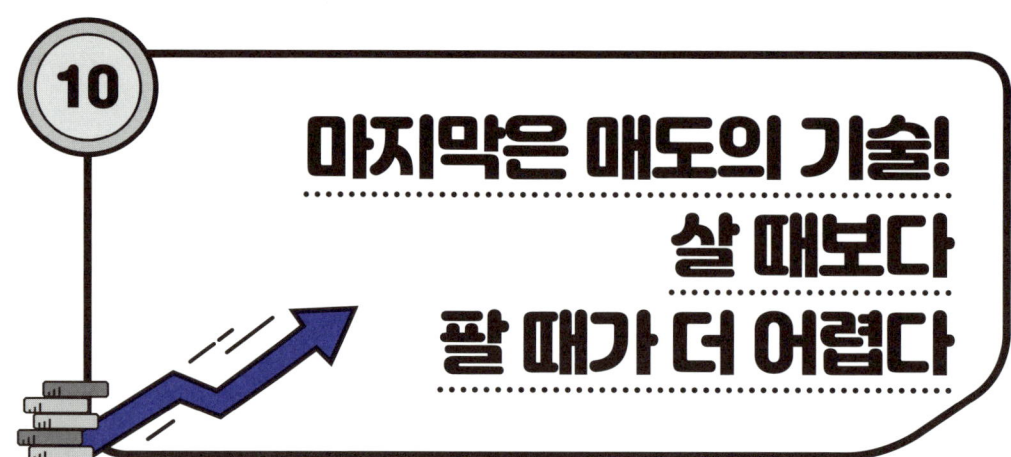

10 마지막은 매도의 기술! 살 때보다 팔 때가 더 어렵다

현장에 자주 가면 뭔가를 얻는다. 정보나 좋은 물건이다. 아니면 사람이라도 만난다. 꼭 집어서 어디가 좋다고는 할 수 없지만 자신과 잘 맞는 곳이 있다. 환경도 사람도 땅도 마찬가지다. 아무리 개발이 진행되고 땅값이 오르는 곳이라도 자신과 맞지 않으면 돈을 벌지 못한다. 심리적으로 편하지 못한 곳에 투자하면 그런 일이 발생한다.

누가 돈을 벌까? 현장의 흐름을 잘 아는 사람이다. 그들은 매수와 매도 타이밍, 저평가된 땅, 현지 부동산과의 인맥 등을 두루 갖추고 있다. 한 번쯤 스쳐가는 투자자들은 골고루 갖출 수 없다. 그냥 사놓고 요행을 바랄 뿐이다. 과연 그들에게 기회가 돌아갈까? 바람에 불과하다. 땅은 관심이다. 어떻게 개발할 것이며 어떤 식으로 활용할 것인지에 따라서 철저히 달라진다.

땅을 잘 팔기 위한 노력을 해야 한다. 포장을 하고 마케팅을 하고 블로그를 하고 땅 투자 카페에도 가입해야 한다. 땅도 임대를 놓을 수 있다. 어떻게 하면 좀 더 효율적으로 임대를 놓을지를 고민해야 한다. 사놓고 무관심하게 시간만 보낼 일이 아니다.

안 팔리는 땅도 결국은 관심이더라. 부동산에 들를 때마다 조그만 성의라도 보이고 자주 얼굴을 보이면 결국은 그 땅을 위주로 소개를 한다. '인지상정'이란 말은 이럴 때 쓴다. 1년에 연락 한 번도 않다가 자기가 급하니까 재촉하는 땅 소유주에게 관심을 가질 이유는 없다. 나 역시 많은 현장에서 컨설팅하고 있지만 언제나 관심과 연락을 주고받는 소유주의 땅이 우선이다. 잠시 잊었다가 다시 의지를 불태우게 하는 일도 생긴다.

수천 수억 원이 오가는 땅이다. 이런 땅을 거래하면서 겨우 몇백 원 하는 아이스크림 팔듯이 하면 되겠는가? 그런데 대부분의 소유주들은 부동산에 내놓기만 하면 금방 팔릴 것으로 착각한다. 기다리는 게 일상이다. 매수자가 나타나기를 기도하는 게 일상이다. 사실이 그렇다.

 ### 매도에는 온갖 마케팅을 동원해야 한다

땅을 가진 사람들은 누구나 좋은 가격에 땅을 팔고 싶어 한다. 땅에 있어서 매도의 기술은 고급기술이다. 일반적인 상품이나 제품에만 마케팅한다고 생각하지만 주위를 둘러보면 모든 것이 마케팅 안에 있다. 누구나 무엇인가를 파는 사람이라는 생각을 가져야 한다. 잘 파는 사람이 이긴다. 땅을 가진 사람의 가장 큰 걱정거리는 어떻게 팔 것인가 하는 문제다. 부동산에 내놓으면 뭔가 꺼림직하다. 괜히 손해보는 것 같은 기분이 든다. 언제 팔아줄지도 모른다. 문제는 '환금성'이다. 주식은 어떤 주식이든 상장폐지 당할 주식이라도 기회를 준다. 상장폐지를 당했더라도 오프라인에서 주식을 사겠다는 투자자가 있다. 하지만 땅은 시간이 많이 걸린다. 가격도 내가 받고 싶은 대로 받지 못한다.

부동산에 가면 서로 협상을 잘해야 한다. 마을을 다니다 보면 이야기가 통하는 부동산 사무실이 있다. 그곳이 앞으로 자신과 큰일을 도모할 곳이다. 꼭 팔고 싶은 매물이라면 혹은 빨리 팔고 싶은 매물이라면 추가수수료를 주고라도 빨리 매도하는 게 낫다. 추가수수료가 아까워서 주겠다고 해놓고는 막상 매도가 끝난 다음에는 그런 적 없다며 발뺌하는 일도 많다.

부동산 대표들은 이런 일을 많이 겪기 때문에 대수롭지 않게 생각할 수 있다. 현장에 가보면 '토지를 판다. 토지를 산다'라는 플래카드를 붙여 놓은 곳을 보곤 한다. 전봇대에도 무수히 많은 광고들이 걸려 있다. 그 토지주들이 특별해서 그런 게 아니라 팔아야겠다는 의지 때문이다. 의지만 있다면 무엇이든 가능하다. 하겠다는 생각이 할 수 있는 곳으로 데려다준다. 기발한 광고 멘트들도 눈에 띈다. 잘 팔고 싶다면 벤치마킹 해보자.

왜 내가 그런 것까지 신경 써야 하느냐고 묻는다면 할 말 없다. 필자 역시 시골 땅을 팔기 위해 많은 노력을 해봤기 때문에 안다. 어떤 이는 건축이 가능하도록 도로를 낸다. 어떤 이는 가파른 언덕을 평평하게 만들고 보기 좋게 다듬는다. 땅의 변신은 무죄다. 덧붙여 마케팅, 광고, 홍보의 변신 역시 무죄다. 결국 모든 부동산의 최종 목표는 '잘 샀다더라'가 아니라 '제대로 팔았더라'에 달려 있다.

많은 상담 사례들의 질문은 '팔아주세요'에 방점을 찍는다. 상담받고 검토하다 보면 대부분은 사야 하는 이유를 잘 모르겠는 그런 입지의 토지들이 더 많다. 그런 땅들은 아무리 성형을 하고 마케팅을 해도 먹히지 않는 악성 매물들이다. 처음에 너무 몰랐거나 아니면 중간에 소개한 사람들의 나쁜 의도가 개입되어 그런 결과를 가져오지 않았나 싶다.

 블로그를 통해 땅을 팔아라

별로 어려운 일은 아니지만 다소 많은 시간을 요구하는 일이다. 해보면 인내와 끈기를 요구하는 그런 일들이다. 단 하나의 제대로 된 포스팅은 전단지 수백 수천 수만 장의 역할을 할 수 있다. 제한된 정보 안에 많은 정보를 담아야 하는 전단지처럼 포스팅도 많은 정보를 담아야 한다. 특히 중요한 요소는 진실성이다. 진실만큼 좋은 마케팅은 없다. 담아야 하는 내용도 광고로 도배할 게 아니라 뭔가 울림이 있고 마음을 끌어당기는 포스팅이어야 한다.

한동안 블로그를 통해서 많은 고객들과 상담을 했고, 많은 고객들과 가슴을 터놓고 이야기를 했다. 땅을 팔아야 하는 곤경에 처한 안타까운 상황들이 있다. 누구나 미래를 예측할 수는 없다. 우리는 일어난 일에 아주 조금 빠르게 대책을 세우고 대응할 뿐이다. 가만히 기다리는 영업보다는 고객을 직접 찾아다니는 영업을 해야 한다. 영업은 결국은 확률게임이다. 낚싯대를 1개만 놓고 하는 것보다는 여러 대를 놓고 해야 많은 고기를 잡을 수 있다는 것을 모르는 사람은 없다. 같은 상황이다.

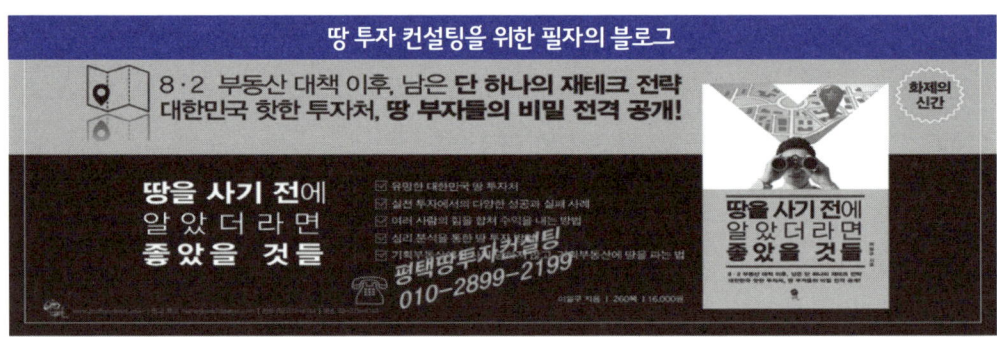

땅 투자 컨설팅을 위한 필자의 블로그

8·2 부동산 대책 이후, 남은 **단 하나의 재테크 전략**
대한민국 핫한 투자처, 땅 부자들의 비밀 전격 공개!

땅을 사기 전에 알았더라면 좋았을 것들

평택땅투자컨설팅
010-2899-2199

| 프롤로그 | 블로그 | 평택부동산투자 | 토지전문컨설턴트 | 일구의 책쓰기교육 | 일구의 중고차 토크 | 서재 | 메모 | 안부 |

유난히 덥고 힘든 여름 진...
[4]
유난히 덥고 힘든 여름,,,, 진도가 나가지않는 다음 책쓰기-부동산 토지 땅 투자내가 무슨 부귀영화를 누릴려고 이러나~~~어느분의..
2018. 8. 1.

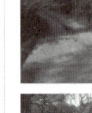

경남 하동군 악양면 과수원 ... [9]
경남 하동군 악양면 과수원 토지,땅의 매매시 맹지 탈출법. 토지를 있는 그대로 매매하는것 보다 부가가치를 높일수...
2018. 7. 21.

올여름 시원하게 하동 여행,... [2]
올여름 시원하게 하동 최참판댁에 다녀오세요 근처에 화개장터 쌍계사 청학동 삼성궁이 있습니다. 여기는 하동군
2018. 7. 16.

진천.음성 혁신 도시 근처 토... [5]
진천,음성 혁신 도시 근처 토지 땅 매매 합니다. 소액 토지 부동산 투자 가능합니다. 이미 소문난 지역은 땅...
2018. 7. 11.

진천혁신도시내 밀라움오피... [4]
진천혁신도시내 밀라움오피스텔 분양합니다-소액 부동산 토지 투자 및 매매 진천 혁신도시내 오피텔로 이미 세입자...
2018. 7. 5.

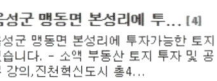

음성군 맹동면 본성리에 투... [4]
음성군 맹동면 본성리에 투자가능한 토지 있습니다. - 소액 부동산 토지 투자 및 공부 강의,진천혁신도시 총4...
2018. 7. 2.

성수동 핫플레이스 30년전 ... [2]
성수동 핫플레이스30년전 내가 근무했던 곳많이 달라졌네요 부동산은 그래서 장기투자? 소규모 공장은 카페로 다목...
2018. 6. 28.

도로.공원 경매 및 골목길. 진... [7]
도로.공원 경매 및 골목길.진입도로 해결법 소액 부동산 토지 투자및 매매 ...
2018. 6. 23.

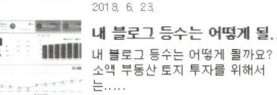

내 블로그 등수는 어떻게 될...
내 블로그 등수는 어떻게 될까요? - 소액 부동산 토지 투자를 위해서는.....
2018. 6. 20.

소액 부동산 토지 투자에서 ...
[2]
어떤 책도 버릴것이 없다. 처음에는 몰랐던 책의 가치다시보면 새로운 면...
2018. 6. 21.

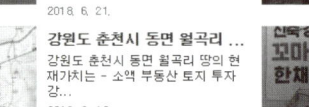

강원도 춘천시 동면 월곡리 ...
강원도 춘천시 동면 월곡리 땅의 현재가치는 - 소액 부동산 토지 투자 강...
2018. 6. 19.

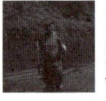

작년 7월 친구들과 번개모임
작년 7월 친구들과 번개모임에서 한 컷어릴때 작살로 고기잡는 천렵을 하면서...
2018. 6. 21.

꼬마빌딩신축하기-소액 부...
[2]
꼬마빌딩신축하기-소액 부동산 토지 땅 투자 및 세미나 강의 공부.부동산의...
2018. 6. 18.

(https://chapr119.blog.me)

한 사람은 평균 250명을 알고 있다고 한다. 주변에 오지랖이 넓은 사람은 더 많은 사람을 알고 있을 것이다. 그들을 활용한 영업기술이 있다. 한 사람을 데려오면 인센티브를 주는 '소개 마케팅'이다. 소개해주면 소개비를 주는 방법이다. 땅을 파는 일도 계속해서 소문을 내는 일이다. 한 번이라도 더 노출이 되어야 뜻대로 일을 진행할 수 있다.

몇 억 몇십 억짜리 땅을 쉽게 사주리라는 순진한 생각을 해서는 안 된다. 현장에서 일하다 보면 많은 스트레스를 받는 일이 이 일이다. 때론 분할을 해서 총 매매금액을 잘게 쪼개서 팔아야 할 경우도 많다. 쪼갠다고 능사도 아니다. 그 디테일은 알기 어렵다. 결국은 현장을 내 집처럼 다니면서 그 지점을 알아야 한다.

 땅을 파는 일은 포장기술에 달려 있다

미신인 줄 알면서도 땅을 팔러 다닐 때마다 고사를 지내는 지인이 있다. 막걸리와 북어를 사서 땅에 뿌리고 본인이 방향을 정해 절하는 사람들도 있다. 나름대로의 방식으로 간절함을 담아 일을 진행한다.

땅을 팔려면 매력이 있어야 한다. 땅도 매력 있는 땅이 좋다. 무생물이지만 경치가 좋다든지 발전가능성이 있다든지 이 땅이 가진 가치를 부각시킬 줄 알아야 한다. 그런 일은 기획부동산이 잘한다. 없는 것도 갖다 붙이는 판에 조금이라도 관련이 있으면 얼마나 좋겠는가? 한마디로 표현하면 땅을 파는 일은 포장기술에 달려 있다. 어떤 제품도 포장기술이 나쁘면 별것 아닌 것으로 보인다. 예쁜 디자인과 박스 혹은 제품 모양에 반해서 물건을 집어 들 때가 있지 않은가? 마찬가지다. 땅을 팔려면 다른 사람의 눈에 가치 있는 모습을 보여야 한다. 그게 말처럼 쉬운 일이 아니다. 땅이 가진 성격을 잘 분석하고 행동하는 사람에게 반드시 기회가 온다.

현장에서 일하다 보면 상대에 대한 배려가 전혀 없는 경우가 너무 흔하다. 돈이 결부되어 있다 보니 그런 일이 생긴다. 대부분 서로 경쟁관계에 있다 보니 자연스럽게 그렇게 된다. 서로 속고 속이는 관계 속에서 마음의 상처를 받고 영원히 투자의 세계를 떠나는 경우들도 많이 보았다. 결국 땅을 파는 것도 사람과 사람과의 관계 속에서 이루어지는 일이다. 그래서 인연은 소중하다.

평택 현덕지구가 어떤 식으로든 결론이 날 것이다. 개발계획이 그대로 유지되면 지주와 공동 작업을 하기로 하고, 현장에 컨설팅 사무실을 낼 계획이다. 땅을 많이 가진 지주가 적극적으로 요청했다. 이런 게 마케팅이다. 이런 게 인연이다. 가만히 있어서는 안 된다. 지주도 적극적으로 움직여야 한다. 사놓기만 하면 다 된다고 생각하지만 실제는 그렇지 않다고 누누이 강조해왔다. 좀 더 적극적이고 활동적으로 움직여야 원하는 것을 얻을 수 있다.

투자분석

평택 안중 역세권에 투자해서 1600% 수익을 올린 조 대표

역세권이란 지하철역 또는 전철역을 반경으로 접근성이 뛰어난 지역으로, 역 주변 지역을 통괄해서 일컫는다. 일반적으로 지하철역 또는 전철역에서 걸어서 5~10분 이내, 또는 거리로 500m 반경 범위 내를 1차 역세권, 1km까지를 2차 역세권이라고 구분한다. 아래의 사례는 평택의 안중 역세권에 투자해서 성공한 스토리다.

기획부동산에서의 첫 만남

평택 현장에서 이런 투자자를 만난 것은 우연이었다. 1년 반 전에 강남의 기획부동산에서 마케팅을 배우기 위해 지인을 찾아갔었다. 기획부동산은 아침에 조회를 하고 나면 하루종일 지인에게 전화를 시켰다. 나도 일을 하는 척해야 했기에 수시로 지인에게 전화를 돌렸다.

"이모님, 이번에 평택에 좋은 땅이 나왔습니다."
"소액으로 투자 한 번 하시죠."
"돈 된다니까요."
"아이, 물건 참 좋은데 다른 사람 주기는 아까워요."

담당 부장에게 다른 곳에서 고객을 끌어오겠다는 핑계를 대고, 지인이 일하는 현장부동산이 있는 오피스텔에 갔다. 이곳의 운영자는 박 상무이고, 그 위로 정사장과 평택의 현장 동업자들이 있었다. 이 오피스텔은 현장에 있는 법인부동산의 경비를 털 목적으로 운영되고 있었다. 이외에도 자세한 사정은 현장부동산에 갔을 때 알 수 있었다. 기획부동산과 현장부동산이 운영하는 오피스텔을 오가면서 양다리를 걸치다가 기획부동산 수법을 대충 알게 되었다.

현장부동산의 오피스텔 사무실은 월급이 없고 '일비'라고 3만 원을 주었다. 반면에 어느 정도 자유는 보장되었는데, 시간이 흐르면서 블로그를 통해 고객이 찾아오고 현장에도 고객을 많이 데려오자 나에 대한 대우가 달라지더라.

"이 이사님, 저와 같이 이 사무실을 운영하시죠."

박 상무의 제안이 들어왔다. 내 지인에게 컨설팅 매매하는 땅을 팔았기 때문에 내심 기대하면서 이런 제안을 한 듯 보였다. 어차피 다른 데 갈 곳도 없어서 그 제안을 받아들여 일을 했다. 사람을 뽑으면 면접에도 참석해서 의견을 반영해주기도 했다. 시간이 남으면 평택 땅에 대한 공부도 하고, 브리핑 자

투자분석

료도 만들고, 이런 자료들을 바탕으로 조금씩 실적을 쌓아나갔다. 이때 블로그를 보고 한 투자자가 전화를 해 이것저것 물어보았다. 평택 안중 역세권의 땅을 사서 수익을 많이 올렸다, 방림리에 3필지를 사서 강남의 기획부동산에 2배를 받고 넘겼다는 등의 이야기를 했다. 물어보지도 않았는데 말이다.

한 다섯 번 정도 통화해보니 땅을 살 것 같지는 않고 정보만 캐고 다니는 게 분명해 보여서 전화번호 연락처에 '신영리 나까마'라고 저장해둔 후 잊어버렸다. '나까마'는 중고차 시장에서는 해당업에 종사하는 동료 업자라는 뜻으로 약간 비하하는 말이다. 그렇게 서로의 인연은 끝나는 듯 했고 이후로 연락이 없어서 기억 속으로 사라졌다. 그런데 평택 현덕지구 앞 현장부동산에 고객을 데리고 갈 때마다 여러 번 만나게 되었다.

"이 대표님, 식사나 한 번 하시죠."
"좋습니다."
"어디로 모실까요, 해물탕 아니면 중국집? 이곳에서 잘하는 음식점은 제가 모르는 곳이 없습니다."

넉살 좋은 그 투자자는 예전에 블로그를 통해 연락했던 조 대표라고 자신을 소개했다. 현장부동산 대표, 나, 조 대표 그리고 부동산에 근무하는 두 명까지 해서 총 다섯 명이 해물탕을 맛있게 먹었다. 그날따라 꽃게가 살이 통통하게 올라있었다. 서로 통성명을 하고 자주 보기로 했다. "서울에 오면 연락 한 번 주시죠. 맛있는 식사 대접해 드릴께요." 사람 다루는 솜씨가 보통은 아니었다. 하긴 내가 15년 넘는 세월 동안 영업 현장에 있어 보니 이런 정도는 별것 아니더라. 여유 있게 그러니까 돈에 대한 아쉬움이 없어 보였다. 현장은 부동산 중에서 토지가 매매되는 현장이라 늘 긴장감이 있는데, 조 대표는 항상 긍정적이고 적극적이고 활동적인 사람이었다.

안중역세권 땅 투자로 1600%를 벌다

어느 날 친해지고 나서 송파에 있는 자신의 사무실로 나를 불렀다. 돈을 번 이야기도 해주고, 앞으로 어떻게 하겠다는 미래의 청사진을 보여주겠다고 했다. 어느 정도 기대를 안고 조 대표가 운영하는 사무실에 갔다. 따뜻한 차 한 잔과 함께 서로 살아온 이야기를 시작했다.

"제가 이대표님을 부른 것은 그동안 현장에서 봐온 모습이 저와 비슷한 점이 많아서입니다. 평택의 땅으로 어느 정도 돈을 벌었습니다. 송파에 10억 정도의 아파트가 있고, 평택 신영리 땅과 현금까지 합하면 17억 5천 정도가 됩니다. 이렇게 공개하는 것은 이 대표님을 믿기 때문입니다. 앞으로 제가하는 일에 도움을 받을 수 있기 때문이기도 하구요."

투자분석

자리를 옮겨 막걸리를 한잔했다. 살짝 취기가 올라오면서 기분이 좋아졌다.

"아, 그게 말이죠. 안중 역세권에서 돈을 번 것은 우연입니다. 누가 그 주변에 역이 들어온다고 땅을 사두면 많이 오를 거라고 해서 샀습니다."

안중역은 화성 송산에서 충남 홍성까지 연결되는 전철과 화물기차의 복선 노선이다. 지금은 안중역사 공사가 한창 진행 중에 있다. 이 정보를 8~9년 전에 믿고 주변 밭을 20만 원 정도에 사서 2016년에 220만 원에 팔고 나왔다고 한다. 500평이면 1억에 사서 11억에 팔고 나온 것이다. 그동안에 이자 내고 세금 내고 투자원금 3500만 원에서 5억 6천은 벌었다는 이야기였다. 이 한 방의 수익으로 그동안 생활에 쪼달리던 것들이 모두 해결되었다고 한다. 그렇게 해서 그 수익을 가지고 본격적인 투자에 나서게 되었다는 이야기였다. 막걸리의 취기가 어느 정도 가시자 그날은 커피를 한 잔하고 헤어졌다.

> 현장에서 땅 투자로 돈을 버는 방법은?

돌아오는 전철에서 생각이 많아졌다. 행운일까? 우연일까? 실력일까? 나는 왜 그런 행운을 잡지 못했을까? 2008~2009년에 평택에 팽성, 고덕, 안중 학현리에 빌라나 아파트를 경매로 받기 위해 현장을 많이 다녔다. 10년이 흐른 지금 그는 투자에 성공했고, 나는 아직까지 헤매고 있다. 길을 잃었

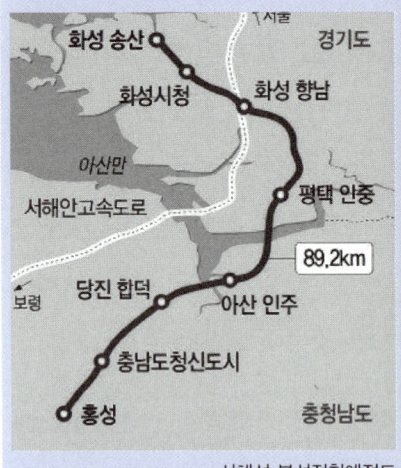 

서해선 복선전철예정도 　　　　　　　안중역 공사현장

다. 그가 사는 송파와 내가 사는 노원은 물리적으로는 얼마 떨어지지 않았지만 아파트 가격 차이만큼이나 전 재산의 격차가 심하다.

　나를 이 세계로 오게 한 지인은 성공했는데 왜 나는 그대로일까? 여러 가지 경험을 통해 이제 그 이유를 알았고, 이 책에 그 이유를 조금씩 풀어놓을 것이다. 투자는 어떻게 보면 퍼즐 맞추기와 같다. 우리는 퍼즐의 한 조각만 쥐고서 어떤 모양이 될지도 모르면서 마냥 희망에 부풀어 뜬구름 잡는 이야기만 한다. 어쩌면 조 대표도 처음에는 퍼즐 한쪽을 주워서 맞췄는데 우연히 꼭 맞았을 것이다. 하지만 그 이후 그의 행적을 보면 우연이라는 말을 할 수 없다. 이후 그는 평택항 근처 신영리의 땅을 계속해서 매집했다. 물론 신영리를 둘러

투자분석

싸고 있는 땅은 모두 다 개발지다. 1300만 평이 넘는 곳을 개발하고 있다. 2년 전 평당 20~30만 원 하던 농지가 2년 만에 120만 원을 넘어간다. 이제 하나씩 시장에 내놓고 팔고 있다. 지금은 몇 필지를 팔아서 주변에 있는, 싸면서 가능성 있는 땅으로 움직이고 있다. 그는 철저히 돈 냄새를 맡은 것이다. 어디서 이런 배짱과 행동이 나오는지 모르겠다. 이제는 돈이 돈을 벌어다 준다. 눈덩이는 커졌고 한 바퀴만 구르면 수익률이 아니라 수익 금액 자체가 달라진다.

내가 이런 시시콜콜한 사정을 다 아는 것도 책으로 강의를 하고, 현지 땅에서 컨설팅과 중개를 하기 때문이다. 그런 실력을 인정받아서 상대방도 정보를 준다. 아무런 이유 없이 이런 정보와 기회를 줄 리가 없지 않은가? 현장에 오래 있다 보니 돈을 벌 기회가 널려 있다는 것을 알았고, 지금 당장 돈만 준비된다면 이런 전투에서 승리하는 것은 어렵지 않다.

과거의 나는 아무런 정보도 인맥도 실력도 없이 혼자 외로운 늑대처럼 다니다가 사자나 호랑이의 밥이 되곤 했다. 그동안 수많은 고객을 현장에 데려가도 성사율이 높지 않았다. 땅에 투자하겠다는 투자자들은 가짜가 많다. 그러다 보니 힘이 많이 빠지고 지친다. 그래서 책을 쓰고 세미나나 강의를 해서 투자자를 공부시킨 후 현장으로 데려가려 한다. 그래야 서로 지치거나 시간 낭비, 돈 낭비를 하지 않을 것이다. 아무것도 모르면 안목이 없어 투자도 어렵다.

이런 판단은 6년의 블로그 운영과 현장 경험을 통해 단련되고 단련되었기에 가능한 일이다. 조 대표는 오늘도 현장에 간다. 그는 9년 동안 주로 평택의 현장을 누비고 다녔다. 그 주변의 부동산 사장들은 그를 모르는 사람이 없다. 그는 그렇게 모은 정보와 현장감으로 오늘도 될 만한 물건을 고르고 싹쓸이한다. 그가 지나가면 매물이 자취를 감춘다.

이제 그도 수많은 투자자를 유치하는 큰손으로 변했다. 그의 사교성과 정보력, 판단력과 자금력이 그를 키웠다. 그는 계속해서 진화하고 있다. 그 속도가 두려울 정도다. 철저히 곁에 두고 벤치마킹할 대상이지 싶다. 언젠가는 뛰어넘어야 하는 목표이기도 하다. 나는 철저히 그 정보를 오픈한다. 그게 투자자와 내가 상생하는 길임을 알고 있다. 원고를 쓰면서 그의 동선을 그려본다. 누군가를 만나고 점심을 사주고 정보를 얻고 계약서에 도장을 찍고 계약금을 송금할 것이다. 가끔 어떤 땅을 사도 되냐는 문자를 받는다. 돈 한 푼 안 들이고 그도 나의 컨설팅을 받고 있다. 상부상조다. 언젠가는 되돌아온다.

그런 조 대표조차도 땅을 팔 때 충분히 기다렸다면 이야기는 달라진다. 2018년에 평당 450만 원 정도에 매도 후 주소지를 현지로 옮겼다면 절세를 통해 추가로 10억이 넘는 돈을 벌 수 있었을 것이다. 이런 엄청난 차이가 생긴다. 그러니 부동산 전문가와 세무사를 활용하면 수익을 최대한 올릴 수 있다는 걸 잊지 말아야 한다.

투자분석

조 대표의 투자 내용

안중역 근처 밭 500평	투자자금		매도	수익	수익률	보유기간
20만 원 × 500평 = 1억	현금 3500 만 원	대출 6500 만 원	500평 × 220만 원 = 11억	11억-세금과 이자 4억 4천 = 5억 6천만 원	1600% (5억 6천만 원 /3천 5백만 원)	8년 (2008~ 2016년)

> 토지 투자를 정리하면 간단하다.
> 좋은 땅을 좋은 가격에 사서 더 좋은 가격으로 팔면 된다.
> 그러나 그 결과에 이르는 방법은 정말 다양하다.
> 5장에서는 다들 알면서 모르는 척하는
> '딱지투자'에 대한 모든 것을 알아보자.
> 실제로 일반인들이 가장 많이 투자하는 방법이라
> 따로 뽑아 자세히 다루었으니 잘못된 상식이나 억측 말고
> 제대로 된 정보를 정리하는 기회로 삼자.

5장

딱지투자는 모두 불법일까?

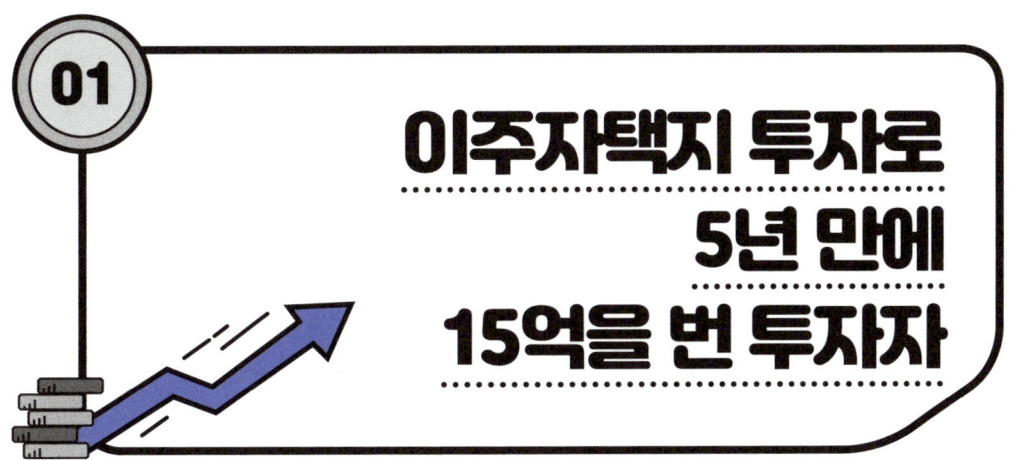

01 이주자택지 투자로 5년 만에 15억을 번 투자자

이주자택지(이하 '이택'이라 한다)는 개발로 인해 토지나 건물에서 떠나야 하는 원주민들에게 점포겸용 택지나 단독주택지를 공급 원가나 일반인 공급가 80% 정도의 저렴한 가격에 분양을 해준다. 이택은 입지가 좋은 곳에 있기 때문에 인기가 높다. 이곳에 투자하는 방법을 알아보자.

 이주자택지 시점별 특징

부동산을 운영하는 강 대표라고 했다. 땅을 소개받고 컨설팅을 하기 위해 만나게 되었다. 처음에 통화했을 때 상당히 적극적이고 열정이 넘친다는 인상을 받았다. 어느 금액 대의 매물을 구해 달라고 하자 금방 매물을 구해서 연락해주었다. 결국 그 매물 중 위치가 좋은 매물을 내 고객과 계약했다. 이 일을 계기로 지속적으로 같이 일하게 되었는데, 나중에 조금씩 이야기를 풀어놓았다. 본인은 동탄과 고덕에 투자하고 중개를 하면서 15억이 넘는 돈을 벌었다고 한다. 물론 확인할 길은 없지만 대표의 성향을 보면 거짓말일 것 같지는 않았다. 그 정도로 기회가 많기 때문이다.

내가 평택에 컨설팅을 하러 갔을 때는 자금적인 여유가 있었고, 직접 땅을 매집한 후 분할해서 팔 정도로 자금력이 충분했다. 이런 투자를 하려면 이주자택지가 무엇인지 알아야 한다.

택지지구 내에서 상가주택이 탄생하는 과정은 오른쪽과 같다. 투자지구 개발을 발표하고, 그 지역에 살고 있는 사람들을 내보내면서 이들에게 보상해주는 것이 이주자택지다. 이주자택지는 한국토지주택공사(LH)에서 토지를 조성하는 데 들인 비용, 즉 원가의 80% 선에서 공급하기 때문에 향후 일반인들에게 공급하는 택지보다 무척 저렴하다. 그래서 맨 처음에 돈을 버는 사람은 원주민이고, 그다음이 약간의 프리미엄을 얹어주고 원주민에게 산 사람이다. 이 사람들이 구입한 토지는 향후 한국토지공사에서 일반인들에게 분양하는 토지 가격(원가의 1.5~2배)만큼 올라가게 된다.

이주자택지 딱지를 사는 방법은 사실 불법이라 추천하고 싶지는 않지만 실제로 일어나고 있는 일이니 참고하길 바란다. 택지지구가 지정되면 그 범위 안에 사는 분에게 얼마를 드릴 테니 나중에 이주자택지를 받으면 나에게 전매해 달라고 약속하는 계약서를 쓰는 게 바로 이주자택지 딱지를 사는 과정이다. 공인중개사가 중개하고, 법무사를 통해 택지지구 안의 원주민 주택에 가압류 설정을 해놓는다. 돈만 받고 전매를 해주지 않을 경우를 대비한 안전장

탄생순서	위치와 가구 수 측면	자금 측면
1. 이주자택지 딱지를 살 때	위치 좋은 편, 가구 수 유리 대로변이 당첨되면 큰 득을 볼 수 있음	딱지가격만큼의 목돈 필요 개발이 지연되면 아주 오래 묶임
2. 이주자택지를 살 때	위치 좋은 편, 가구 수 유리	프리미엄이 붙어 있고, 이주자에게 공급된 가격이 싸 대출이 적게 나오기 때문에 초기자금이 가장 많이 필요
3. LH공사에서 분양 받을 때	위치와 가구 수에서 이주자택지보다 나쁜 편이나 시간이 흐르면서 평준화됨	계약금만 내고 6개월마다 분할하여 중도금을 내며, 대출이 많이 나오기 때문에 적은 금액으로도 매입 가능

– 《마흔살 행복한 부자아빠》, 아파테이아, 길벗

치인 셈이다. 그러나 실제로 가압류까지 하지는 않고 20여 종 가까이 되는 서류를 받아둔다. 문제가 생길 때 책임지게 하기 위해서다. 뜻밖의 행운으로 대로변 코너에 있는 길거리 쪽을 잡을 가능성도 있지만, 안 좋은 위치를 받을 가능성도 있다. 하지만 지금까지 원주민에게 주어지는 이주자택지는 대체로 택지지구에서 가장 노른자위 땅이거나 가구 수 제한에 혜택(협의자택지는 3가구, 이주자택지는 5가구)을 주는 등 일반인에게 분양할 때보다 항상 좋은 편이었다.

강 대표도 이런 이주자택지 딱지를 중개했다. 딱지가 시장에 돌 때는 그냥 돌아다니지 않는다. P(프리미엄)가 붙어서 돌아다닌다. 중개는 양쪽에서 대략 500만 원 정도의 수수료를 받는다. 사실 이런 거래는 굉장히 빈번하게 일어나므로 수수료 수익도 생긴다. 더 좋은 것은 이런 시장에 있으면서 중개하다 보면 부동산이 그 가치를 먼저 알고 수익을 올릴 가능성이 커진다. 적절한 타이밍에 들어가서 건당 5천만 원 정도의 P(프리미엄)를 붙여 판다. 물론 실제로는 더 많은 돈을 벌겠지만 이런 식으로 투자도 하고 중개도 하면서 이중으로 돈을 벌었다.

블로그를 운영하고 상담하다 보면 생각보다 많은 투자자들이 이주자택지나 협의자택지에 투자하고 있다. 이주자택지는 분당-판교-위례-광교-동탄-고덕-원주-향남-청북으로 이어진다. 나도 위례 신도시와 동탄에 이주자택지를 보러 다녔었다. 80평 이택이 5억 5천~6억 5천, 그런데 가구 수 제한이 3가구였다. 5억 5천+1억 2천(택지분양금, 80평×150만 원)+건축비 5억이면 총 11억 7천이다.

평택의 땅 지주가 땅을 파는 이유를 물어보았다. 평택시 안중읍의 송담지구 이택 74평 4층 건물을 12억 정도에 샀었는데, 잔금 치를 돈이 부족해서 평택 신영리의 땅을 판다고 한다. 송담의 이주자택지 땅 가격은 평당 450~650만 원 정도라고 한다. 동탄은 5억 5천+1억 2천(택지분양금)으로 6억 7천/80평하면 평당 8,375,000원이다. 땅 가격이 좀 비싸다. 송담 500만 원, 동탄 837만 원으로 건물의 건축가격은 비슷하다. 임대료는 약간의 차이가 생긴다. 앞으로 사업이 시행될 현덕이택, 고덕이택, 동탄이택, 송담이택과 비교해보면 사업성과 투자가치를 확인해볼 수 있다.

다음 표를 통해서 임대료를 얼마나 받아야 하는지 스스로 계산해야 한다. 여기까지 계산하면 이주자택지나 협의자택지의 투자가능성을 평가할 수 있다. 물론 도시가 형성되기 전에는 보증금과 임대료를 얼마나 받을지 알기 어렵다. 이런 분석이 실질적인 이택투자의 실력이라고 본다.

동탄 이택 80평, 3가구	건폐율 60% 용적률 180%	바닥 48평, 연면적 126평 구조 1층 상가 2층 투룸 2개, 원룸1개	보증금 : 임대료 : 투자금 : 수익률 :

 ### 이택투자에서 가장 중요한 임대료와 공실

이택투자에 있어서 가장 중요한 점은 임대율과 공실 여부다. 임대료 수익의 성공 여부는 주변에 풍부한 일자리가 있거나 유동인구가 있어서 임대 가능성이 높은 지역인가에 달려 있다. 이런 지역에 점포 겸용 단독주택이 있다면 인구 이동이나 평균연령이 어느 정도 되는지 등 시장조사를 충분히 해야 한다. 평균연령이 젊을수록 소득이 많다 보니 구매력이 높다고 본다. 건축에 있어서는 도시가 충분히 성숙되어 안정적인 거주인구가 확보되어야 공실 없이 이자를 내면서 자금 사정을 견딜 수 있다.

이주자택지 투자는 땅 투자에 있어서 비교적 안정적인 투자라고 볼 수 있다. 이미 기반시설이나 거주인구가 갖추어진 곳이기 때문에 개별적인 토지와는 다르다. 알고 있겠지만 기본적인 건축 과정을 짚어보면 다음과 같다.

> **건축 과정**
> 설계 - 허가 - 착공신고 - 시공 - 사용신고(사용승인: 시장, 군수, 구청장) - 건축사용(건축주) - 취득신고(건축주) - 건축물관리 대장 교부(시, 군, 구청) - 취득신고(건축주)

다음은 다산신도시 점포주택 신축(이주자)을 분석해보자.

대지면적: 80평, 연면적: 140평(실면적 180평)

건폐율: 60% 상가율(1~3개 호실) 및 주택(5세대)

용적률: 180%

하남 감북지구는 필지가 153개이나 원주민 물량 약 120개 정도, 나머지 경쟁입찰, 건폐율 60%, 용적률 200%, 6가구 4층 이하다. 평택 고덕신도시는 용적률 180%, 건폐율 60%, 1층 상가 + 5가구(4층까지만 건축 가능)이니 참고하자.

실제 땅을 사서 건축을 하려는 투자자가 시장이나 수요 분석을 제대로 하기는 현실적으로 어렵다. 이럴 때 두 마리 토끼를 한꺼번에 잡는 방법이 있다. 땅도 사면서 건축도 하는 방법인데, 이주자택지의 땅을 사면 가능하다. 이주자택지는 주변이 산업단지나 택지개발지구라서 수요가 특정되어 있다. 안정적인 수요가 확보되어 있기 때문에 큰 어려움은 없다.

 ### 이택투자에서 주의할 점

한편, 대법원의 판례(대법원 2017. 10. 12. 선고 2016다229393, 229409 판결)의 "위 택지 공급계약을 체결하기 전에 장차 공급받을 택지를 그대로 전매하기로 하는 내용의 택지분양권 매매계약이 체결되었다 하더라도 택지분양권 매매계약에 대한 시행자의 동의 자체가 불가능하므로 이는 무효"라는 판결

비교	조달
토지비 5억 건축비 7억 5천만 원(140평 → 5,357,142원) 　　　　　　　　(180평 → 4,166,666원) 기타비용 1억 원(세금, 금융비용 등) 합계: 13억 5천만 원	자기자금: 2억 원 대출금: 8억 원(연 3.8% 금리) 전세보증금: 3억 5천 합계: 13억 5천만 원

임대차계획	임대료 합계
상가 2개 호실 2층 2세대(2룸×2) 4층 1세대(3룸) 합계:	상가 2개 6천만 원/월 300만 원 원룸1 4천만 원/월 100만 원 원룸2 4천만 원/월 100만 원 4층 세대 2억 1천만 원 보증금 총액 3억 5천/월 임대료 500만 원

수익률 : 자기 자본금 2억/월 수익 약 250만 원=약 15%

후 원주민인 분양권 매도자와 전 매수자 간에 '분양권 명의변경절차 이행 청구 소송'이 상당히 많이 발생하고 있는 상황이다. 낮은 가격에 전매한 원주민들은 분양권을 되찾을 수 있는 길이 열린 상태에서 사전에 불법 매수한 자들이 소송에서 질 가능성이 커짐에 따라 점차 소송은 취하(합의)되거나 줄어들고 있는 추세다.

— 《브릿지경제》, 2018월 5월 28일 자

이택을 불법 매수한 투자자들은 매도인 원주민과 소송이 걸린다면 위의 판결에서처럼 소송에서 질 가능성이 있다. 그래서 위험하다. 그러나 이런 일은 몇만 건 중 한 건 정도 발생하는 일이다. 실무에서는 '도장값'이라고 해서 매도인이 억울하지 않게 서로 타협을 한다. 물론 불안하다면 투자하지 않는 게 좋다.

02 물딱지, LH토지분양권 투자의 실제

물딱지는 개발지에 수용되는 토지+주택에 보상으로 주는 이주자택지다. 이주자택지를 받는 것은 거의 확실하지만 아직 확정되지 않은 매물을 말한다. 보상통지서도 못 받았고, 위치 추첨도 되지 않았다. 이런 물건도 시장에서 암암리에 거래된다.

 현장고수의 물딱지 매집

평택에 현덕지구가 있다. 아직까지 확정되지는 않았지만 확정 발표를 한다면 주변 땅에 대한 파급력은 클 것이라 본다. 한 이택투자의 고수는 그 지역에 5년을 투자했다. 그렇게 현덕지구를 알게 되었다. 현덕지구 이택이 시장에 나오기 전에 매집하려고 작업을 했다. 일단 지구지정으로 이주자택지를 받을 수 있는 원주민을 하나둘 포섭했다. 명절이면 선물을 돌리고 동네 이장이나 주민자치회, 현덕지구 대책위원회 등과 친하게 지냈다.

그렇게 작업을 한 이유는 이주자택지가 시장에 나오기 전에 선매집하기 위해서라고 했다. 그렇게 해서 총 130여 개의 이주자택지 중 50여 개의 이주자택지는 자신의 손을 거쳐서 시장에 나오게 된다고 했다. 사실인지 아닌지는 알기 어렵지만 자주 만나서 이야기해보니 지금까지 내용이 그랬다.

대략적인 거래 가격은 2억 5천만 원 정도라고 한다. 이런 이택의 물딱지들은 몇 회전을 거치는 동안 금액이 높아진다. 앞서 이야기한 동탄의 이택도 이런 과정을 거쳐서 5~6억 정도로 거래된다. 물론 지구 지정이 되고 위치추첨까지 끝나면 보통 1회 정도 합법적인 명의변경을 할 수 있다.

계산대로 2억 5천에서 5~6억 정도라면 2억 5천~3억 5천 정도의 P(프리미엄)가 붙는다. 물론 현장 상황에 따라 더 많은 P가 붙거나 아예 붙지 않을 수도 있다. 최악의 경우는 마이너스 P가 붙을 수도 있다. 고수도 고덕 이택에서 3천만 원을 손해 보고 매도했다. 가끔 고수도 그럴 수 있다. 그도 땅 투자를 하다가 이주자택지 투자를 알게 되었다고 한다. 처음에는 이런 투자가 있는지도 알려주지 않았다. 대부분의 투자자들은 이런 투자가 있는지도 모른다. 나 역시도 몰랐다. 땅에 투자한 후 우연히 수용되고 보상받고 환지가 되는 것이 일반적인 투자 방식이다.

땅이 수용되면 좋은 경우도 있고 나쁜 경우도 있다. 어떤 투자자들은 수용되는 땅만 찾아다닌다. 이택투자에 있어서 물딱지는 수용, 환지되는 땅이지만 이주자택지나 협의자택지로 지정받을 수 있는지 없는지 불투명한 그런 땅이다. 만약 추첨을 통해 단독택지로 환지받을 땅을 지정받지 못한다면 매도자(보통은 토지+주택의 소유주)로부터 매매금액을 되돌려 받아야 한다. 이때 매도자가 매매금액을 돌려주지 못하면 소송까지 가야 하기 때문에, 이런 문제를 방지하기 위해서 압류, 가압류, 저당권 설정을 통해 채권 회수에 문제가 없도록 한 것이다.

실제로 소송까지 간다면 매수자 즉 채권자가 패소할 가능성이 있다. 인터넷에 여러 사례가 나오니 참고하면 좋을 것이다. 이렇게 위험한 투자를 누가 하겠냐고 생각할 수 있지만 이런 물딱지에 대한 투자도 현장에서는 제법 하고 있다. 그러나 대부분 문제가 생기지는 않는다. 그런데 어떤 사람이 귀찮게 자신의 재산에 가압류나 근저당권 설정까지 하면서 매도를 할까. 이런 소유주들은 오랜 시간 재산권 행사를 하지 못해서 빚을 지고 있는 경우가 많다. 아니면 보상금이 나올 것으로 예상하고 다른 부동산에 투자했다가 자금에 문제가 생긴 분들이다. 흔히 보상금이 나오는 지역들은 수용되지 않는 주변의 토지들이 급격하게 오르기 때문에 불안감 때문에 미리 움직인다.

이렇게 급격하게 오르는 지역이라도 투자자는 조급한 마음을 버려야 한다. 장자에 나오는 '싸움닭' 이야기처럼 싸움의 고수는 누가 아무리 싸움을 걸어도 반응조차 하지 않는다. 같이 맞짱을 뜨다가는 결국 둘 다 손해를 본다. 투자의 세계에서 참고 인내할 수만 있어도 원금 손실이 없다. 투자금을 들고 있으면 언제든 기회는 온다. 설부른 판단으로 나서면 소중한 원금도 잃고 투자 기회도 잃어버린다.

이주자택지의 수익률 분석

《나는 집 대신 상가에 투자한다》, 김종률(옥탑방보보스) 지음, 베리북

이 책을 읽어보면 상가 투자에 대한 여러 가지 답을 얻을 수 있다. 이주자택지 투자에 있어서 가장 중요한 점은 역시 1층 상가의 수익이다. 부동산 투자 시 모든 물건은 서로 관계를 가지고 있다. 아파트-상가-원룸-다세대-다가구-땅은 별개의 부동산이 아니라 밀접한 관계를 가지고 있는 재테크 수단이다.

상가 투자에 대해 잘 알고 있다면 다가구나 점포겸용 주택(상가주택)에 대한 투자도 잘 할 수 있다. 다양하게 얽혀 있는 부동산 관계를 생각하면서 투자를 진행하면 실패를 줄일 수 있을 것이다. 이 책은 올바른 상업지역별 접근법을 알려준다. 상업지역의 구분 개념 잡기, 택지개발지구(신도시) 상가의 3단계 접근법, 중심상업지역, 일반상업지역의 3단계 접근법, 근린상업지역 상가의 3단계 접근법, 다세대, 단독주택 밀집지역 상가의 접근법, 영원한 블루칩, 돈 되는 상가주택을 고르는 3가지 법칙을 읽어보고 이택투자에 있어서 중요한 상가를 분석하는 법을 알고 투자하자. 그중 가장 중요한 개념은 입지와 유효 수요다.

이주자택지로 위치 추첨을 받은 땅은 거래가 가능하다. 안전이 보장된다 해도 수익이 보장되는 것은 아니다. 수익을 남기려면 세밀한 분석이 중요하다. 점포겸용 주택은 1층의 상가에서 월세가 얼마나 들어오는지가 제일 중요하다. 1층의 월세는 입지에 따라서 달라진다. 어떤 업종을 할 수 있는지, 배후 거주지의 세대수는 얼마인지, 근린상가 주변인지에 따라서 1층 월세가 결정된다.

예를 들어 학교로부터 200미터를 벗어난 지역이라면 PC방, 노래방 등이 가능하다. 이런 업종이 가능한 지역의 상가라면 월세가 좀 더 많이 나오고, 임차를 하려는 사람들도 많아진다. 즉 공실의 위험도 그만큼 줄어든다.

또 1층을 원룸으로 허가받을 수 있는지가 중요하다. 상가 활성화가 안 된 지역이라면 1층을 원룸으로 만들 수만 있다면 수익률이 좋아진다. 그런 지역인지 아닌지는 중개사들이 알고 있으며 시·군·구 도시계획과에 문의해도 자세히 알려준다.

이택투자자들은 상당히 돈을 많이 번다. 이택투자의 가장 큰 장점은 무엇일까? 매수자가 세금을 부담한다는 점이다. 땅에 있어서 단기차익의 세금은 50% 정도다. 1억을 남겼다고 해도 5천이 세금으로 나간다. 그런데 이주자택지를 매매하면 매도자는 세금을 내지 않는다. 1억을 남겼으면 1억이 고스란히 수익이다. 그래서 이택투자를 많이 한다. 또 환금성이 좋다. 땅은 오랜 기간 가지고 있어야 하고 변수도 많다. 이택은 그렇게 오래 가지고 있지 않아도 꾸준히 매수자가 찾아온다.

자, 다시 한번 이주자택지에 건축을 해서 임대료 수익을 계산하는 법을 알아보자. 이런 식으로 분석하다 보면 건축물을 수익적인 측면에서 분석하는 것이 자연스러워진다. 꼭 땅에 투자하지 않아도 여러 방면에서 활용이 가능하다. 투

> **이주자택지 흐름**
> 원주민 - 이장이나 동네 부동산에서 원주민을 설득한다 - 1차 매수자가 나타난다 - 적정한 P를 붙여서 2차 매수자에게 판다 - 이렇게 몇 회를 회전하는 동안 P가 붙어서 돌아다니게 된다.

> **수익률 분석**
> 최종적으로 수익률 분석은 (임대료×12-대출이자)/(총투자비-대출-보증금)
> (600만 원×12) = 7200만 원 - 1400만 원(4억 대출, 3.5% 이자)=5800만 원
> 7억 5천만 원(2억 P) + 1.5억(토지대금) + 4억(건축대금, 500만 원×80평)
> 7억 5천(총투자금) - 4억(대출) - 1억(보증금) = 2억5천
> 5800만 원/2억5천×100 = 23.2%의 수익이 나온다.

자자 스스로 목표 수익률을 정하고 공실이 생겼을 때, 프리미엄을 더 줄 때, 건축비가 더 들어갈 때를 계산한다. 경우에 따라서 어떻게 수익률이 변하는지를 공식화해서 계산해본다면 상당한 도움이 된다. 이를 엑셀로 작성해서 수치만 변화시키면 목표 수익률이 나온다. 수익률 분석도 하지 않고 주먹구구식으로 안일하게 투자하는 것은 실수를 부른다. 최악의 스토리는 상당기간 공실까지 생기는 경우다. 공실이 생기지 않으려면 시장 조사를 철저히 해야 한다.

LH에서 이주자택지를 분양받을 때 투자가치를 결정하는 방법

LH공사 사이트에 가면 각 지역별 이주자택지 분양 현황이 나온다. 원주시 반곡동 1848-5번지 점포겸용 택지 80평(평 단가 386만 원)이 있는데, 현재 평당 500만 원 이상에 거래되고 있는 토지란다. 원주시 반곡동 1926-4번지 점포겸용 주택 97평(평단가 420만 원), 현재는 500만 원 이상에 거래된다.

공사에서 개인에게 분양하는 경우에는 경쟁률이 엄청나게 높아진다. 1만 대

1 정도로 거의 로또 수준이다. 전국에 점포겸용 단독택지들은 널려 있다. 전국을 분석하고 예상 수익률을 정확히 점친다는 것은 거의 불가능에 가깝다. 하지만 한두 군데만 제대로 분석하고, 분석하는 방법을 알고 접근한다면 전국 어떤 지역이라 하더라도 분석하는 것이 어렵지 않다. 그래서 옥석을 가릴 줄 아는 분석력을 갖추는 것이 중요하다고 거듭 강조하는 것이다. 주로 다음과 같은 것을 보고 투자가치를 결정하면 된다.

투자가치가 있나 없나?
1. 1층 상가 + 5~6가구가 가능한가?
2. 1층 원룸이 가능한가?
3. 학교정화구역 외에 위치해 있는가?(학교로부터 200미터 이상)
4. 건폐율 60%, 용적률 200%면 아주 좋은 조건
5. 공실 발생 가능성이 적은 지역
6. 근린 상가에 가까운 지역

굳이 LH공사에서 분양을 받는 것보다 좀 더 여러 지역을 답사해보면서 판단해야 한다. 꼭 어디가 좋다 나쁘다 결론을 내리기 힘든 것이 이주자택지, 협의자택지에 대한 투자다. 이래저래 이주자택지는 땅 투자의 대안이라고 할 수 있다. 그래서 땅 투자의 꽃은 이주자택지, 협의자택지 투자라고 할 수 있다. 이택 투자에 성공할 수 있다면 주변 토지 투자는 어렵지 않다. 이택의 수익만 제대로 분석할 줄 알면 쉬운 것이 주변 토지 투자다. 이택투자는 모든 여건이 갖추어진 상태로 분석하기만 하면 된다. 별 어려움이 없다. 땅은 아무것도 없는 허

허벌판의 논이나 밭, 과수원 상태에서 분석해야 한다. 일반 건축물이 있는 부동산과 건축물이 없는 부동산 투자는 천지 차이다. 많은 상상력을 동원해야 그림이 그려진다. 그림이 그려지지 않는다면 땅에 투자할 수 없다는 점을 기억하자.

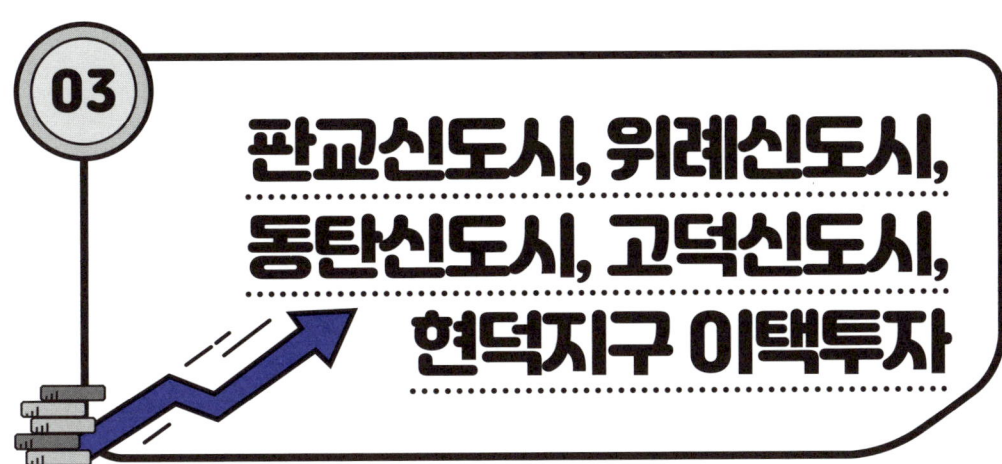

03 판교신도시, 위례신도시, 동탄신도시, 고덕신도시, 현덕지구 이택투자

제목에 나온 지역에 이택투자를 했더라면 얼마나 좋았을까? 아쉬움이 남는다. 지금 이 지역들의 이택은 꾸준히 가격이 상승하고 있다. 당연하지만 이택투자도 좋은 입지가 중요하다. 이들 지역의 투자에 성공한 사례를 만나보자.

 이택투자 고수와의 첫 만남

이택투자의 고수인 지인은 투자하기 위해 꼭 알아야 한다면서 몇 번을 위례신도시에 나를 데려갔다. 그때까지만 해도 이택투자에는 관심도 없었지만, 업계에 있으니 공부하는 셈치고 갔었다. 처음에는 건축물 공사장을 주로 다녔다. 건축물 공사장의 디자인은 어떤지, 외벽은 어떻게 지어지는지, 상

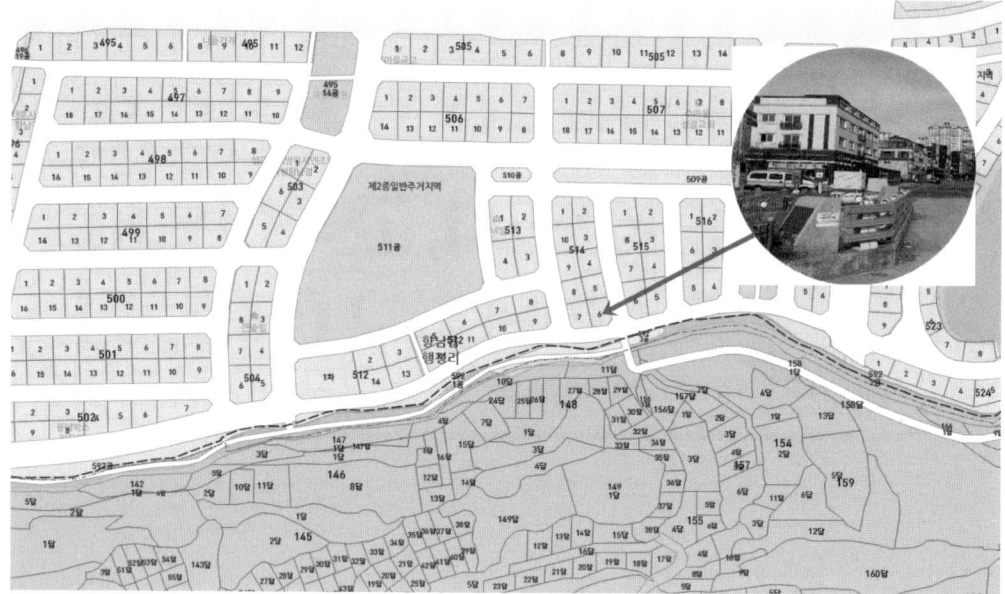

경기도 화성 향남의 이주자택지

가는 어느 정도 높이로 하는지 등등 디테일한 부분까지 살피고 다녔다. 나중에는 상가를 주로 보았다. 막다른 곳의 구석은 음지인데다가 임대가 잘되지 않아서 썰렁했다. 비슷한 돈을 들여 건축했는데도 어떤 곳은 임대가 잘되고 어떤 곳은 수개월째 공실이었다. 만약 자금이 부족한 건축주라면 벌써 경매로 넘어갔을 것이다.

평택 송담지구에 있는 이택 토지가 이런 식으로 경매로 넘어온 경우들을 많이 보았다. 때로는 부동산에 땅이 나온 경우도 있었다. 원래는 평당 650만 원에 거래되던 이택의 토지가 450만 원까지 떨어져서 부동산매물로 나온 경우도 있었다. 적어도 1억 5천~2억 정도는 손실이 났을 것이다. 송담지구 이택에 건축한 점포겸용 주택은 매매가가 12~15억 정도다.

　도시가 형성되는 어수선한 초기에는 이런 일들이 많이 발생한다. 주변 토지에 한꺼번에 동시다발로 건축을 해서 완공되기 때문에 수요보다 공급이 넘치기 때문이다. 하지만 시간이 지나고 주변에 거주인구가 늘면 원룸에 사는 사람들도 있고, 주변 산업단지가 완공되어 출퇴근하는 회사원도 늘어나게 된다. 이렇게 되면 공실이 줄어들고 안정화 단계에 들어간다.

　그런 시기에는 점포겸용 주택의 매물은 귀해지고 가격은 올라간다. 투자 대비 수익률도 건축주 수익률이 초기에 20%였다면, 매수자가 사는 시점에는 10% 정도의 수익률로 맞춰져 시장에 나오게 된다. 어떤 지역이든 공식처럼 이렇게 된다.

 한계를 뛰어넘어야 투자에 성공할 수 있다

　현장이 스승이요 현장이 답이다. 막연한 두려움보다 끊임없이 부딪치고 소통하는 과정 속에서 얻는 것이 훨씬 많다. 교과서적인 지식이 아니라 현장에서 얻는 실무 경험이나 지식이 우리를 부자로 만들어준다. 우리 대부분은 부자가 되지 못하고 평범하게 산다. 늘 습관적으로 내뱉는 말이 "돈 없어"다. 돈이 없으면서 돈을 벌 각오나 돈을 벌 생각은 하지 않는다. "인생 별것 없어. 이렇게 살다 죽지, 뭐"라고 한다. 우리 아이들도 이걸 듣고 자라고 손자들도 이 말을 듣고 자란다. 생각이 습관을 만든다. 말이 씨가 된다는 걸 잊지 말자. 우리가 부자가 되지 못하는 이유는 분명하다. 자기 한계를 걷어차 버리고 실패해도 도전해야 한다.

이택투자에 있어서 지역이나 입지는 중요하다. 판교, 위례는 가장 '핫'한 곳에 위치하고 있다. 누구나 탐낼 그런 지역이다. 이 지역들도 처음부터 이렇지는 않았다. 시간이 지나고 도시가 안정되었기에 가능한 일이다.

> 분당 야탑동의 W공인 관계자는 "아파트 앞 대로변 한 필지(123평)는 프리미엄이 최소 10억 원"이라며 "이후에도 땅값 9억 3000만 원을 3년간 토공측에 분납해야 한다"고 설명했다. 이에 비해 골목 안에 있는 일반적인 80평대 부지는 5~6억 원 선에 거래가 조금씩 이뤄지고 있다.
>
> - 《한국경제신문》, 2007년 3월 26일 자

위의 기사에서 판교 이주자택지는 땅값 + P(프리미엄) = 19억 3천 + 건축면적 220평 × 500만 원 + 11억 = 30억 3천만 원이었다. 현재 이 건물은 얼마나 할까? 50~60억 이상이다. 시세차익은 20~30억 원이다. 이 이주자택지를 물딱지 상태에서 저렴하게 샀거나 P(프리미엄)가 적게 붙었을 때 산 사람들은 더 큰 수익을 얻었다. 이렇게 부자들은 계속 부자가 된다. 모르는 사람은 이런 게 있는지도 모르는데 말이다.

판교 신도시가 만들어질 때 가까운 곳에서 근무를 했었다. 같이 근무하는 직원은 그곳에 임대아파트를 분양받았다. 천당 밑에 분당, 분당 옆에 판교라는 이야기가 나왔지만 당시 나는 판교를 살펴볼 생각조차 하지 않았다. 단지 하고 있는 일이 잘 되는지 안 되는지에만 관심을 가졌었다. 그때 하나만 고집하지 말고 이주자택지, 협의자택지에 대해 공부하고 투자했더라면 지금 상황은 달라졌을 것이다. '우물쭈물하다가 이럴 줄 알았지'라는 이야기처럼 이렇게 될 줄 알았다. 지금이라도 늦지 않았다. 위례 – 판교 – 광교 – 동탄 – 고덕 – 현덕으로 이어지는 투자의 기회를 날리지 말자. 다산 – 하남 – 원주에서도 기회는 계속 늘어난다. 단 한 번이라도 현장을 다녀온다면 관심을 가지고 투자할 수 있을 것이다.

많은 사람들이 경쟁률이 치열한 경매 매물을 잡겠다고 법원과 현장을 다닌다. 기회는 그곳에만 있는 것이 아니다. 전국에 존재하는 많은 이주자택지에서 얼마나 많은 부자들이 나오는지 모른다. 돌아보면 주변에 많은 사람들이 알게 모르게 이주자택지에 투자하고 있다. 또 땅을 사서 건축을 한다. 전체적인 흐름을 알고 한다면 분명 돈을 벌었을 것이다.

평택시 현덕면 권관리, 장수리 일대에 현덕지구가 있다. 황해경제자유구역에 있는 현덕지구는 중국(역근그룹) + 포스코 + 미래에셋이 지분을 가지고 관광레저단지 약 73만 평이 계획되어 개발이 진행되고 있다. 이곳에 5년이 넘는 기간 동안 투자하고 있는 사람이 있다. 그의 최종적인 목적은 현덕지구 이주자택지 130여 개 중 원주민 이주자택지 딱지를 많이 사서 유통시키는 일이다. 현덕지구는 다른 지역과는 달리 계획대로 진행된다면 하루 유동인구만 해도 수만 명 이상이 될 가능성이 있다. 평택항 여객복합터미널을 통해서 크루즈 여객선이 들어오면 관광객들이 현덕지구로 쏟아져 들어온다. 한 번에 약 2~3만 명의 인원이다. 평택호 건너편에는 10만이 넘는 미군과 그 가족들이 거주하는 평택 미군기지가 있다.

또 평택의 고덕국제신도시에는 삼성전자와 협력업체 직원 등 10만이 넘는 주민이 있다. 이런 여러 가지 상황만 보면 하루 5만 정도의 관광객이 들어오는 수도권 최고의 관광 유통 쇼핑 레저단지가 될 가능성이 보인다.

지금 현덕지구는 보상통지서도 나오지 않은 일명 물딱지 상태다. 그래도 거래 가격은 2억 5천 정도다. 이 가격에서 P(프리미엄)가 얼마나 붙을지 모른다. 제대로 계산해본다면 수익률 분석이 가능하다. 현재는 사업시행에 문제가 있어 좀 더 지켜보아야 한다. 투자해야 할지 말아야 할지를 계산하는 방법은 여러 가지다. 이택지 주변의 땅을 사야 하는지 이주자택지를 사야 하는지를 고민할 때 반드시 알아야 하는 것이 유동인구 분석과 더불어 임대료를 얼마나 받을 수 있는지를 스스로 분석해 파악하고 확인해야 한다.

점포겸용 주택, 주거전용 주택 한 채 가지고 노후에 임대료를 연금처럼 받을 수 있는 안전한 투자 방식이 이주자택지다. 4층에는 주인세대가 거주할 수 있도록 구성하면 노후에 거주 문제 걱정도 없고, 공무원연금이나 국민연금에 매달리지 않아도 풍족한 소득으로 노후를 즐길 수 있다. 지금이라도 전국에 살고 싶은 곳을 찾아서 거주와 노후라는 두 마리 토끼를 잡을 수 있는 곳을 찾아보자. 나도 그 작업을 계속하고 있다. 4층에 재테크 부동산 공부를 할 수 있는 서재를 갖추고 내가 하고 싶은 공부와 컨설팅 강의를 할 수 있는 장소를 만드는 것이 꿈이다.

현덕지구의 이주자택지 투자 고수의 이야기가 귓가를 맴돈다. "이 대표님 현덕지구 이택에 작업을 해봐요 제가 돈 벌게 해드릴게요, 50억이든 그 이상이든 만들기 어렵지 않을 겁니다. 위례신도시의 이택들을 봐요. 40~50억은 할 겁니다. 한 채 정도는 가지게 만들어 드릴게요. 4층에 바베큐 파티장도 만들어 쉬어가며 살자구요." 지금은 현덕지구 사업이 진행 중에 있다. 꿈은 이루어질 것이다. 반드시 꿈을 가지자.

'점포겸용 주택용지 묻지 마 청약 주의보'라는 제목으로 원주 기업도시 내 필지는 최고 1만 9341 대 1의 경쟁률을 기록하고 있다고 한다. 당첨자발표 후 공인중개업소를 통한 매도 문의가 줄을 잇고 있다. 프리미엄은 최소 5천만 원이다. 웃돈거래는 불법이다.

― 《머니투데이》, 2017년 11월 29일 자

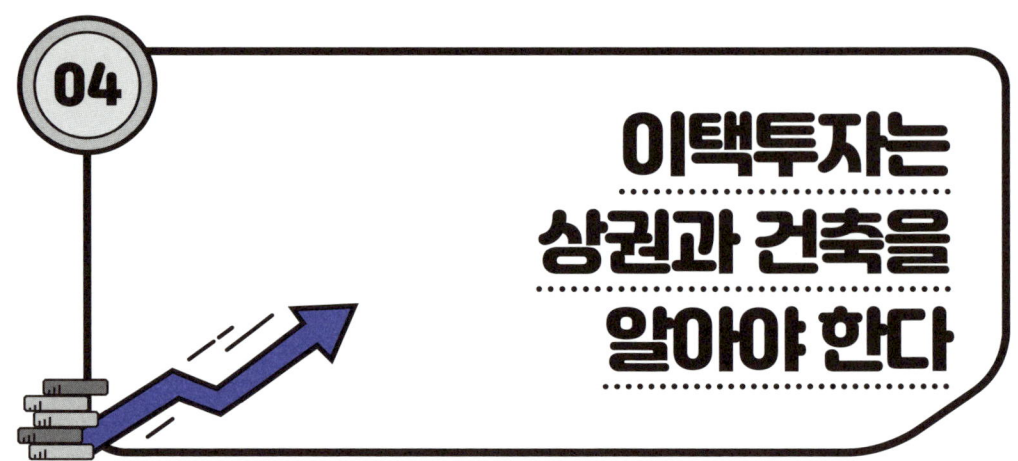

04 이택투자는 상권과 건축을 알아야 한다

세종시 연서면 와촌리가 100만 평 규모의 스마트 국가산업단지 후보지로 결정되었다. 가는 곳마다 쌍둥이 주택들이 눈에 띈다. 조립식 패널로 지은 소규모 주택으로 공사기간도 오래 걸리지 않는다. 축사 바로 앞까지 우후죽순으로 짓고 있다. 18㎡, 5평 남짓한 컨테이너로 만든 단독주택이 단지를 이룬다. 이게 뭘까? 보상금을 노린 이른바 '벌집'이다. 상당수가 보상금에 더해 이주자택지 입주권, 이른바 딱지를 노린 투기다. 불법과 합법 사이, 투자냐? 투기냐?

 이주자택지의 점포겸용 주택 건축 절차

꼬마빌딩의 경우 임대수익률 3~4%가 대세다. 지역별로 수익률 차이

이주자택지에 지은 상가주택 수익률

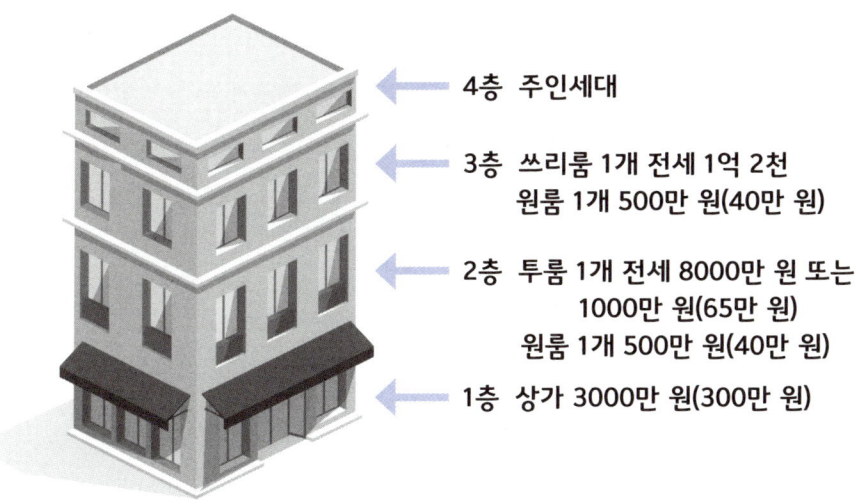

4층 주인세대

3층 쓰리룸 1개 전세 1억 2천
    원룸 1개 500만 원(40만 원)

2층 투룸 1개 전세 8000만 원 또는
    1000만 원(65만 원)
    원룸 1개 500만 원(40만 원)

1층 상가 3000만 원(300만 원)

가 있는데 강남권은 3%, 강북권은 3~4%, 수도권은 3~5%대에 걸쳐 매물이 나온다. 아파트 위주의 투자로는 더 이상 큰돈을 벌기가 어렵다. 작지만 수십만 원씩 월세가 나오는 오피스텔부터 시작해서 2~3억 원이 모이면 구분상가 투자로, 5~6억 원이 되면 리모델링, 경매, 신축으로 방향을 틀어야 한다. 그러다 보면 대한민국 금수저의 기준인 30억 원 부자가 될 수 있다. 야무지게 실행하면 당신도 분명히 성공한 투자자가 될 것이다.

꼬마빌딩 10~20억 정도라면 자기 돈 3~6억은 있어야 가능하다. 같은 돈을 이주자택지에 투자하면 두 마리 토끼를 잡을 수 있다. P(프리미엄)가 붙어서 그 자체로 매매해도 수익이 생긴다. 끝까지 가서 건축 후 임대를 한다면 20~30%의 수익을 올릴 수 있다. 세상에 아무리 물어봐도 은행은 1% 정도의 이자, 주식은 원금손실의 위험성이 있다. 펀드는? 채권는? 과연 일반인이 투자해서 높은 수익률을 올릴 수 있는 상품이 뭐가 있을까? 2억 원을 투자한다고 했을 때 원금이 2배가 되는 기간은 30%의 수익률이라면 72/30=2.4년이 걸린다. 2억이 4억이 되는데 2.4년이다. 이 세상에 이렇게 빨리 부자가 되는 방법이 있을까? 이전에는 아파트 분양권 투자만 잘해도 큰 수익을 올릴 수 있었지만 2017년 8.13조치 이후 어려워졌다. 아파트 투자는 보수적으로 생각하고 다른 투자를 생각해야 할 때다.

위에서 말한 세종시의 스마트그린 국가산업단지 이택도 이런 저금리시대에 마땅한 투자처가 없기 때문에 일어난 일들이다. 물론 불법을 저지르거나 투기를 하라고 하는 것은 아니다. 그저 이런 시장도 있다는 것을 알려줄 뿐으로, 합법적으로 정직하게 투자해도 돈 벌 기회는 많다. 조바심을 버리고 준비하고 경험하고 기다리면 분명히 기회는 온다.

 건축에서 중요한 주차장 면적

이런 절차를 통해 일반 토지에 건축허가를 받아서 건축을 하게 된다. 일반 투자자들이 시간과 비용을 들여서 허가를 받는 것보다는 LH공사에서 이미 준비가 된 땅에 건축하는 것이 훨씬 효율적인 경우가 많다. 저렴하지만 힘들게 가느냐, 비싸지만 편리하게 가느냐의 차이다.

건축사무소에서 설계를 의뢰한다. 의뢰자가 직접 설계한 그림을 가지고 건축사와 상담을 해보는 게 좋다. 건물 층수의 높이인 층고(바닥에서 천장까지의 높

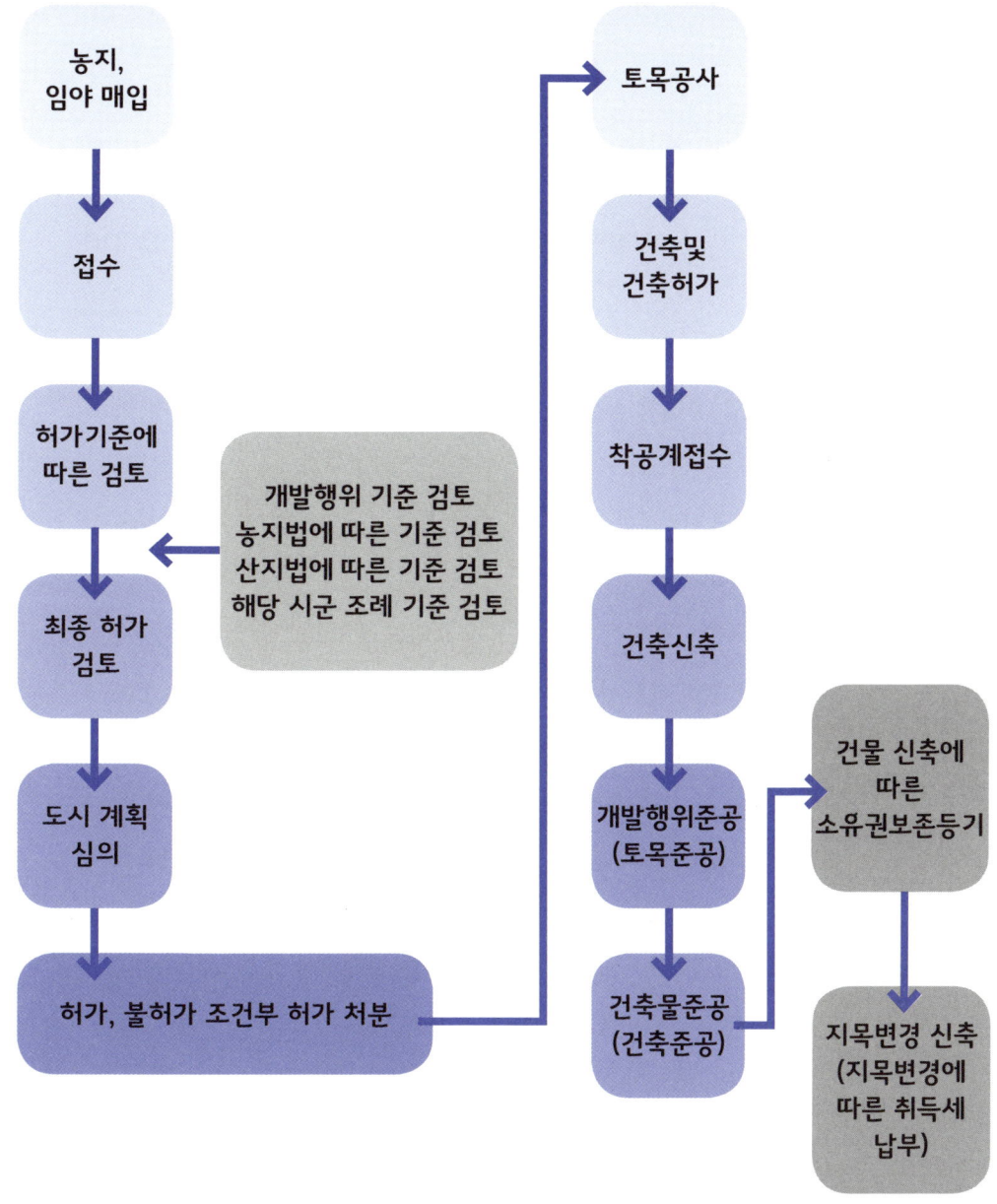

부설주차장 설치 기준		
제1종근린생활시설 제2종근린생활시설 숙박시설	시설면적/200㎡	
단독주택	시설면적 50~150㎡	1대
	시설면적 150㎡	1+(시설면적-150)/100

이)를 어느 정도로 할 것인지 결정해야 한다. 또 주차장을 어떻게 설계해야 하는지가 중요하다. 설계와 시공은 다르다. 설계는 건축사무소에서 시공은 ○○건설이라는 곳에서 한다. 기본설계비(50~100만 원)를 아깝다고 생각하면 좋은 건축사를 만나기 어렵다.

앞에서 부동산공법에 대해 이야기를 할 때 자세히 설명했으니 참고하자. 기본적인 기준은 이렇지만 지자체의 조례를 따라야 한다. 주차장은 건물가치를 증진시키는 핵심이요, 심장이다. 현실적으로 세속적으로 표현하자면 '주차장은 복덩어리다.' 따라서 법정 주차대수 규정은 빌딩 재테크에 가장 큰 족쇄다. 주차장 1대당 소요되는 면적이 1층에 설치할 경우 4~5평이 필요하고, 지하에 자주식 주차장을 둘 경우에는 10평이 필요하다. 가령 50평 대지상에 건폐율 60%를 적용하여 층당 30평씩 5층 건물(연면적 150평)을 짓고자 한다면 1층에 남는 공간이 20평이다.

평당 공사비는 맞지 않지만 자금을 확보하고 다른 건축물과 비교하기 위해서 필요하다. 서울에서 평당 350~400만 원(저가), 400~450만 원(중간), 500만 원~(고가) 건축 공사비는 모든 자재의 수량(재료비)과 그 일을 하는 데 드는 품의 양(노무비), 각종 부대비용(경비), 관리비, 시공사의 이윤이 포함된다. 이 중에 재료비와 노무비는 그 수량과 가격을 수량 산출서에 개재한다. 현실은 반드시 최소 10~20% 정도의 추가 금액을 준비하고 있어야 한다. 이외에도 건축과 관련된 일들은 많다. 몇 가지만 짚어보면 다음과 같다.

임대수익률 공인중개사 사무소를 통해서 최소 2~3군데를 비교 분석해서 알아보아야 한다. 국토교통부 실거래가 사이트도 확인하자.

설계 기본설계 - 계획설계 - 허가설계 - 실시설계가 있다. 설계비와 감리비는 절대로 아끼지 말아야 한다. 규모에 따라 다르지만 기본적으로 설계비 2,550만 원, 감리비 1,700만 원으로 책정한 표준계약서를 작성한다. 상주감리 5,000㎡ 이상 연속된 5개 층 건물과 3,000㎡ 이상 아파트, 다중 이용건물인 경우 현장에 상주해서 진행하는 감리를 규모에 따라 공정별로 투입하여 공정, 품질, 안전 등 모든 부분을 세세하게 챙긴다.

CM 건설사업관리(Construction Management)라는 개념으로 전체 사업을 진행한다. CM은 건설사업의 기획, 설계, 발주, 시공, 유지관리까지 통합 관리하는 것을 말한다.

관리 임대를 위한 건물관리, 임대료관리, 공실관리, 공용부분관리(청소 및 쓰레기 처리, 승강기 및 소방점검, 전기 및 시설 고장에 대한 대처와 관련된 시설관리, 정화조 관리) 및 임차인의 고충 처리 등이다. 임대료 관리는 경험이 필요하고 악덕 임차인에게는 별도의 법적인 조치도 필요하다. 공실을 없애거나 줄이기 위해서는 건물의 외관, 로비, 화장실, 승강기가 쾌적하고 근사해야 좋다. 건물 청소는 내부와 외부로 나누어 진행한다. 공용복도와 계단, 화장실은 주 2회 정도 청소해주면 된다. 직접 하기가 어려우면 청소대행업체에 맡길 수 있다. 월 25~30만 원이면 가능하다. 소형건물의 경우 외벽 청소는 웬만해서는 하지 않는다. 나중에 매도를 원한다면 내외부를 깔끔하게 손질한 후 내놓아야 쉽게 팔린다.

주차장, 지하 주차장 신축한 경우엔 주차대수를 늘려라. 대지 50~100평 정도 지상에 꼬마빌딩을 신축할 때 지하를 파지 않고 1층 빈 공간에만 주차장을 만들어서 5~6층까지 올릴 수 있는 땅인데도 3~4층만 올리는 경우를 자주 본다. 지하를 파지 않는 것은 순전히 공사비를 아끼겠다는 단순한 생각이다. 지하를 안 파고 1층에만 주차시설을 둘 경우 1층 점포의 크기가 작아져서 임대 수입에 부정적인 영향을 준다. 5층 이하 꼬마빌딩인 경우 1층에서 나오는 임대 수입이 전체 수입 중 거의 절반을 차지한다.

1층 상가 지하를 파서 주차장으로 만드는 이유는 1층 상가 임대료 수입 때문이다. 상권이 좋은 지역은 지하를 주차장으로 사용하고 1층은 상가로 임대를 놓아야 한다. 상가 임대료가 전체 건물임대료의 절반이다. 4% 수익률 법칙에 의해 300만 원의 추가 수익은 300×12=36,000,000원/0.04(4%)=9억 원이라는 건물가치 상승의 효과가 생긴다.

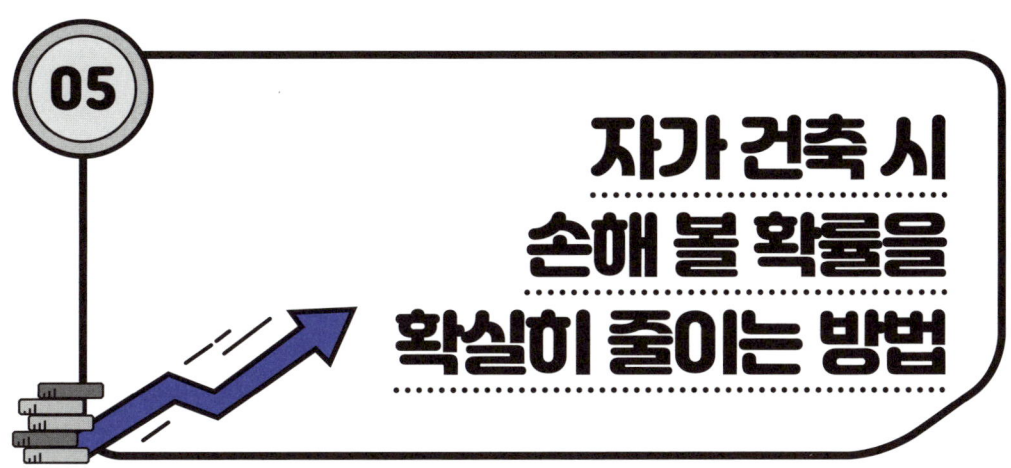

05 자가 건축 시 손해 볼 확률을 확실히 줄이는 방법

확실히 말해두지만 내가 건축을 해서 돈을 버는 방법은 하수다. 땅값이 올라서 부자가 되는 방법이 고수가 쓰는 방법이다. 말이 쉽지 건축은 매일 전쟁을 치르듯이 하루하루를 보내며 복잡한 문제를 해결해야 하고, 나보다 뛰어난 상대와의 싸움에서 이겨야 돈을 벌 수 있다. 뭐가 좋단 말인가? '자고 나니 부자가 되었더라.' 토지 투자로 돈 버는 방법은 이렇게 단순해야 한다.

그럼에도 불구하고 이런저런 정황상 건축을 생각하는 사람도 있을 것이다. 사실 사기 전에는 땅을 사서 건축을 해야 하는지, 지가상승을 노려야 하는지 아리송하다. 그렇게 우여곡절 끝에 어딘가를 사서 운 좋게 주변이 변하고 내 땅의 가치도 올라갔다 치자. 과연 얼마만큼 올라갈까? 현장부동산이 알까? 아니면 컨설팅을 해주는 전문가가 알까? 진짜 아무도 모른다. 그러니 어떤 사람이 내가 달통한 전문가니 다 알고 있다고 말해도 현혹되지 말자. 그런 정보는 어디에도 없다. 전문가로서 좀 더 구체적인 예상이 가능할 뿐이다. 그러나 건축을 생각하고 있다면 손해 볼 확률을 확실히 줄이는 방법은 있다!

1. 사기 전
시장 분석, 건축할 땅의 토지 투자수익률을 분석하자

사고 싶은 땅의 토지 투자수익률을 분석해보자. 이런 정보를 구축하다 보면 자신만의 경험과 정보가 쌓인다. 토지를 사기 전에 투자목적이 정확해야 한다. 건축할 땅을 살지, 땅 가격 상승만 기대할지를 정확히 하고 투자해야 한다. 건축할 수 있는 땅은 공법상의 제약이 없어야 하고, 건축법에 정해진 대로 건축허가가 나오는 그런 땅이다. 용도지역이 건폐율과 용적률이 잘 나오는 땅이어야 한다. 상업지역이나 주거지역, 관리지역이면 좋다. 매수가격과 매도가격, 즉 땅 가격이 적정한가를 알려면 엑셀로 자료를 만들고 제대로 분석할 줄 알면 좋다. 사용할 데이터는 정부에 구축되어 있는 자료들이 많다. 이를 활용해서 적극적으로 땅 투자에 활용한다면 좋은 성과를 거둘 수 있을 것이다. 땅 투자는 빅데이터의 활용과 밀접하게 관련되어 있다. 현상을 분석하고 해석하는 일이 무엇보다 중요하다.

토지의 최유효 이용을 위해서는 바람직한 건축물의 수요와 공급 임차인의 수요를 분석해야 한다. 이런 분석 없이 건축하는 일은 없어야 한다. 너무 낙관적인 접근은 위험하다. 땅을 사서 망했다는 이야기보다 건축하다가 망했다는 이야기가 심심찮게 들린다.

토지투자 시 지역에 따른 투자수익률(단위: 천 원)

	강남 단주택지	강남 상업지	평택 화양택지 개발지	평택 신영리 토지	평택 송담리	평택 신영리	평택 고덕지구	남양주 별내창고	충북 음성 원룸
매수시 땅가격 (평당, 원)	50	100	1,200	200	200	1,600	800	1,800	800
보유 평수	100	100	100	300	530	184	200	800	80
투자 금액	5,000	10,000	120,000	60,000	106,000	294,400	160,000	1,440,000	64,000
시간 (년)	50	50							
개별 건축								창고건축	원룸건축
감보율			65				80		
환지 평수			35				40		
매도시 가격 (평당)	30,000	300,000	6,000	1,200	2,200	2,000	20,000	3,000	3,000
현재 가격	3,000,000	30,000,000	210,000	360,000	1,166,000	368,000	800,000	2,400,000	240,000
상승률 (%)	60,000	300,000	175	600	1,100	125	500	167	375

2. 건축 직전의 고민
임대수익이 나오는 꼬마빌딩 짓는 법

시장 분석이 끝났다면 건축을 한다. 건축의 가능성은 땅 가격에서 출발한다. 누구나 자신의 건물을 가지는 것이 로망이다. '조물주 아래 건물주'라고 했다. 그래서 그런지 요즘 임대수익이 나오는 꼬마빌딩을 짓는 것이 유행이다. 유행은 유행으로 지나간다. 마치 큰 뭔가가 있다는 식으로 시작하면 장래에 독이 될 수 있으니 주의하자.

필자도 땅을 사서 건축을 생각한 적이 많았다. 책을 읽어보고 하나씩 준비하기도 했다. 아직은 진행 중이지만 공부를 하면 할수록 두려움이 앞선다. 어린 시절 내 부모님은 시골에 근사한 한옥을 건축한 적이 있다. 건축할 당시에 공사현장 옆에 임시거주용으로 비닐로 된 천막을 짓고 거주를 하면서 힘든 시간을 보냈다. 덕분에 실제 들어간 돈은 업자들이 건축하는 것의 절반으로 완공했다. 땅만 우리 땅이었을 뿐 나머지는 모두 다른 사람들의 도움과 부모님의 노동력이었다. 목수와 다른 기술자 한 명과 그 일을 했는데, 지금 생각해보면 어떻게 시작했나 싶다. 전원주택이 인기가 높을 때는 흙집 짓기, 한옥 짓기, 조립식 집 짓기 등이 유행이었다. 그러다가 전원생활에 대한 거품이 빠지고 실수요자 위주의 시장으로 흘러가자 과거의 추억이 되었다.

시골의 땅 가격도 전원주택 등의 수요를 겨냥한 투자 덕분에 많이 올랐다. 그런 식의 가격 상승은 실제로 농사를 지으려는 농부들에게는 많은 부담이 된다. 땅을 사서 농사를 지으려는 이들에게 땅 가격 상승은 수지타산이 맞지 않아 농사를 짓지 못하는 이유가 되기 때문이다. 고향의 땅도 이런 일들을 겪고 있다.

요즘은 인터넷 부동산 카페 등에서 정보들을 많이 주고받다 보니 정보에 어두운 노인이나 현지인들이 오히려 피해를 보는 일들까지 발생하고 있다. 현지에서 7~8만 원 하는 농지들이 카페에서 30만 원에 나오기도 한다. 누구 책임이라고 해야 하는지 모르겠다. 그러면서도 그들은 당당하고 떳떳하다. 그들에게 찍히면 수요가 없는 지역의 땅들은 한꺼번에 마녀사냥 식으로 매도되고 만다. 분명 땅은 필요한 사람이 있는 법이다. 그런데도 굳이 건축을 하겠다고 하는 것은 생각을 많이 해야 할 일이다. 중소도시를 가다 보면 너무 공급량이 많아서 공실로 오래 있다가 대출이자 때문에 경매로 나오기도 한다. 수요와 공급의 분석은 이 때문에 필요한 것이다.

《건축명장》, 새건축사협의회 편집부 저, 한국건축가연합

건축을 위해 꼭 보아야 하는 책에는 《건축명장/한국건축가연합》이 있다. 총 33개의 시공업체가 소개되고 있다. 연락처와 건축물을 보면서 활용해보면 도움이 될 것이다. 건축을 하려는 사람들의 제일 큰 고민은 신뢰 있는 시공사를 만나는 일이다. 좋은 건축설계사를 만나면 감자줄기에 감자가 엮이듯 줄줄이 진행되지만, 첫 단추가 잘못되면 모조리 잘못될 가능성도 염두에 두어야 한다. 이 책에 이런 글이 나온다.

"경제논리 속에서 실적만으로 평가하던 사회가 서서히 변화하면서, 단순히 돈이 되는 건물이 아닌 좋은 건물, 다른 건물, 새로운 건물을 원하는 사람들이 생겨났고, 그 가치를 인정받는 사회가 되어갑니다. 흐름에 맞춰 건축가들은 새로운 디자인에 도전하고 있습니다. 우리의 역할은 그 디자인을 완성도 높은 좋은 건축물로 현실화시키는 데 있습니다. 그 디자인들은 때론 간단하고 때론 복잡하고 때론 이해하기 어려운 부분도 있지만 많은 소통과 연구를 통하여 현실화되었을 때의 감동 (중략) 이렇게 좋은 건축이 완성됩니다."

《제가 살고 싶은 집은》, 송승훈·이일훈 지음, 서해문집

건축도 철학이 있어야 한다. 건축은 30~50년을 간다. 멀리 보고 길게 보고 천천히 곱씹으며 가야 한다. 그런 점에서 몇 년 전에 나오긴 했지만 상당히 좋은 반응을 얻은 책을 소개한다. 부동산에 투자해서 돈을 버는 내용이 아니라 마음이 따뜻해지는 건축에 대한 이야기를 담고 있다. 건축가 이일훈과 고등학교 국어선생인 송승훈의 건축 스토리다. 이 책을 읽으면서 '건축을 이렇게도 할 수 있구나' 하고 감탄했었다. 건축가와 건축주의 관계가 이렇게도 될 수 있다는 게 신기했다. 무슨 러브스토리 같았다. 본문 중에 다음과 같은 내용이 나오는데 이런 게 집을 짓는 철학이라고 본다. 이런 철학은 땅에 대한 투자에 있어서 최소한의 철학을 가졌으면 좋겠다.

"집을 지으며 집짓는 기술이나 방법을 먼저 택하는 게 아니라 살기의 방식을 먼저 물어야 한다. 나는 어떻게 짓는가보다 어떻게 사는가를 먼저 묻는 게 건축이라고 여긴다."

《임대수익이 나오는 꼬꼬마 빌딩짓기》, 장은자 지음, 강철규 감수, 길벗

이 책은 완전히 절차적인 문제를 담았다. 건축 철학이라기보다는 어떻게 지을 것인가의 고민이 담긴 진솔한 경험에 대한 책이다. 경험이 없는 아줌마도 하는데 '나는 못하랴'라는 맘이 들기는 하는데, 너무 많은 문제와 해결이 담겨 있어서 꼭 저런 어려운 과정을 거쳐서 집을 지어야 하는지에 대한 의구심이 생긴다. 예를 들어 소음이나 이웃 간의 경계 문제가 발생할 때 어떻게 해결해야 하는지에 대한 내용이 있는데, 이런 일을 전문적으로 해결해주는 시공사에게 맡기면 되지 않을까 하는 생각이 들었다.

3. 실제 건축 시
젊은 청년이 다가구주택 4채를 지어서 매도한 실제 사례

땅을 사는 것도 고민스러운 일이지만 건축에 비하면 아무것도 아니라는 생각이 든다. 건축은 부동산의 종합예술이다. 건축을 직접 한 건물주를 만나면 예술가라고 해야겠다. 이들이 단 한 채만 짓고 마는 것은 어쩌면 낭비다. 그런 점에서 여러 채를 건축해서 임대사업을 하고 있는 지인의 사례를 소개하고자 한다.

건축 전의 시장조사는 어떻게 해야 하는가? 부동산에 개인적으로 찾아다니며 해야 하는가? 아니면 시장조사를 해주는 기관에 의뢰해야 하는가? 건폐율과 용적률은 어떻게 해야 효율적일까? 주차장, 외벽, 내부 벽을 어떻게 해야 하는가? 건축 평단가 계산을 어떻게 해야 하는가? 도로가 없는 경우와 있는

경우의 활용방안은 무엇인가? 매도 시 수익 선정은 어떻게 해야 하는가? 공부하고 경험해야 할 일이 너무 많다. 많은 시행착오를 겪어야 좋은 투자가 될 수 있다고 본다.

요즘 인테리어로 문제를 일으키는 악덕 업체들의 이야기가 심심찮게 나온다. 건축업계 역시 다르지 않다. 단가는 얼마든지 낮출 수 있지만 품질은 장담 못한다. A/S는 기대하기도 어렵다. 이래저래 믿을 만한 시공사를 찾는 것이 관건이다. 다 아는 지역에서 다 아는 업자들도 그런데, 건축주가 모르는 지역에서 건축하는 것은 도박과 같다.

믿을 만한 업체를 찾고 그 업체가 지은 건물주를 만나서 정보를 입수하자. 물론 교과서적인 이야기지만 참고는 될 것이다. 실력 있는 건축가, 목수, 일꾼을 찾아내는 일은 경험이 없는 건축주가 해야 할 일의 90%다. 절대 계약금을 많이 주면 안 된다. 계약금만 가로채고 잠수탈 수 있다. 건물이 완공되기 전에 잔금을 치러서도 안 된다. 제대로 마무리하지 않고 사라진다. 인건비나 공사 자재비용을 잘 지불하고 있는지도 감시해야 한다. 지역에서 건축물 자재나 창호 등 건축 인부들에게 물어보면 평판을 알려준다. 우선 정보를 수집하고 건축을 추진해도 늦지 않다.

이 젊은 건축주도 건축으로 많은 돈을 번 것은 아니다. 10억 투자에 대략 1~2억 정도 수익이 났다는데 손해 안 보고 매도했다는 것에 만족한다는 이야기였다. 건축이 어렵기도 하고 신경 쓸 일이 많아서 이제는 땅 투자를 해보겠다고 필자를 찾아왔다. 지금은 공인중개사 공부를 하면서 땅 투자 공부도 하고 있다.

투자분석

평택 신영리 농지투자로
좋은 수익을 올린 투자자

> 평택 신영리에서 실전 투자자와의 만남

필자는 2021년 현재 안성 보개면에서 대운 부동산 공인중개사사무소를 운영하고 있다. 용인SK하이닉스 산단 주변, 보개면 남풍리 삼성 토지 주변, 제2경부고속도로(서울~세종) 고삼IC 주변의 토지를 중개하고 있다. 2017년부터 3년간 평택에서 토지컨설팅을 했다. 블로그를 통해 연락이 닿아 땅을 사겠다고 평택으로 찾아왔다. 명절을 고향에서 보내고 바로 온 참인 것 같았다. 지인 부동산에서 브리핑을 했고 몇 군데를 둘러본 후 투자자는 사겠다고 결정했다.

부동산 대표는 중간에서 땅을 연결해준 똠방이 연락이 잘 안 된다며 몇 시간을 기다리게 했다. 겨우 토지 소유주와 통화가 되었는데 서울 아이들의 집에 갔다 와서 다음날 연락하겠다고 했다. 결국 그날 땅을 계약하지 못하고 고객이 돌아갔다.

다음날에도 부동산 대표는 아무런 연락이 없었다. 오후에 다시 연락해보니 계약이 힘들 거라며 다른 땅을 소개해주겠다고 했다. 결국 그 부동산을 버리고 다른 부동산에서 다른 위치의 땅을 찾았다. 몇 군데 전화해보고 그중에서 가장 적극적인 부동산과 일을 하기로 했다. 매도자 우위의 시장에서는 이렇게 매도자(토지 소유주)가 팔겠다고 하다가도 변심하는 경우가 왕왕 있다. 실제 매수자가 달려들면 꼭꼭 숨어버린다. 이런 시장을 매도자가 주도권을 쥐고 있는 '매도자 우위의 시장'이라고 한다.

일요일에 찾은 부동산 대표는 몇 개의 매물을 알려주었다. 그중 평택항 38번 국도에서 가까운 신영리의 농지 302평이 평당 120만 원에 나왔다고 했다. 몇 시간 후에 고객이 매수 의사를 전했다. 지방에 있어서 현지에 다시 오기 어렵다고 잔금 전에 한 번 땅을 보겠다고 했다. 고객이 등기부등본을 떼어 보고는 2년 전에 20만 원이었던 땅이 왜 이렇게 많이 올랐냐며 과연 이 땅이 '앞으로 얼마나 더 오를 것 같냐'는 질문을 했다. 사실 그걸 어떻게 알겠는가?

이 지역이 매도자 우위의 시장이 된 것에는 많은 이슈가 있었다. 주변 지역 1300만 평에 개발계획이 잡힌 것이다. 그런 지역 주변이라면 얼마든지 가능한 일이다. 투자할 수 있는 이슈들이 널려 있는 곳이 이곳이다. 전국 많은 지역의 땅을 컨설팅하고 있지만 가장 '핫'한 지역이 평택이다. 평택의 땅은 늘 이슈가 생기고 사라진다.

보상금의 성격에 따라서 양도차익이 발생하는 사람들도 있다. 양도세 절세 목적으로 주변의 농지를 사는데, 이런 이유로 주변의 땅 가격이 올라가고 거래도 잘 된다. 매도자(토지 소유주)는 2년 전에 그 주변 농지가 시장에 나왔을 때 많이 사

투자분석

두지 못한 걸 한탄했다. 이런 땅들이 20만 원에서 120만 원까지 6배가 올랐다.

아는 사람이 더 한다, 있는 사람이 더 무섭다

컨설팅을 해서 거래를 진행시켰다. 그때 내 고객의 상대인 매도자였는데, 그 투자자는 부동산에도 복비를 안 주는 걸로 유명했다. 상대 부동산 대표는 십 억이 넘는 건물을 팔았는데 천만 원이나 되는 복비를 떼먹었다고 불만이 많았다. 있는 사람이 더 한다고 혀를 내둘렀다.

물어보지도 않았는데 자신의 이야기를 술술 해주었다. 평택에 운전면허 시험장 땅을 소유하고 있었는데 사기꾼한테 걸려서 지금 가치로 수십 억이 넘는 자산을 날렸다고 했다. 그 땅만 가지고 있었다면 지금쯤은 자산가가 되어 있었을 거라며 아쉬워했다. 그러면서 몇백에서 몇천 정도인 복비나 컨설팅료를 안 주는 심보는 뭘까? 자신은 2년 만에 3억 원이 넘는 돈을 벌었으면서도 말이다.

평택 안중에 수만 평의 땅이 있었는데, 사업하던 땅주인이 빚 때문에 어쩔 수 없이 헐값에 넘긴 땅을 평당 2만 원에 사주었다고 한다. 당시 땅 주인은 중국에서 사업을 해서 돈을 벌면 3만 원에 다시 사주겠노라 약속했다. 속마음으로는 중국에서 사업이 망해서 찾으러 안 왔으면 좋겠다 싶었겠지만 뜻대로 되지 않았다. 당시에 6억 정도였는데, 지금 그 땅이 있었다면 수십 억이 넘었을 거라고 투덜댔다. 그러면서 천만 원 넘는 복비조차 안 주는 그런 사람이다.

　나쁜 일을 하면 벌을 받고 좋은 일을 하면 좋은 결과가 와야 하는데 현실이 어디 그런가. 때로는 나쁜 사람들이 더 잘되는 경우도 많았다.

　한 투자자는 60대 후반 여성이었는데 이론적으로는 부족했지만 현장 투자에서는 굉장히 좋은 성과를 내고 있었다. 지금 계약한 이 땅을 살 때는 포승산업단지(포승BIX)에 있는 땅이 수용되면서 평당 40만 원에 보상을 받았다고 했다. 이 보상금을 어디에 투자할까 생각하다가 수용당한 땅 근처인 평택시 포승읍 신영리에 땅을 샀다고 한다. 직접 농사를 짓지는 않았지만 농사를 짓는 것처럼 했다. 아마 절세를 위해서 그랬을 것이다.

　나에게 줘야 할 컨설팅비를 계산서를 주지 않는다고 떼어먹으려고 한 걸 보면 충분히 짐작이 가고도 남는다. 세금에 대해서는 세무사와 협력해 제대로 영수증을 챙기면서 절세하려는 노력을 하고 있었다.

> **현장에 강한 투자자들이 돈을 벌게 된다**

　부동산 사무실에서 계약서를 쓰는 데도 불만이 많았다. 지금 부동산이 있는 건물을 평당 650만 원에 살 수 있었는데 아들이 반대해서 못 샀다고 한다. 6개월이 지난 지금 이 건물은 평당 천만 원이 넘어간다. 아들 때문에 놓

투자분석

쳤다고 투덜거렸다. 만약 현덕지구 보상이 진행된다고 하면 평당가격을 섣불리 예상하기도 힘들다. 현장은 상당히 빠른 판단과 자금력을 필요로 한다. 기회가 왔을 때 바로 행동에 들어가야 한다. 행동하지 못하면 다른 사람의 물건이 되어버린다. 고민은 짧을수록 좋다. 그 부동산이 나만 바라보고 있지는 않으니 말이다. 좋은 물건은 수없이 많은 경쟁자가 있다. 돈이 많은 투자자는 차고 넘친다. 수없이 놓친 물고기를 떠올리며 자책하는 투자자이 많다.

결국 거우 컨설팅비를 받았다. 세금 영수증 발행을 해주지 못하는 부분은 받지 못했다. 그 투자자에게 왜 그 땅을 샀느냐고 물어보았더니 보상받은 돈으로 그 땅 주변을 모두 다 사려고 했는데, 지금 가지고 있는 그 땅밖에 사지 못해서 억울하다고 했다. 물론 모든 판단을 잘하고 살 수는 없다. 설령 잘못된 판단이 있다 할지라도 원금을 까먹을 일만 하지 않으면 현장에서는 돈을 벌 일이 더 많다. 이 투자자가 미래를 알고 한 것은 아니다. 이렇게 투자자들이 전국에서 흘러들어올 것을 미리 예상한 것도 아니다.

별 정보도 없을 것 같고 투자를 잘할 것 같지 않은 할머니도 이 정도인데 일반인들은 좀 더 용기를 가졌으면 좋겠다. 땅은 변화무쌍하다. "참 좋은데, 뭐라 말을 못 하겠네." 어느 회장님의 광고멘트처럼 땅도 그렇다. 땅을 알고 땅에 투자하고 땅을 좋아하는 사람들은 반드시 기회를 만난다.

오늘도 수많은 현장에서 땅으로 승부를 보려는 이들을 만난다. 그들의 눈빛은 살아있다. 먹잇감을 포착하면 순식간에 돈을 지를 준비가 되어 있고, 늘 소스

할머니의 수익(2년 만에 거둔 수익)

2015년 매수 시
302평 × 20만 원
= 60,400,000원

2017년 매도 시
302평 × 120만 원 = 362,400,000원
세전수익 302,000,000원(세전 500%의 수익)
세금(27%) 302,000,000원 − 81,540,000원
= 220,460,000원(세후 365%의 수익)

를 가지고 움직인다. 그들이 움직이는 곳이 돈이 흐르는 곳이다. 현장부동산 중에서 촉이 좋은 이들이 제일 많은 정보를 쥐고 있다. 땅을 찾는 투자자들에 대한 정보다. 땅을 사줄 사람에 대한 정보가 최고의 정보다. 개미새끼 한 마리 기웃거리지 않는 곳에 땅을 사서 뭐할 건가. 이러한 사례가 할머니의 경우만 있는 게 아니다. 수많은 성공과 실패 사례들이 있다. 사람들의 생각은 의외로 단순하다. 돈을 잘 벌면 늘 잘 벌 것 같다. 실패한다는 생각을 못한다. 그런 사람들은 현재 돈을 잘 벌고 있기 때문에 투자에 별 관심이 없다. 돈이 있고 안정되어 있을 때

투자분석

적극적으로 자신의 자산을 불리기 위해서 노력해야 한다.

왜 누구는 돈을 벌고 누구는 벌지 못하는가? 끈기+관심+아이디어+멘탈+열정이 있으면 된다. 하나 더 붙이자면 '성공한 사람에게 배우라'는 것이다. 책, 강의, 코칭에 기꺼이 돈을 투자해야 한다. 사실 교육을 받는 데는 많은 돈이 들지 않는다. 미래를 생각하고 천천히 배우다 보면 분명 느낌이 올 때가 있다. 그때 기회가 온다. 멘토라면 바른 길을 제시해줄 것이다.

> 5장에서 딱지투자를 따로 다루었다면,
> 6장에서는 그 외 땅과 관련된 다양한 투자 방법을 다룬다.
> 핵심은 땅을 '상품'의 개념으로 보는 것이다.
> 직접 농사지을 땅이 아닌 다음에야 투자의 목적은 '수익'이기 때문에
> 남들도 탐낼 만한 토지를 사거나
> 그런 곳으로 만들어 파는 실제 과정을 다룬다.
> 얼핏 들어봤던 내용들의 진면목을 알 수 있게 될 것이다.

6장

투자기법, 땅 투자의 대상은 상상력이다

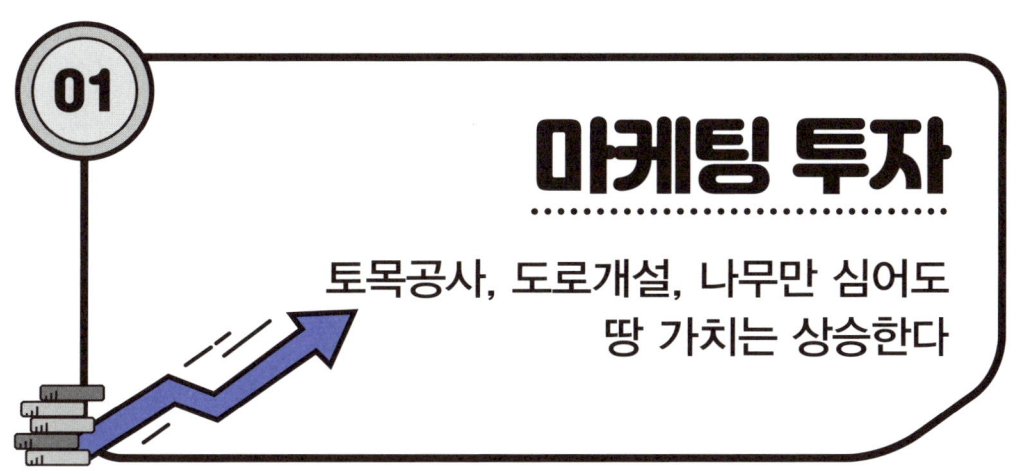

토목공사, 도로 개설, 나무 심기 등 이런 일을 하려는 이유는 결국은 잘 팔기 위해서다. 땅 투자에 있어서 가능하면 손을 안대는 것이 원칙이지만, 아무리 해도 팔기 어렵다면 여러 가지 방법을 동원할 필요가 있다. 전원주택지 분양을 통해 이런 방법을 알아보자.

땅 투자는 계급상승, 신분상승이다

땅 투자는 마케팅이다. 사실 땅을 사는 것은 쉽다. 돈만 주고 등기하면 내 것이 된다. 지금까지 좋은 입지에 대한 설명을 많이 했으니 잘 샀을 거라고 믿고, 그다음 내용을 풀어보자. 잘 샀으니 이제 잘 팔 차례다. 잘 팔려면 필요한 사람들이 붙도록 포장을 해야 한다. 예쁜 모양을 원한다면 예쁜 모양을 만들어야 한다. 그것이 마케팅이다. 깨끗하게 청소도 하고, 돈을 들여야 한다. 그것이 투자다. 그냥 귀찮다고 주어진 대로 놔두면 장기간 악성재고로 남게 된다. 누구나 좋은 가격에 빨리 팔리기를 원할 것이다. 그렇다면 반드시 작품을 만들어야 한다.

다음 그림은 필자가 가진 땅이다. 이곳은 귀농, 귀촌 인구가 많아지면서 초등학생이 60명에서 90명으로 늘었다. 면 단위 지역에서 초등학생이 늘어나는 곳은 흔치 않다. 이런 이유로 이 땅에 전원주택지를 만들어 분양하려는 계획

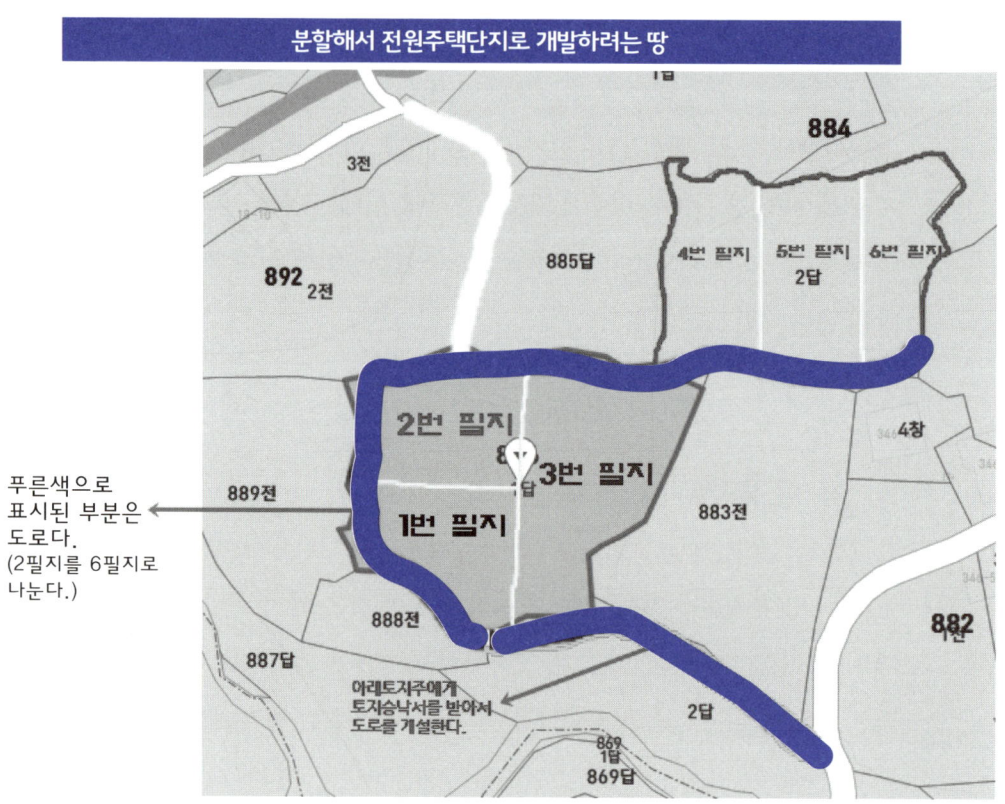

분할해서 전원주택단지로 개발하려는 땅

푸른색으로 표시된 부분은 도로다.
(2필지를 6필지로 나눈다.)

아래토지주에게 토지승낙서를 받아서 도로를 개설한다.

을 세웠다. 지금은 매실과 대봉감 과수원이고 팔 때는 평당 30만 원인데, 전원주택지로 팔면 50만 원은 가능하다. 이런 작업이 마케팅이다.

땅은 아파트도, 상가도, 오피스텔도, 주식도 아니다. 땅은 그냥 땅일 뿐이다. 땅은 보이는 건물이 없기 때문에 어떤 건물이 올라오느냐에 따라 계급이 달라진다고 볼 수 있다. 군대 계급과 비교하면 병사(원형지, 개발 불가능지) - 부사관(전원주택 정도 건축 가능한 땅) - 장교(1, 2종근린생활시설 가능지) - 영관(일반상업지) - 장군(초역세권 중심상업지)이다. 이해를 위해 쉽게 비교하자면 그렇다는 얘기니 오해는 말자.

병사계급은 농사밖에 못 짓는 땅이다. 앞으로도 그럴 수밖에 없는, 진급이 안 되는 땅이다. 평생 농사밖에 못 짓는 땅으로 아무리 성형을 해도 바뀌지 않는다. 돈 들이기가 아까운 그런 땅이다. 물론 사용을 제한해서 노후에 평생 농사만 짓겠다고 매수하겠다면 두말할 필요없다.

부사관급의 땅이란 시골 농지라도 전원주택 한 채 정도는 지을 수 있는 땅이다. 조건은 관리지역, 녹지지역의 땅에 4m의 도로가 접해 있는 땅이어야 한다. 위의 그림처럼 아무것도 없는 병사급 땅에서 부사관이나 장교급으로 신분상승이 가능하다면 땅 가격 상승은 충분히 가능하다. 성형이 가능하고 계급상승이 가능한 땅은 토지 가격 상승을 기대할 수 있다. 그런 땅을 가지고 있다면 토목공사를 고려해야 한다. 손대지 않은 땅을 탐내는 사람이 많을 때가 가장 좋다. 그만큼 가격이 오를 가능성이 많은 땅이라는 뜻이다. 누구나 이런 땅을 가지고 싶어 하지만 가질 수 없으니 그런 땅으로 만들어야 한다.

장군급은 초역세권 중심상업지역의 땅이다. 땅 투자자라면 누구나 내 땅의 계급상승이 이루어지길 꿈꾼다.

맹지가 좋다. 돈 되는 맹지를 찾아라

맹지, 즉 도로가 없거나 있더라도 건축허가 조건이 될 만한 도로가 없는 땅이다. 맹지가 나쁜 땅은 아니다. 맹지는 지금 당장 건축허가를 받기 어려운 땅일 뿐 미래에도 계속해서 그렇다는 얘기는 아니다. 가격이 싸고 매물을 사기 쉽기 때문에 맹지를 더 선호하는 투자자도 있다. 땅이란 게 돈 주고 살 마음만 있으면 살 수 있는 거 아니냐고 할 수 있다. 물론 돈 주고 못 사는 건 거의 없지만 매일 현장에 갈 수 없는 투자자로서는 좋은 매물을 싼 가격에 산다는 것은 쉽지 않다.

매일 현장으로 출근하는 이들도 좋은 땅 하나를 건지기가 어렵다. 1년에 한 번 갈까 말까 하는 곳에서 손쉽게 땅을 매수할 수 있다면 쉽겠지만 현실은 그렇지 않다. 9년을 현장에 출근하듯이 가는 투자자도 한 달 혹은 두 달에 마음에 드는 땅 하나가 연결될까 말까 하단다. 자주 상담해주고 있어서 그 사정을 잘 안다. 그 또한 도로가 접해 있는 땅을 더 선호한다.

땅은 정가가 없기 때문에 나오는 땅의 가격도 제각각이다. 공산품처럼 균일한 것도 아니다. 그런데도 거의 정가처럼 호가를 부른다. 일반적으로 토지 소유주들은 땅 가격을 모르지만 중간에 부동산이 개입되어 있기 때문에 그들이 가격을 좌지우지한다고 볼 수 있다.

도로를 접하고 있다면 도로가 없는 땅보다 얼마나 더 받을 수 있을까? 30%, 50%가 더 비쌀까? 그렇게 정확히 수치로 알 수 있으면 쉬울 텐데 실제로 추정하기는 어렵다. 그럼 뒤집어서 많은 비용을 들여서 도로를 개설했다면 얼마를 더 받을 수 있을까? 정답은 없다. 팔아봐야 알 수 있다.

도로에는 고속도로, 국도, 일반국지도, 사도, 농로, 지자체가 관리하는 도로 등 여러 가지가 있다. 지자체 조례에 따라 건축이 가능한 땅도 있고 그렇지 못한 땅도 있다. 그러니 땅을 사기 전에 도로개설 여부를 확인해보아야 한다. 만약 도로가 없어서 다른 토지를 매입해야 하거나 토지사용승낙서를 받아서 도로를 개설해야 한다면 사기 전에 토지소유자의 도움을 받아 주변 토지소유자와 협의를 하거나 도로 매수에 대한 계약서를 작성한 후 매수하는 것이 좋다. 왜냐하면 시골의 토지주들은 서로 잘 알고 있고 도움을 주고받기 때문에 도로를 낸다고 하면 땅을 팔거나 토지사용승낙서를 써줄 가능성이 높기 때문이다. 소유주가 바뀌고 주변의 토지주들에게 도로 개설할 땅을 부탁하면 서로 쌓아온 관계가 없으니 매수 이후 어려움을 겪을 가능성이 높다.

계약이 아무리 급하다고 해도 전후 사정을 고려하지 않고 일을 진행하면 그 피해는 고스란히 본인에게 돌아온다. 토지에 있어서 도로는 생명줄이다. 생명줄이 없는 땅은 결국 죽은 땅이다. 실제 논이나 밭, 과수원에 가보면 지적도상 도로가 없더라도 농로나 현황상의 도로가 있는 경우가 있다. 이 도로를 포장하거나 확장하면 나중에 건축이 가능한 도로로 제 역할을 할 수 있다.

토지에도 인테리어가 있다, 더 중요한건 작전이다

건물 인테리어처럼 토지에도 인테리어가 있다. 6평 이하, 신고만으로 가능한 농막을 설치해도 전원생활을 하고 싶은 사람들에게는 장점으로 느껴진다. 굳이 복잡하고 어려운 건축이 아니라 1~2인이 사용 가능한 농막에 대해 공부하고 설치하면 된다. 6평 농막은 가설건축물이어서 허가가 아닌 신고만으로 만들어 사용 가능하다. 덧붙여서 과실이나 유실수를 심어 놓으면 땅의 가치가 상승한다. 시설을 해놓으면 필요한 사람이 있기 마련이다.

유실수라고 해도 해당 지자체의 농협이나 개인 중간도매상으로부터 수매가 가능한 과일나무를 심는 것이 좋다. 대부분 블루베리, 체리, 매실, 단감을 재배하는데 독립군마냥 배나무를 심는다면 과일에서 소득이 나오는 시간이 많이 걸리고, 그마저도 판매해줄 곳을 찾지 못해 버려야 하는 일도 생긴다. 농사를 잘 짓는 농부들도 수요와 공급을 예측하기가 어렵다. 과일이 생산되는 시점에 과잉생산으로 가격이 폭락하면 그 시간 동안 소득 없이 보낼 수도 있다. 필자도 40년 넘게 어머님이 농사짓는 것을 돕고 있기 때문에 잘 안다.

토지를 사서 농사를 짓겠다는 생각은 어쩌면 위험하다. 충분한 경험이 없다면 어려운 것이 농사다. 매스컴에서 농사를 지어 성공한 사례들만 골라서 보여주니 별 준비 없이 가도 성공할 거라고 착각하지만 실상은 그렇지 않다. 자신이 그동안 살아가는 방식을 버리고 새로운 세계에 도전하는 일이다. 대부분 논농사보다 밭농사를 선호하는데, 나무를 심고 가꾸는 것은 시간과 돈이 많이 들어간다. 물론 그만큼 가치도 상승한다. 땅을 놀리지 말고 부가가치를 올릴 계획을 세워야 한다.

농사 지을 땅은 나무를 심거나 곡식을 심어서 수입이 나는 땅으로 만들어야 한다. 몇 년 전까지 대봉감으로 유명한 고향의 땅은 투자가 아니라 실제 농사용 땅으로 인기가 좋았다. 하지만 농산물 가격이 떨어지자 땅 가격도 떨어졌고 무엇보다 사줄 사람이 줄어들었다. 실제 토지란 이용 가치가 전부다. 다른 토지를 샀을 때와 비교해서 투자수익이 나거나 임대수익이 나거나 농사를 통한 수익이라도 나와야 투자한다. 땅은 그에 맞는 수익이 생긴다는 설득력이 있어야 가치가 생긴다. 아무 땅이나 목적 없이 사서 주먹구구식으로 팔려고 하는 투자자는 결국 곤란을 겪게 된다. 우연히 땅을 샀는데 사자마자 두 배를 줄 테니 팔라고 한다면 얼마나 좋을까. 그런 땅을 찾고 싶으면 그런 전문가를 찾는 것이 비결이다.

'소 뒷걸음치다 쥐 잡는 일' 우연히 어떤 일에서 성공했는데 그것이 진짜 실력인냥 거품을 물고 자랑질을 하는 사람들을 만난다. 도박판에서 작전으로 돈 몇 푼 따고 자랑하는 그런 부류의 사람이다. 자신이 무슨 일을 당하고 있는지도 모른다. 주식시장에도 수많은 작전이 있다. 눈에 보이지 않는다고 없는 것이 아니다. 그럼 토지 시장에는 그런 일이 없을까? 당연히 있다. 곳곳의 부동산 사무실에서 크고 작은 작전을 벌인다. 경험 없는 초보자가 돈을 벌겠다며 멋모르고 들어섰다간 코웃음칠 일이다. 선수들과 짜여진 각본으로 움직이는 사람들을 어떻게 이길 수 있을까? 그 방법을 알고, 그들을 이용하는 것이 투자 성공의 비결이다. 알고 가자.

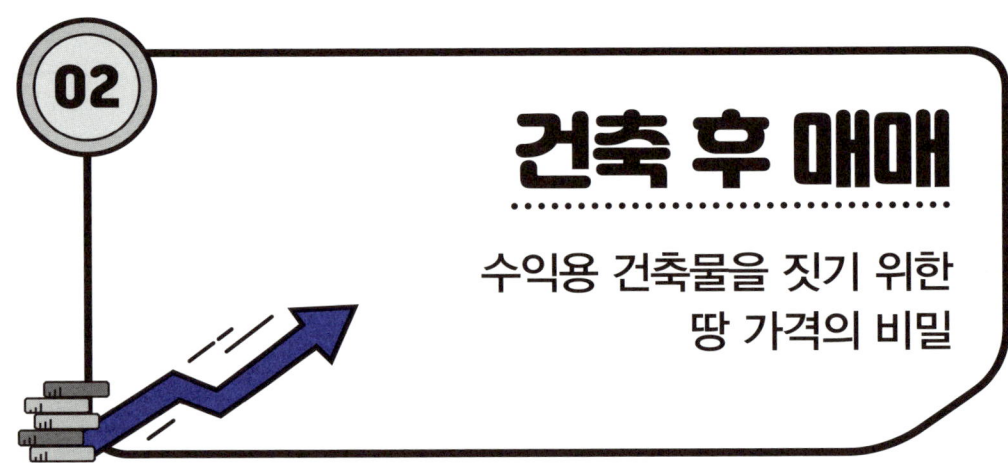

02 건축 후 매매

수익용 건축물을 짓기 위한 땅 가격의 비밀

땅 가격에 대해 여러 가지 상상을 해보면 투자에 대한 답을 찾을 수 있다. 직접 건축을 하는 게 바람직하고 좋다고 보기는 어렵다. 그렇긴 하지만 땅의 미래를 알기 위해 건축을 생각해보는 것은 의미가 있다. 부동산공법과 건축을 안다면 좀 더 성공적인 투자가 가능하기 때문이다.

 아파트 단독건물 빌라의 땅 가격을 유추해보자

땅 가격이 얼마일 때 어느 지역에 어떤 건물을 건축해야 수익성이 있을까? 당연히 답을 찾기 어렵다. 시장조사를 해서 어떤 건축물이 가능할지부터 면밀히 검토해야 한다. 어렵긴 해도 개인이 할 수 있는 부가가치를 높이는 방법 중 가장 멋진 일인 것도 사실이다.

대규모 산업단지나 택지개발지구는 정보나 대기업이 진행하는 개발이다. 즉 개인들이 관여할 일은 아니다. 이런 지역은 예측하고 따라갈 수 있을 뿐이다. 이런 곳은 개인 개발이 제한적이고 대규모라서 시간이 많이 걸리고 불확실성이 증가한다. 더 빠르고 더 확실한 방법은 개인 건축이다. '건축을 하면 몇 년은 늙는다'는 말이 있을 정도로 스트레스가 심하지만 돈이 된다면 못할 일도 아니다.

아파트를 지어서 파는 과정을 자세히 보자. 건설업체가 택지개발지구로 지정된 지역의 땅을 구입한다. 그곳은 그동안 어떤 계획에 노출되어 있었기 때문에 땅값이 오를 대로 오른 지역이다. 그 땅을 시간과 돈을 들여서 매입한다. 원형지가 평당 150~200만 원의 땅이라고 해도 여러 가지 공사와 시설을 하고 금융비용이 들어간다면 2배가량이 되지 않을까? 그럼 300~400만 원이다. 광명은 택지개발지구 내 토지를 건설회사에서 평당 1600만 원에 매수한 적도 있다고 한다. 건설회사에서 파악한 자료가 아니기 때문에 정확한 금액은 아니다.

예를 들어 택지지구의 건설회사가 매수한 토지 가격이 500만 원대라고 하자. 25평의 APT라면 7~9평의 땅이 필요하다 4500만 원(500만 원 × 9평)이 땅값이다. 25평으로 건축한다면 평당 400만 원 잡고 1억(25평 × 400만 원)이다. 다 더하면 총 1억 4500만 원, 여기에 20%의 마케팅 비용을 더하면 1억 7400만 원이다. 2억 원에 팔린다고 봤을 때 2600만 원의 수익이 생기고, 1000세대가 분양되면 260억이 남는다. 물론 꼭 이렇게 진행되지는 않지만 투자자는 모든 상상력을 동원해서 추측해보아야 한다. 어떤 제품을 수입해서 팔 때 25~30% 정도는 남아야 회사가 제대로 굴러간다.

땅에 투자하는 사람은 상상력이 좋아야 한다. 지나가다 멋진 건물을 보면 멈춰 서서 한 번 더 살펴보고 가야 한다. 사진을 찍어두는 것도 좋다. 가능하면 건축주의 조언을 들을 수도 있다. 다음에 직접 건축할 때 결국은 건물주의 생각이 반영되기 때문이다. 시내를 다니면서 봤을 때 건물이 계속 바뀌는 지역이 좋다. 그런 곳이 결국 땅 가격이 올라간다.

지인이 서울 강북 수유리 땅을 평당 1,500만 원에 빌라건축업자에게 팔았다. 서울이라도 땅 가격이 평당 1,500만 원 정도라면 빌라나 다가구, 다세대를 건축할 수 있는 투자 대상이 된다. 꼭 논과 밭, 과수원, 목장이 땅 투자 대상은 아니다. 현재 건축물이 있더라도 저평가된 땅이라면 충분히 가능성이 있다. 앞으로 발전 가능성이 있고, 시세가 오를 지역이라면 얼마든지 투자 가능한 땅이다.

 ## 땅 가격을 알아야 집 장사로 성공한다

땅이라고 다 같은 땅일까? 강남의 땅, 강북의 땅, 지방의 땅 각각 역할이 있다. 같은 땅이 아니다. 그렇다고 강남 땅 가격만 오르는 것도 아니다. 전라도 바닷가 땅도, 지리산 산골의 땅도 오른다. 같은 땅값이라면 좀 더 빠르고 급속하게 오르는 지역을 찾아야 한다.

건축할 때는 '임대가 얼마나 잘 될 것인가'에 대한 시장조사가 가장 큰 부분을 차지한다. 적어도 5~10억 이상을 투자하는 사업인데 공실이 생기면 해결할 방법이 없다. 임대료를 낮춰서 임대가 된다면 해결되겠지만, 그렇지 못하면 결국 최악의 사태까지 갈 수 있다. 최악의 사태란 땅도 잃고 건물도 잃고 빚까지 떠안는 경우다. 설마 그렇게까지 되겠나 싶겠지만 의외로 집 장사를 하다가 망했다는 얘기를 많이 듣는다. 수도권 외곽이나 아직 인구가 많지 않은 도시에서 어떻게 되겠지 하는 성급한 생각으로 일을 진행하다 보면 종종 발생하는 일이다. 늘 이야기하지만 신중하게 접근하는 것이 좋다.

지방 국도를 운전하고 가다 보면 한적한 곳에 나 홀로 점포겸용 주택이 공실로 흉물스럽게 방치되어 있는 곳들을 심심찮게 볼 것이다. 나 홀로 건물은 정말 인생을 건 도박이 될 수 있다. 냉정하게 판단하지 못하면 결국은 실패하게 되어 있다. 난다긴다 하는 전문가들이 체계적인 시스템을 가지고 대규모 자금을 투입해 만드는 아파트, 오피스텔, 상가건물도 잘못 판단하면 공실로 남거나 미분양이 허다하다. 일반인이 혼자서 생각한 경우는 말해 무엇하겠는가?

몇년 전에 동생하고 사업을 하면서 임차해서 사용하고 있는 창고가 있다. 이 임대용 건물도 주인이 매수를 해서 가격이 오르기는커녕 계속 그대로였다. 응달에 있어서 햇빛도 들지 않는 악조건이라 부동산에 내놔도 보러 오는 사람이 없다. 애물단지다. 들어오는 임차인도 사업이 잘되지 않아서 수시로 바뀌는 통에 중개수수료 내고 신경쓰느니 팔아치우고 싶은 그런 물건이다. 시골마을 입구에 있고 외진 곳이라 개발 바람이 불기도 어렵다. 그렇다고 이 오래된 건물을 허물고 주거용 건물로 돌리기도 쉽지 않다.

한술 더 떠서 그 창고 앞에, 건축사를 하고 있다는 자칭 전문가라고 하는 분이 임대용 건물을 지었다. 자기 땅에 건물을 짓는데 누가 뭐랄 사람이 있겠는가? 하지만 이건 아니다 싶은 그런 건물이다. 짓기 시작한 지는 1년이 넘었는데 여전히 공실이다. 건물을 모르는 일반인이라면 충분히 그럴 수 있지만 그래도 현장 상황을 누구보다 잘 아는 사람이 땅이 있다고 덜컥 건축을 했다. 건축은 잘 알지만 임대시장 분석은 소홀히 해서 생기는 일이다.

물론 시간이 흘러 주변에 쇼핑몰 물류창고들로 일자리가 많이 늘어났다. 하지만 주변에 그만큼 건축 가능한 땅도 많기 때문에 임대용, 원룸 건물들은 지금도 계속 늘어나고 있다. 임대가 잘 된다는 소문이 도는 순간 건물을 지을 땅이 많은 곳에는 계속 건물이 들어온다. 이런 곳의 토지시세는 60~100만 원 정도다. 비싸지 않은 것처럼 보이지만 많은 건축비를 들여서 건축하고 나면 제일 고통스런 문제가 공실이다. 부정적인 이야기만 쏟아놓아서 미안하긴 하지만 건축 전문가가 아니라면 가능한 한 땅은 땅으로 파는 것이 좋다. 굳이 성형을 한다고 해도 맹지에 도로를 내고 토목공사를 해서 개발행위 허가를 받는 정도로 충분하다.

건축의 성공은 분양에 달려 있다

건축한 후 공실 없이 수익률 20%를 넘어간다면 당연히 건축해야 한다. 이런 좋은 조건이라면 하지 않을 이유가 없다. 신문을 보면 하루에도 많은 건축물들의 광고가 쏟아져 나온다. 수익률은 보통 6~12% 정도다. 20%를 넘어서는 수익률은 보이지 않는다. 이유는 간단하다. 현재의 건물주인이 20%가 넘는 수익형 건물은 시장에 내놓지 않기 때문이다. 20% 정도의 수익률이라면 시장성도 있고 건축주도 충분히 투자수익률을 올렸다는 의미다. 따라서 그들의 목적은 임대수익이 아니라 매매차익이다. 투자금을 회수해서 다른 지역의 땅을 사서 똑같이 분양할 것이기 때문에 파는 데 목적이 있는 것이다.

평택 송담지구에 토지가 75~80평이 있었다. 이곳에 건물을 짓는다고 하고 계산해보자. 80평이라면 토지대금 500만 원 × 80평은 = 4억, 80평에 × 180%(용적률) = 64,800만 원(건축비: 80 × 1.8 = 144평 × 450만 원) 해서 합계 104,800만 원이 든다. 아는 분이 12억에 이 건물을 매수했다. 지금은 공실이 많아서 수익률을 이야기하기도 어렵지만 향후 1~2년 더 버틸 각오를 하고 산 것이라고 했다. 현장에 가보면 공실 없이 다 임대된 건물들이 있다. 당연히 이런 건물들은 가격을 높게 부른다. 건물주와 입장을 바꿔 생각해보면 지금 수익이 나오고 있고 운영에 아무 지장이 없는데 싸게 팔 이유가 없을 것이다.

내가 직접 건축을 해본 적은 없다. 앞에서도 이야기했지만 부모님이 고향에 있던 집을 철거하고 새로 건축을 했었다. 목수와 일꾼 한 명, 부모님이 나서서 구멍가게 수준으로 건축을 했었는데 많은 것을 느낄 수 있었다. 건축주가 직접 현장에서 같이 일을 해야 중간에 새는 돈이 없다. 건축은 힘든 시간을 보내야 한다. 예상보다 시간이 더 길어진다. 일을 하다가 중간에 인부들이 그만두는 경우도 많다. 늘 생각한 예산은 초과한다. 300~400만 원짜리 공사조차도 예상치 못한 일로 예산을 초과하는데 수억이 들어가는 공사를 정확히 예산을 산출한 후 진행하기란 거의 불가능하다.

지금 시골에서 건축을 한다면 인부 구하기가 쉽지 않을 것이다. 몇 가지 일을 동시에 하는 인부들도 많아서 약속한 시간이 되면 다른 일을 해야 한다며 가버린다. 또 어렵다고들 말해도 일거리는 충분하다. 큰 돈벌이가 되지는 않지만 소규모 건축이나 공사일은 끊이지 않는다. 시골에서 건축하는 선배들과 동기들이 많다. 일은 많은데 치열하게 경쟁하기 때문에 수익은 별로 좋지 않다고 한다. 1억 원대의 공사라도 절반 이하의 저가로 치고 들어오는 경우가 많아서 정상적으로 영업하는 이들이 힘들다고 했다. 이들이 현장의 물을 흐려 놓고 건물을 완성하지도 않고 내빼는 경우도 많다고 한다. 건축자재, 새시 등을 외상으로 해놓고 도망가버리면 전반적으로 부실공사가 됨은 물론이고 인식이 나빠진다. 정상적인 가격을 받지 못하는 날림 공사는 시간이 지나면 반드시라고 해도 좋을 정도로 일이 발생하고, 건축업자들이 싸잡아 욕을 먹는다.

제대로 된 건축사와 시공 전문가를 만나는 일은 굉장히 어렵다. 요즘 매스컴에서도 저가로 수주를 받아서 공사를 하다가 중도에서 그만둔 일로 피해를 본 사례들을 심심찮게 볼 수 있다. 매일 보는 사람조차 믿기 어려운 세상에서 대기업 브랜드로 계약하고도, 그 이후를 누구도 장담 못 하는 그런 불신의 세상이다. 은퇴 이후 퇴직금으로 다가구 원룸주택을 지어 월세나 받아먹고 살려는 소박한 꿈을 한순간에 날려버리는 일이다.

땅 투자자나 건물임대료를 받는 사업이나 수익형 부동산에 투자하는 사업은 쉽지 않다. 충분히 경험을 쌓은 후 해도 늦지 않다. 수익형 건축물을 짓고 분양이나 임대가 힘들기는 하지만 극복하면 성취감과 괜찮은 수익이 생긴다. 좋은 전문가를 만나서 즐거운 투자가로 남기를 바란다.

수용, 환지, 보상
땅에만 투자하는 꾼들의 세계

현장에서 자신의 땅이 세 번씩이나 수용되는 투자자를 만났다. 그런 땅을 가졌다는 것은 행운이다. 대부분의 투자자들은 평생에 한 번도 만나기 힘든 것이 보상받는 땅이다. 보상을 받은 이들은 주변의 땅에 다시 투자를 한다. 그 지역을 가장 잘 알기 때문이다.

택지개발지역 내 환지받는 상업지역의 투자

얼마 전에 이 업계에서 좀 유명한 사람을 만났다. 누구라고 밝히기는 어렵고 본인도 원하지 않는다고 했다. 그는 책을 써서 베스트셀러가 되었고 돈도 많이 벌었다고 한다. 제주도 외 다른 지역의 땅들도 보유 중이며, 건설회사를 차렸고 직접 건물을 지어 분양한다고 했다. 사실 그 정도는 이 세계에서는 아무것도 아니다. 많은 시행사를 만나서 일하고 있는 지금은 솔직히 '성공했네' 하는 이야기쯤은 무용담으로 흘려보낸다.

그 분이 수용이나 환지되는 토지 중 상업지로 환지되는 땅이 있으면 무조건 소개해달라는 부탁을 했다. 대규모 아파트 단지가 건축되는 땅 안의 상업지라면 더 좋겠다는 조건이었다. 외부로 빠져나가는 인구를 붙잡아둘 수 있는 그런 땅이 노른자위 땅이라고 한다. 건설회사 입장에서는 그런 땅을 보유한 토지주를 만나서 협상을 잘하는 것이 관건이다.

아파트 건축이 시작되고 거의 비슷하게 상업지로 확정된 땅도 상가 건축이 시작된다. 시행사는 땅을 소유한 토지주와 합작하거나 그런 토지들을 매수해야 사업을 진행할 수 있다. 이런 상업지에 상가를 지어서 분양만 잘 되면 소위 말하는 대박이 터질 수도 있다.

필자가 아는 이천의 어떤 부동산도 이런 작업을 하고 있었다. 일반적인 매매로 땅이나 건물만 해서는 수익이 생기지 않는다고 했다. 이런 상가를 건축하는 시행사의 물건을 받아서 부동산에서 분양받는다면 물건 확보에는 어려움이 없다. 또 그동안 구축해둔 돈 있는 단골을 활용해서 매수자를 확보하는 것도 어려움이 없다고 한다. 일반적인 중개를 하면서 겪은 여러 가지 불미스러운 일도 발생하지 않는다.

오른쪽의 그림에서 보는 평택시 용죽도시개발사업지 내의 토지를 사서 재미를 본 투자자를 만났다. 지구로 지정되기 1년 전에 땅을 사서 상당히 재미를 봤다는 내용이었다. 대부분의 투자자는 상식적으로 이런 땅을 사면 손해를 본다. 하지만 자신의 땅과 감보율과 환지받은 땅의 면적과 향후 예상되는 평당

평택시 용죽도시개발사업지

금액을 계산하면 수익이 될지 손실이 될지 판단이 가능하다. 평택의 화양택지개발지구도 투자의 사각지대가 존재한다. 옥석을 가릴 줄 안다면 투자해볼 만하다.

수용이나 환지되는 곳에서 상업지로 환지받는 토지주를 잘 알면 목돈을 만지는 일도 가능하다고 훌쩍 던져주었다. 대부분의 투자자들에게 들어보면 택지개발지구 내 상업지로 환지되는 땅이라도 돈이 된다고들 한다. 이런 땅을 구입하려는 투자자는 매매금액과, 건설사나 시행사가 매입하려는 금액 차이에 늘 촉각을 세우고 있어야 한다. 그 차이가 그들이 추구하는 수익이다. 이런 땅에 투자하는 방법은 상당히 안전한 편에 속한다. 택지개발지구나 산업단지로 지정된 곳은 인구가 유입되고 주변이 개발될 것이기 때문에 당연히 많은 투자자들의 관심을 받을 수 있고 땅 가격이 더 하락하지는 않기 때문이다.

땅에 대해 잘 모르는 사람이라면 이런 땅을 찾아다니는 것이 훨씬 더 안전하고 수익률이 높은 투자다. 대부분의 투자자들은 이런 사실을 모른 채 사업시행이 늦어지면 견디지 못하고 시장에 팔려고 내놓는다. 보통 몇 년에서 십 년이 넘는 시간을 지루하게 기다린 투자자들도 있다. 그런데 조금만 더 참으면 큰 수익이 생기는데 그걸 모르고 팔아버린다. 팔면 안 되는 시점인데 말이다.

 내 땅이 수용되고 보상을 받아도 돈이 된다

토지 보상금은 사업 시행자가 알려준 보상금의 내용을 알고, 소유한 토지의 가치를 알면 보상금액을 더 받을 수 있다. 보상되는 사업지에서 영업 중이거나 공장을 운영하거나 농사를 짓고 있는 토지 혹은 건물 소유자가 단순히 보상액을 더 받기 위한 것으로 이해하면 안 된다. 이 사업을 이해하고 주어진 권리를 행사하여 놓치는 부분이 없도록 하는 데 그 목적이 있다.

현장에 가보면 도로공사로 인해 보상을 받는 경우가 더러 있다. 매수한 지 얼마 되지 않은 땅은 매수가격보다 보상가격이 낮아서 손해를 보는 일도 있다. 하지만 그건 하나만 알고 둘은 모르는 경우다. 2차선 도로에 자신의 땅이 일부만 들어가는 경우 남아 있는 땅의 가격이 훨씬 더 올라가기 때문에 손해가 아니다. 단, 4차선이나 그 이상의 큰 도로에 접하거나 남은 토지가 얼마 되지 않아 쓸모가 없어지는 경우는 손해다. 이런 식으로 무조건 좋다 나쁘다 이

서해선 복선전철 9공구(화성 향남역) 노반건설 공사장

분법적 논리로 판단하기 어려운 것이 보상을 받는 토지다.

고향 땅에도 많은 보상들이 있었다. 30~40년 농사를 지으면서 큰 이슈 없이 지내왔지만, 도로를 확장한 곳에 보상을 더 많이 받기 위해 나무를 심었다. 보상금을 받아서 주변 땅에 집을 지었다. 물론 법적으로는 이런 일이 일어나지 않도록 막고 있지만 사실 법의 사각지대를 악용하는 사례들이 많다. 강남에서도 비닐하우스에 곤충재배를 하는 것처럼 꾸며서 보상을 많이 받았다는 사례들이 공공연하다. 땅에 보상을 받는 일은 이제 남의 일이 아니다. 잘 알아두어야 합리적이고 손해 없는 보상을 받을 것이고, 또 보상받을 수 있는 토지에 관심을 가지고 투자해서 더 높은 수익을 올릴 수도 있을 것이다.

《교통망도 모르면서 부동산 투자를 한다고?》, IGO빡시다 지음, 잇콘

전국을 다니다 보면 여기저기 도로공사를 상당히 많이 하고 있다. 이런 지역에 투자할 때면 시공사 사무실에 붙어 있는 공사의 개요를 잘 봐야 한다. 이 도로는 어디에서 어디까지이며 어느 지역을 통과하고 있고 향후 어떤 변화가 있을까? 이런 점에 관심을 가지고 보다 보면 땅으로 돈을 버는 길도 어렵지 않다. 더 나아가 철도나 고속도로, 국도 주변의 땅에 보상을 받거나 입지가 더 좋아질 곳을 노리는 투자도 좋다. 도로에 대해 잘 설명된 책을 소개하니 참고하자.

수용, 환지 등 전문영역을 개척하라

필자의 전작인 《땅을 사기 전에 알았더라면 좋았을 것들》에서 이미 토지 보상과 관련된 부분을 자세히 다뤘다. 토지 보상만 해도 책 한 권이 넘을 만큼 방대한 양이다. 사실 모두 다 공부하고 투자하기는 어렵다. 그중 중요한 것을 하나 말하자면 맹지에서 맹지 탈출이 가능하도록 만드는 것이 득이 된다는 점이다. 나 역시 이런 분야를 연구하고 계획을 세우고 실행하려 한다.

어느 책에서 보니 50만 원짜리 연필을 사는 수요도 있다고 하더라. 귀농이나 귀촌인구가 50만 명인 시대다. 전원생활을 할 수 있는 100~200평 단위의 땅으로 분할해서 건축이 가능하도록 해놓으면 분명히 수요는 있으리라고 본다. 이런 분야의 전문가가 된다면 땅 투자에서 수익을 올리는 것은 그야말로

'땅 짚고 헤엄치기'가 될 것이다. 물론 그런 실력이 그냥 생기는 것은 아니다. 반드시 수업료를 지불하고 경험을 쌓아야 한다. 수용, 환지, 보상금을 받으려는 투자도 마찬가지다. 어디가 좋을지 어디가 투자수익률이 높을지 꾸준히 찾아야 한다. 택지개발지구나 산업단지 예정지의 정보를 수집하고, 인터넷으로 검색해보면 산업단지 현황자료를 볼 수 있다. 택지개발지구의 정보도 인터넷에서 거의 다 찾을 수 있다. 또 신문, 방송, 공보, 관보, 관공서 홈페이지, 현지 부동산을 통해서도 알 수 있다.

좋은 정보는 어디에나 널려 있다. 심지어 우리가 부동산사무실보다 나은 점도 있다. 부동산사무실은 한 곳에 정착하면 쉽게 옮기지 못한다. 그동안 구축한 단골과의 신뢰를 잃어버리고 처음부터 다시 시작해야 하기 때문에 좋든 나쁘든 붙박이가 되어야 한다. 하지만 투자자는 소문난 곳을 찾아 옮겨다닐 수 있다. 얼마든지 인기 있는 지역에 가서 좋은 매물을 골라 투자할 수 있다. 그게 투자자가 이기는 비결이다.

어떤 새로운 방식의 투자가 생겨난다고 해도 투자자는 즉각 대응이 가능하다. 갭 투자가 전망이 좋다면 돈을 들고 갭 투자가 가능한 곳으로 가면 된다. 다주택자 양도세 중과세와 보유세가 문제라면 여러 채의 주택 중 전망이 좋지 않은 곳을 팔아서 유망한 지역의 땅을 사면 된다. 점포겸용 단독주택이 가능한 땅을 사도 되고, 맹지를 사도 되고, 보상금을 노린 투자를 해도 된다. 오피스텔과 상가투자도 가능하고, 서울 역세권이나 꼬마빌딩을 건축할 수 있는 50평대의 땅에 투자해서 다가구주택으로 수익형 건물을 만들 수도 있다. 어떤 투자라도 가능하다.

상황에 따라 이런 식으로 투자의 내용이 달라질 뿐 어떤 물건이 좋다는 정답은 없다. 수익을 올리는 투자를 해야 한다는 게 중요할 뿐이다. 수용, 환지, 보상이라는 땅의 생리를 알게 되면 그 주변이 엄청나게 달라지고 있다는 걸로 귀결된다. 그런 곳에는 반드시 뭔가가 생긴다. 도로가 좋아지고 있다면 그 주변에는 뭔가가 생기고 있다는 의미다.

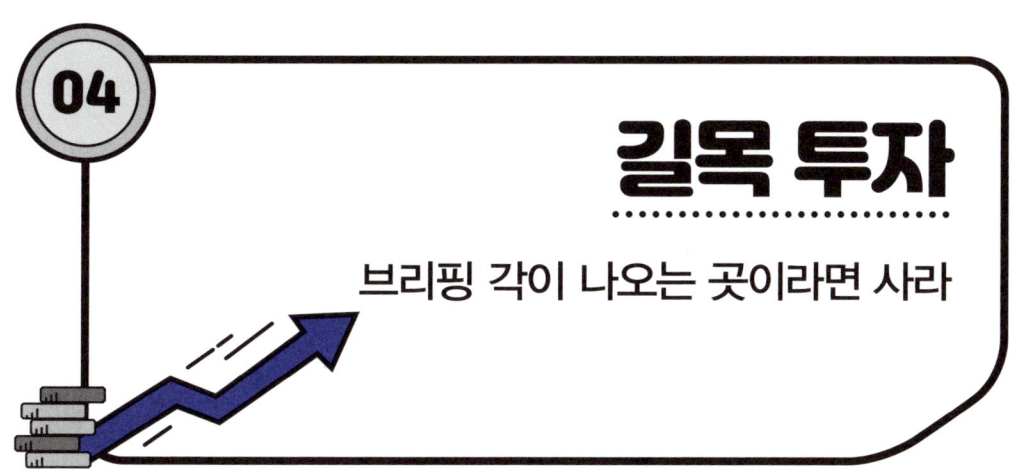

04 길목 투자
브리핑 각이 나오는 곳이라면 사라

평택항을 예로 들어보면 평택항 배후단지개발(~2025년까지), 평택국가산업단지(운영 중), 평택BIX(산업단지 조성 후 분양 중) 산업단지, 황해경제자유구역, 현덕지구(2022~2026년 사업 진행), 평택호 관광단지, 제2서해안고속도로, 서해안복선전철, 안중역(진행 중), 화양택지개발지구 등 수없이 많은 이슈들과 개발계획이 잡혀 있다. 대충 감이 오겠지만 이번에는 이런 곳에 대한 이야기다.

 브리핑 각이 나온다?

'브리핑 각'이 나온다? 무슨 말일까? 주변에 개발이슈가 많은 입지라는 뜻이다. 이런 지역의 땅은 토지소유자들이 적극적인 마케팅을 하지 않아도 다들 찾아온다. 당신이라면 이 지역의 땅을 사고 싶은가? 아니면 전원주택 한 채 지을 수 있는 지리산 아래 산골을 사고 싶은가? 투자에 정답이 있는 것은 아니다. 선택하면 된다. 우리는 투자자다. 수많은 경험을 통해 성장할 수밖에 없다. 귀차니즘을 극복하고 원하는 길을 가기 위해서는 충분히 경험을 쌓아야 한다.

최근에 평택항 근처의 토지 시장이 주춤해졌다. 아무리 훌륭한 입지라도 시간이 지나면 환경이 변한다. 땅 가격은 비싸지고 매수자도 서서히 떠난다. 상황이 변했는데 이런 지역에서 땅에 투자하겠다고 기다리는 사람은 어리석다. 늘 하는 이야기지만 우리는 투자자다. 현장에 붙박이로 박혀 있어야 하는 부동산업자가 아니다. 분위기가 아니라고 판단되면 떠나면 된다. 때로는 9년, 10년 한 곳만 파도 되지만 때로는 갈아타기를 잘하는 것도 방법이다. 지금은 조용하지만 앞으로 이슈가 많이 생길 지역을 선취매하는 것도 방법이다. 현재의 시각으로 보면 답이 안 나오는 것처럼 보이지만 미래의 시각으로 보면 분명 다른 것이 보이는 것이 땅이다.

2021년 현재 다주택자 양도세 중과세 정책에 따르면, 조정대상지역에 여러 주택을 보유하고 있다면 기본세율(6~45%)에 더해 2주택은 20%, 3주택은 30% 수준으로 중과세된다. 2가구 분양권 양도에 대해서도 2주택자와 3주택자는 기본세율에 각각 20%포인트와 30%포인트를 중과했다.

양도세 최고세율은 75%에 달한다. 보유 기간이 짧은 단기매매에 대해서도 최고 70%의 양도세가 부과된다. 보유기간이 1년 미만이면 70%, 1년 이상 보유한 뒤 팔아도 입주 전까지는 60%의 양도세를 물어야 한다. 지난달까지는 조정대상지역의 경우 보유기간에 상관없이 50%만 내면 됐었다.

비규제지역도 세 부담이 이전보다 훨씬 커졌다. 기존엔 비규제지역에서 분양권 1년 미만 보유자는 50%, 2년 미만은 40%, 2년 이상은 양도차익에 따라 6~45%의 양도세율이 적용됐지만, 지난달부터 조정지역과 비조정지역 간 양도세율의 차등을 없애고, 동일하게 세금을 매긴다.

토지도 비사업용 토지는 장기보유특별공제를 받지 못할 뿐만 아니라 중과세율(26~65%)이 적용된다. 이제는 세금과의 싸움이다. 대한민국에서 비켜 갈 수 없는 것이 세금이다. 흔히들 세금 낼 정도로 수익이 생겼으면 좋겠다고 하지만, 실제로 가격이 상승하고 세금폭탄을 맞아보면 말이 바뀔 수밖에 없다.

코로나19 이후 상가 임대가 어려워지자 아예 상가를 파는 사람이 많아졌다. 그중 많은 이들이 토지시장에 들어오는 추세다. 토지는 어차피 장기보유라 5~10년은 가지고 가야 하니, 차라리 개발지 주변의 땅을 사서 건축물을 지으면 절세가 된다. 정권이 바뀌고 세금정책이 달라지면 그때 매각하면 된다. 시간이 흐르면 돈 가치는 떨어지고, 상대적으로 자산의 가치는 올라간다. 이 타이밍을 잘 활용해야 편안한 노후를 맞이할 수 있다.

 땅 투자로 부자되기

"내가 수년간 주변 사람들을 관찰한 바에 의하면 누구든지 무언가를 마음속 깊이 소망하면서 그것을 얻기 위해 평생을 걸 각오가 된 사람들은 예외 없이 성공을 거두었다. 명확한 목표를 정한 뒤 강렬한 욕망을 밑천삼아 그 목표에만 매달린다면 처음 예상과는 전혀 다른 결과가 나타날 수도 있다.

목표를 설정하면 자동항법 추적 장치에 의해서 자동으로 추적한다."

– 《성공의 법칙》, 맥스웰몰츠

땅 투자로 돈을 버는 길은 참으로 험난하고 길다. 우리에게 어떤 고통과 불안이 존재할지 두렵다. 위에서 이야기한 대로다. 꿈을 포기하지 않으면 반드시 부자도 되고 성공한 사람이 된다고 믿고 있다. 필자 역시 흑역사가 더 많다. 부끄러워 내세울 것도 없다. 그래도 이렇게 책을 쓰고 전문가를 자처하는 이유는 꿈을 포기하지 않았기 때문이다.

책을 쓰고 블로그를 운영하고 땅에 컨설팅하다 보면 땅을 팔아달라는 고객들의 연락을 많이 받는다. 땅은 분명히 주인이 따로 있으니 걱정하지 말자. 가끔은 입지나 모양, 용도가 너무 좋은 땅이 나오는 경우도 있다. 하지만 나는 그런 땅을 다 살 만큼의 돈을 가지고 있지 않다. 사실 아직은 큰소리를 칠 만큼 많은 성과를 올리지도 못했다. 왜 어떤 이는 부자가 되고, 어떤 이는 부자가 되지 못할까? 그 이유는 무엇일까? 그 이유를 단 한 줄의 글로 표현할 수 있다면 다른 많은 부동산 책은 죄다 쓰레기통으로 가야 한다. 그런데 그렇지 않다. 한 권 한 권 모두가 투자의 기술이다. 한 권의 책에서 하나의 아이디어만 얻는다 해도 평생 먹고살 수 있는 돈을 벌 수 있게 될 것이다.

나 역시 200권이 넘는 부동산 책을 꼭꼭 씹어 먹으면서 아이디어를 얻고 실행할 수 있었다. 그래서 깊은 절망에서 벗어나 희망을 가질 수 있었다. 이 책을 읽는 독자들도 길이 없다고 지레 포기하지 말고, 읽고 또 읽고 현장에서 적용해 나간다면 분명히 길을 찾을 수 있을 것이다. 현장에서 땅을 사는 것은 전쟁터에서 칼을 쥔 상대와 마주하는 진검 승부다. 한 번의 승부에 내 인생의 모든 것이 결판날 수 있으니 신중하고 신중하자. 그 결과를 장담할 수 없다면 멘토가 필요하다. 당신의 모든 것을 터놓을 수 있는 멘토를 만난다면 문제의 절반은 해결될 것이다.

 저평가된 땅, 내재가치가 충분한 땅을 찾아라

'브리핑 각'이 나오는 곳이면서 소문나지 않은 땅이 있다. 앞으로 가능성은 높지만 아직은 매수자가 붙지 않은 땅이 있다면 즉시 매수를 검토해야 한다. 사실 이런 땅을 찾아내는 것은 어렵다. 이런 땅을 알아내는 것은 결국은 고수의 영역이다. 그래서 그들이 '고수'다. 나도 그 정도의 입지들은 보인다. 17년의 경험이 보는 안목을 갖게 해주었기 때문이다.

현재 세종시가 된 공주시, 천안·아산역 주변, 평택 삼성전자 공장이 들어선 고덕면 등에 관심을 가지고 답사까지 하고도 결국 투자하지 못했었다. 그 때는 보는 안목이 없었다. 지금이라면 달랐을 것이다. 앞에서 어느 지역이 유망한지 통계를 통해 분석해봤다. 산업단지, 택지개발지구, 고속도로, KTX, GTX 전철 등을 통해 어디가 좋은 지역인지를 많이 다뤘다. 나뿐만 아니라 다른 이들도 이 지역들을 지목하고 있다. 그 지역 중에서 저평가된 내재가치를 지닌 땅을 어떻게 찾아내야 하는지가 투자 포인트다.

이 책을 집필하고 있는 동안에 용인SK하이닉스 산업단지에 토지보상 감정평가를 진행 중이라는 말이 들려왔다. 다음 페이지에서 볼 수 있는 '감정평가법인 선정 및 감정평가' 단계다. 이후 '보상액 산정'이 있을 것이다. 2018년도 6

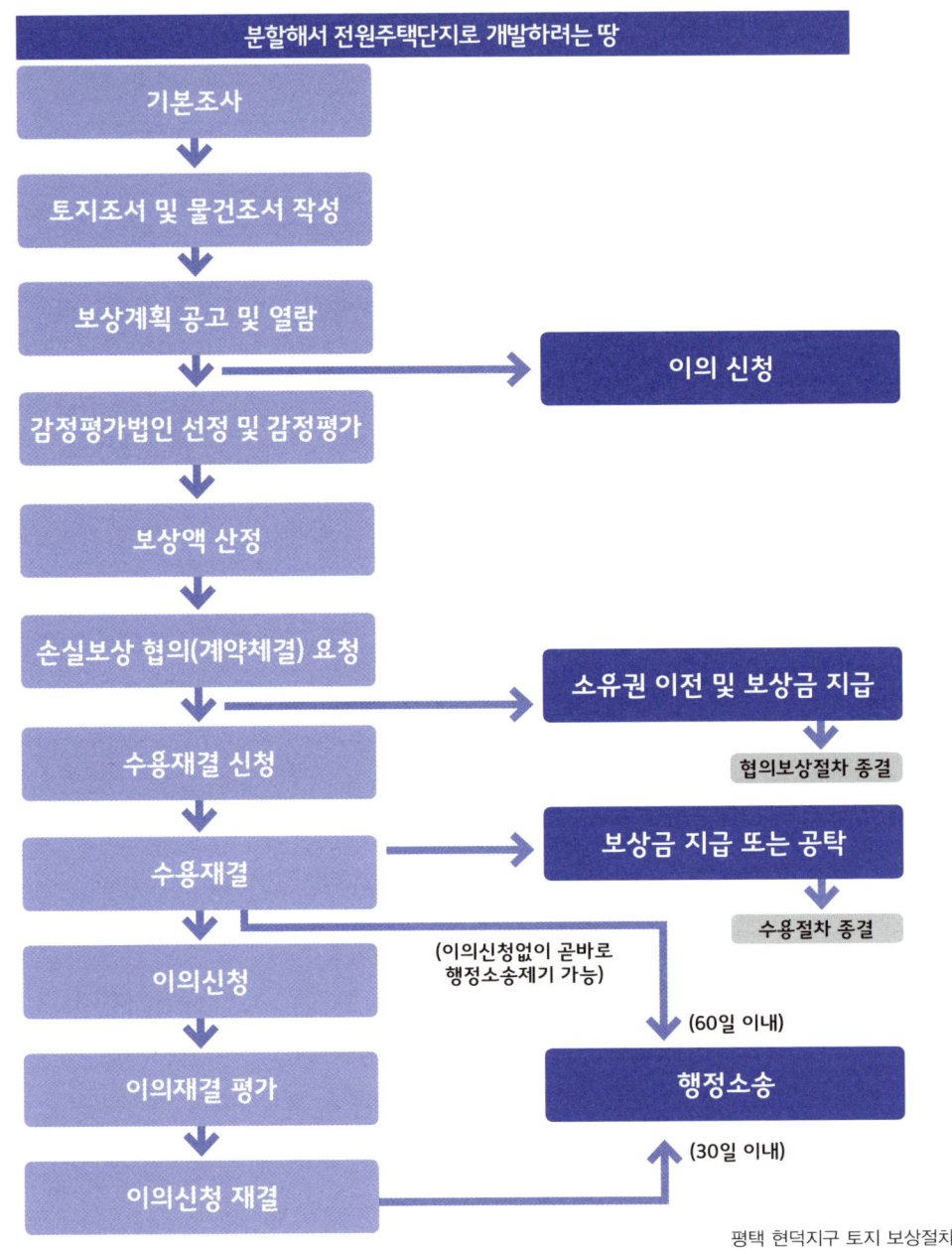

평택 현덕지구 토지 보상절차

월쯤, 처음 이 책을 쓰기 위해 용인 원삼과 백암 현장답사를 갔었는데 그때 하이닉스가 들어올 수도 있겠다는 느낌이 강하게 들었다. 실제로 책에도 그렇게 썼었는데, 그때는 그저 가능성일 뿐이었던 것이 2021년 현재는 현실이 되었다. 당연히 땅값도 많이 상승했다. 투자란 가능성의 단계가 현실화가 될 때 많은 돈을 벌게 되는 것이니 말이다.

지금 안성시 보개면 남풍리에 삼성이 뭔가를 한다는 소문이 무성하다. 즉 현재는 가능성 단계일 뿐이다. 현장에서도 나오는 토지가 없다. 필자도 임야를 필지별로 분할해서 매매하고 있다. 원형지 토지가 씨가 말랐기 때문이다. 그 가능성이 현실화하면 이곳에 투자한 투자자들은 많은 돈을 벌게 될 것이다. 생각대로 되지 않는다고 해도 지금 제2경부고속IC가 한참 공사 중이고, 완공되면 서울까지 35분이면 간다. 이런 곳은 뭐든 가능성과 현실적인 이슈가 생길 것이다. 걱정만 하고 있어선 안 된다. 지금 저평가되어 있고, 내재가치가 충분한 땅이란 이야기다.

투자자 입장에서는 이런 입지의 땅이라도 실제 행위를 위한 용도인지, 단순히 투자가 목적인지를 분명히 해야 한다. 땅값이 오르기를 기다리는 땅에 개발행위 허가를 받기 위해 뛰어다니는 것은 시간 낭비, 돈 낭비일 뿐이다. 그런데 이런 중요한 것조차 구별하지 못하고 계속 헛다리만 긁는 투자자들이 많다. 투자도 명분이 있어야 하고 논리적인 정답이 있어야 한다.

05 알박기 투자
다른 사람이 필요로 하는 땅이라면 사라

 우리에게 땅이란 무엇일까?

땅에 대한 이야기는 끝이 없다. 사촌이 땅을 사면 배가 아프고, 땅 한 뙈기라도 서로 차지하려고 알게 모르게 알력이 있었다. 땅을 가진 사람이 큰 힘을 가졌다. 지주가 돈을 주지 않아도 서로 일을 하려고 줄을 섰다. 땅에서 나오는 곡식이 최고의 자산이었다.

더 올라가 아버지, 할아버지 시절에는 해방과 육이오를 겪으면서 더 배고팠다고 한다. 어르신들에게 물으면 나무를 장에 팔아 쌀이나 보리쌀을 바꿔오면 그것으로 생계를 유지했다고 한다. 그 땔나무를 사줄 수 있는 재력을 가진 사람은 또 몇이나 되었을까. 남의 품을 팔아야 했던 시절 자기 땅을 가진 지주는 선망과 존경의 대상이었을 것이다.

현대로 넘어오면서 땅은 더 이상 곡식 생산의 주요 수단이 아니다. 식량, 곡식, 과일, 채소는 값싼 인건비로 생산하는 외국산이 넘쳐난다. 시골에서 농사만 짓는 땅은 별로 인기가 없다. 요즘 인기 있는 땅은 건축이 가능한 땅이다. 투자자의 관심은 어떤 건물을 지어서 얼마의 임대료를 뽑아내느냐에 집중되어 있다. 우리 부모 세대에게는 이해가 안 되는 일일 테지만 그래서 농업진흥구역, 농업보호구역의 농지는 인기가 없다. 즉 농사만 지을 수 있고 개발행위 허가조차 안 되는 땅은 줘도 안 갖는다고 할 정도다. 다들 알다시피 이런 땅이라도 주변이 개발되면 금싸라기 땅으로 변하기도 한다. 이런 땅을 가진 투자자의 로망은 보상금을 많이 받거나 혹은 환지방식으로 상업지역을 받거나 점포겸용 주택지를 받는 일이다.

하지만 세상에 꼭 그런 투자만 있는 것은 아니다. 이제부터 설명할 투자 기법은 '알박기 투자'다. 알박기 투자의 대표적인 사례는 중국에 있다. 중국 어느 개발지 안에 어떤 보상에도 동의하지 않는 한 지주가 있었다. 다른 사람들은 다 보상을 받고 떠났는데 그 주택만 동의하지 않아서 홀로 섬으로 남아버렸다. 머릿속에 그림으로 떠올려보면 얼마나 황당한지 이해할 수 있을 것이다. 그 주변을 모두 파내서 언덕이 되어버린 집에 올라 다니기도 힘들 정도로 위태하게 자리 잡은 덩그러니 남은 집 하나, 이게 진짜 알박기다. 중국에서 실제 일어난 일이고 우리나라도 과거에는 그랬다. 물론 지금도 수용지가 되더라도 여러 가지 법적인 절차에 불복할 수는 있지만 결국은 수용당하고 만다.

여기서 말하는 알박기는 일반적인 땅에서 남들이 필요로 할 만한 땅을 다른 사람이 알아보기 전에 미리 매수하는 것을 말한다. 미리 사두었다가 주변 사람들이 그 땅을 필요로 할 때 좀 더 비싸게 파는 기법이다.

방송에서도 여러 번 나왔던 나쁜 알박기
도로 경매

그런 거시적인 차원의 알박기도 있지만 개인 간의 땅에도 엄연히 알박기가 존재한다. 우리나라는 주로 개인 간의 사도, 즉 사적인 도로에서 벌어지는 일이 많다. 얼마 전에 경매로 사도를 낙찰받은 사람이 차로 도로를 막고 다른 이들의 통행을 막는 일이 있었다. 지료 즉 사용료를 내든지 그 도로를 이용하는 사람들이 사가든지 하라고 해서 논란이 되었었는데, 잘못하면 교통방해죄로 처벌받을 수 있다.

이런 류의 알박기는 현실에서는 가끔 벌어지는 일이다. 남의 땅을 도로로 이용했었는데, 그 도로의 주인이 담장을 치는 바람에 그 담장을 넘어 학교에 가거나 일을 봐야 해서 주민들이 고통을 받는다는 내용의 방송도 있었다. 이런 경우는 어디에 하소연하기도 어렵다. 관공서에서 나서도 개인 간 사적인 영역이라 해결이 쉽지 않다. 그런 일이 벌어지기 전에 땅을 이용하는 사람들이 미리 조치를 하는 게 최선이다. 물론 다른 사람의 약점을 악용해서 돈을 벌라는 말이 아니다. 서로 조금씩 양보하며 살아가는 것이 바람직하다. 이웃의 아픔, 친구의 아픔을 돌아보는 것은 결국은 자기 스스로에게 좋은 일이다.

나 역시 그런 경험이 있다. 부모님 밭에 올라오는 길목에 땅을 가진 사람이 자기 땅을 한 치도 양보할 수 없다고 해서 그곳을 지날 때마다 늘 긴장하고 조심해서 운전해야 한다. 그곳을 통과하는 많은 주민들의 마음이 어떨까? 그런 심보를 가진 사람이 과연 잘될까? 시세 정도에 30cm 정도만 양보하면 그곳을 지나다니는 주민들이 고마워할 텐데 그 많은 원망과 한숨을 겪는다고 생각하면 없는 병도 걸릴 것 같다.

현장에서는 이런 일들이 비일비재하다. 늘 해결은 어렵고 감정의 골만 깊어간다. '알박기 기법'은 늘 외줄을 타는 심정이다. 합리적이고 이성적인 판단이 필요하다. 나에게는 피로가 오고 남들에게는 피해를 주는 그런 '알박기' 말고 거래가 가능하고 상대가 꼭 필요로 하는 땅이 어떤 땅인지를 고민해서 먼저 선점하는 알박기를 하라고 권하고 싶다.

인터넷 지도와 지적도를 돌려보면 쉽게 찾을 수 있는 것이 알박기가 가능한 땅이다. 현재 다른 사람의 알박기로 고통받고 있는 상황이라면 설득을 해야 한다. 이익을 같이 나누는 방법이다. 내 땅을 좀 더 제공하고 상대 땅을 가져오는 교환 방식이 가능하다. 아니면 공동으로 개발하자는 제안을 해보자. 방법은 찾으면 찾을수록 발견할 수 있다.

창의적인 아이디어를 통해 우리는 더 발전하고 수익을 낼 수 있다. 상대방의 입장을 배려한 알박기는 부정적이고 구시대적인 그런 돈벌이 수단이 아니라 협상하고 양보하고 조율하는 과정 속에서 투자자의 실력을 키워주는 그런 일이어야 한다.

땅 투자 실력을 끌어올리는 좋은 알박기

천안시 동남구 청당동에서 자동차공업사를 하고 있는 맹사장 이야기다.

20년 전 천안에서도 제일 남쪽 끝자락에 자동차 공업사를 차린다고 했을 때 주변의 반대가 심했다고 한다. 그런 외진 곳에서는 장사도 안 될뿐더러 그 돈이면 다른 땅을 사라고들 했다. 하지만 자신의 뜻을 굽히지 않고 도로 옆에 있으니 언젠가는 좋아질 것이라는 생각으로 몇천 평의 땅을 샀다. 지금은? 그 땅이 수십억이 넘어간다. 자신의 공업사 외에 절반 이상은 임대를 주면서 편하게 살고 있다. 사업으로 번 것은 직원들 월급 주고 생활하는 정도고, 돈은 땅이 벌었다. 필자가 만났을 때도 평택에 대한 땅 욕심이 무척 강한 분이었다. 땅으로 돈을 번 경험이 있으니 땅이 얼마나 좋은지를 알고 있다. 아무도 관심 없는 끝자락 외진 곳에 '알박기'처럼 투자한 땅이 대박이 났다.

'알박기'를 투자의 지렛대로 활용하는 지혜가 필요하다. 상대와의 밀당을 통해 무슨 일이든 극복할 수 있다는 자신감과 해결 능력을 키워야 한다. 이런 경험이 투자 실력으로 쌓일 때 좋은 땅을 볼 줄 아는 안목이 생긴다. 투자는 자세와 안목의 문제다. 수많은 기법이 존재하지만 그 기법을 다 사용할 수는 없다. 핵심적인 기법 하나만 제대로 가져도 그것을 기점으로 현장에서 충분히 활용할 수 있다.

오래전에 건강과 호신을 위해 무술을 배우고 싶었다. 그래서 찾은 것이 '기천문'이라는 전통무술이었다. 기천문은 내공을 다루는 무술이고 무술의 수가 굉장히 복잡하고 모든 과정들이 인내를 필요로 하는 자세들로 구성되어 있다. '내가신장' '육합단공' '대풍역수' '반장'을 1년 6개월 정도 거의 매일 수련했지만 배우는 과정이 힘들어서 실력이 쌓이는 게 보였지만 결국은 그만두었다. 실전에서 써먹을 수 있는 것도 아닌데 재미도 없는 무술을 계속하는 것은 시간 낭비라는 생각이 들었다. 그 후 검도를 배웠다. 단순하고 계속 반복 숙달하는 과정이었지만 땀을 흘리고 나면 건강이 좋아지는 걸 느꼈다. 또 상대와의 대련을 통해서 자신의 실력을 가늠해볼 수 있었다. 이런 것이 현대인에게 맞는 무술이다. 단순하고 재미도 있고 성취감도 생긴다. 두 무술을 비교해본다면 장단점이 있지만 검도에 한 표를 주고 싶다.

이 이야기를 꺼낸 이유는 투자 방식이나 기법도 마찬가지라서다. 사람들은 복잡하고 어려운 특별한 기술이 있어야 한다고 생각하지만 그런 것이 아니다. 땅은 사실 단순하다. 산 가격보다 더 비싸게 팔면 된다. 나머지는 말장난이다. 스승을 따라다니며 수십 년의 내공을 쌓는다고 해결되지 않는다. 경험과 안목을 통해 자신만의 길을 찾아야 한다.

너무 먼 곳에 있지도 않다. 투자는 내 주변, 내가 가진 땅, 내가 가진 아파트 등 손쉽게 접근이 가능한 곳에서 출발해야 한다. 뜬구름 잡는 한탕주의로 일을 벌였다가는 결국 고수들의 먹잇감이 될 뿐이다. 고개를 숙이고 겸손하게 대응하고 양보하고 협상하다 보면 반드시 기회가 온다.

제일 좋은 능력은 상대의 마음을 읽고 대응하는 협상 능력이다. 내 패를 죄다 보여주고 치는 고스톱처럼 하면 될 일도 안 된다. 내 히든카드를 잘 지켜서 협상에 유리한 고지를 점령해야 한다. 현장에서 부딪치다 보면 지금까지 경험하지 못한 세계와 마주하게 된다. 멘토를 잘 만나고 멘토에게 많이 배우고 스스로 멘토가 되어야 한다. 단순하게 돈 놓고 돈 먹기 게임이라고 생각하면 끝이 좋지 않다. 결국은 땅을 통해 세상을 배우고, 땅을 통해 그 땅에 발 딛고 사는 사람을 배우는 일인 것 같다.

협상할 때는 상생하는 마인드가 필요하다. 상대는 죽고 나만 사는 억지는 통하지 않는다. 좋은 땅이 있는 현장은 늘 시골이다. 그곳에서 만나는 농부와 부동산대표, 토지주들을 인정하는 마음으로 진심으로 일을 추진하다 보면 잘 풀리게 된다. 땅을 통해 돈을 버는 일이 이런 거라는 걸 깨닫게 되는 순간이 온다. 늘 가능성을 열어두고 좋은 마인드를 갖추자. 이 책에서 땅 투자자들을 위해 땅을 보는 기법을 알려주고는 있지만 기법이 다가 아니다. 결국은 사람이고 안목이고 경험이다. 소중한 인연을 만나자.

06 시가화예정구역 투자

지구단위계획구역,
시가화예정구역이면 사라

우리나라 대부분의 도시계획은 「국토의 계획 및 이용에 관한 법률」에 근거하여 시행되며 이 법에 따라 전반적인 도시기본계획 및 도시관리계획이 진행된다. 이 외에도 필요에 따라 도시 내 일정구역(단지)을 대상으로 「도시 및 주거환경정비법」과 「도시재생 활성화 및 지원에 관한 특별법」에 의해 개발이 진행된다.

그 지역에 들어갈 인구를 추정하고 그 인구가 들어갈 수 있도록 주거시설, 상업시설, 공업시설, 녹지시설, 기반시설(교통시설, 공간시설, 유통공급시설, 공공문화체육시설, 방재시설, 보건위생시설, 환경기초시설)의 수요를 추정해 적정하게 배분하는 토지이용계획을 수립하고 이와 함께 각 용도별 기능이 향상되고 상호보완될 수 있도록 교통계획, 토지이용계획에 따른 기반시설을 설치하는 기반시설계획, 주민의 여가 생활을 지원하고 인간다운 삶을 영위할 수 있도록 도와주는 공원 및 녹지계획, 그리고 전체적인 시각적 조화를 구성하기 위한 경관계획을 수립하게 된다.

- 《국토도시계획을 알아야 부동산 투자가 보인다》,
구만수 지음, 매일경제신문사

왜 다른 책을 인용하면서까지 도시계획에 대해 구체적으로 설명하는지 그 이유가 중요하다. 주변을 둘러보면 과거에는 논과 밭, 임야, 과수원 등 여러분이 살기 오래전에는 원형지의 땅으로 농사를 짓거나 과수원을 했던 땅이 있을 것이다. 그 땅을 개발하는 과정을 보자.

도시계획 과정

지자체는 땅에 대한 어떤 기획을 하고 계획을 세운다. 주민들을 설득하고 공람과 주민설명회를 한다. 동의를 받고 보상을 한다. 포크레인과 불도저로 땅을 평평하게 민다. 토목공사와 구획정리, 배분도로 도시가 계획한 대로 만들어진다. 건축물을 세우고 분양을 하면 현재의 신도시가 된다.

이런 과정을 거쳐 도시가 들어올 입지의 땅을 찾아내고 기획이나 계획이 나오기 전에 매입을 하고 기다리면 되는 게 땅 투자의 정석이다. 그래서 도시계획을 제대로 이해하는 게 중요하다.

지구단위계획구역이란?

지구단위계획이란 도시계획 수립 대상 지역의 일부에 대하여 토지 이용을 합리화하고 그 기능을 증진시키며 미관을 개선하고 양호한 환경을 확보하며, 그 지역을 체계적·계획적으로 관리하기 위하여 수립하는 도시관리계획을 말한다.

지구단위계획은 유사한 제도의 중복운영에 따른 혼선과 불편을 해소하기 위하여 종전의 도시계획법에 의한 상세계획과 건축법에 의한 도시설계제도를 도시계획체계로 흡수, 통합한 것이다. 이 중 비도시지역의 지구단위계획은 난개발 문제를 해소하고 계획적이고 체계적으로 관리하기 위해 국토이용관리법과 도시계획법을 「국토의 계획 및 이용에 관한 법률」로 통합하면서 도입한 제도다.

지구단위계획은 기반시설의 배치와 규모, 가구 및 획지의 규모와 조성계획, 건축물의 용도, 건폐율, 용적률, 높이, 교통처리계획 등의 내용을 포함하여 수립한다. 지구단위계획구역에서 대지면적의 일부를 도로, 공원 등 공공시설 부지로 제공(기부 채납하거나 공공시설로 귀속하는 경우 포함)하거나, 건축법에 따른 공개공지 또는 공개공간의 의무면적을 초과하여 설치한 경우 등은 지구단위계획으로 해당 대지의 건축물 건폐율, 용적률, 높이를 완화하여 적용할 수 있다.

크게는 하나의 도시를 개발할 때 필요하며, 작게는 아파트 몇 동을 짓더라도 지구단위계획이 적용된다. 오래된 구도심이나 낙후지역을 정비할 때 등 언급하자면 끝도 없을 내용이다. 지구단위계획의 혜택은 작게 보면 해당 지역의 행위제한 및 완화적용이다. 여기는 건폐율이 얼마고 용적률이 얼마인데,

높이는 몇 층까지 가능하고, 약간의 완화를 받을 수 있기도 하다. 크게 볼 때 그 기준은 도시민의 편리 도모다. 이곳으로는 차량 진출입이 위험하니 다른 곳으로, 이번 개발로 도로 통행량이 많아지니 도로를 넓혀야 한다. 신호등은 어디에, 여기는 화재위험을 감안하여 방화지구로, 등 지구단위계획이라는 용어조차도 모르는 시민들에게 그 혜택이 돌아가는 것이다. 이러한 것들을 통틀어 '도시계획'이라 하는데 결국은 국민의 복리증진을 가장 근본적인 목적으로 두는 것이다.

그러니 투자자가 땅을 산 지역이 지구단위계획구역으로 지정된다면 좋아해야 할까? 싫어해야 할까? 답을 하기는 어렵다. 수많은 지구단위계획이 존재한다. 건폐율과 용적률을 완화한다면 좀 더 밀도 있는 개발을 하려는 의도다. 도시든 시골이든 지구단위계획구역으로 선정되어 사업을 진행하는 곳이 많다. 지나다니면서 어떻게 변하는지 눈여겨보자. 그대로 경험이 되고 살아있는 지식이다. 그럴 가능성이 있는 땅을 만나며 투자 리스트에 올려야 한다.

 ### 시가화조정구역과 시가화예정구역의 차이는?

일반인들이 가장 혼동하는 용어 중 하나가 시가화예정구역과 시가화조정구역이다.

시가화조정구역은 도시지역과 그 주변 지역의 무질서한 시가화를 방지하고 계획적이고 단계적인 개발을 유도하기 위하여 5년 이상 20년 이내로 기간을 정하여 시가화를 유보하는 지역을 말한다. 유보하는 기간의 연장이 불가피하면 당초 유보기간을 합한 총 유보기간이 20년을 넘지 않는 범위 내에서 1회에 한하여 연장할 수 있다. 이 지역은 「국토의 계획 및 이용에 관한 법률」에 의한 용도구역의 한 종류이며, 이 지역에서는 제한적인 범위 내에서 농업, 임업 또는 어업용 건축물 건축 등을 특별시장, 광역시장, 시장 또는 군수의 허가를 받아 할 수 있다. 도시관리계획으로 구역을 지정 또는 변경한다. 관련법은 「국토의 계획 및 이용에 관한 법률」이다.

— 《부동산용어사전》, 장희순·방경식 공저, 부연사

시가화예정용지란 도시가 팽창하면서 도시와 이웃한 자연녹지 등 보전지역을 주거, 상업, 공업지역 등으로 개발하기에 앞서 도시기본계획상의 개발예정지로 미리 지정하는 땅을 말한다. 이는 도시기본계획에 의한 도시관리계획을 수립할 때 지구단위계획구역으로 지정하여 체계적으로 도시계획을 추진하게 될 예정용지를 포함한다.

시·군·구 등 지방자치단체는 개발이 필요한 지역에 대해 도시기본계획에서 이를 시가화예정용지로 먼저 지정한 후, 시간을 두고 이에 대한 세부계획을 수립하고 시행한다. 시가화예정용지로 지정할 수 있는 땅은 주로 자연녹지지역이나 계획관리지역이다. 이 지역 가운데 아직 개발계획이 완전히 수립되지 않은 지역을 중심으로 시가화예정용지를 지정하게 된다.

각 지자체가 시가화예정용지를 지정할 때는 주변 지역의 개발상황, 도로 여건 등 도시기반시설의 현황과 수요 등을 먼저 고려한 후 각 지역권 및 생활권별로 개발 목적과 수용 인구, 개발 방법, 적정 인구밀도 등을 함께 제시하여

이를 도시기본계획상에 반영한다. 이때 각 지자체 인구 배분, 지역균형발전계획 등을 감안하여 개별 시가화예정용지 개발의 우선순위를 결정하게 된다.

분당신도시, 판교신도시, 동탄신도시, 광교신도시의 과거의 지적도를 보면 전, 답, 과수원, 임야, 그린벨트, 자연녹지였다. 이런 지역에 신도시를 개발하려면 먼저 도시기본계획에 시가화예정지로 지정한다. 그 이후 도시계획을 하고 도시를 개발하게 된다. 물론 급격한 땅 가격의 상승을 막기 위해 토지거래허가구역으로 묶어두거나 개발하지 않는다는 역정보를 흘리기도 한다. 당연히 그럴 가능성이 높은 땅은 언제든지 주목하고 있어야 한다.

 택지개발예정지구란?

택지개발예정지구는 안정적인 주택공급을 위해 일정 구역을 지정해 택지를 조성하는 곳으로, '택지개발지구'라고 부른다. 택지개발사업을 시행하기 위하여 국토교통부장관 또는 시·도지사가 지정 및 고시할 수 있다. 지난 1980년 말 제정된 '택지개발촉진법'에 따라 1981년 4월 경기도 성남 하대원지구(2만 2천 평)와 수원 매탄지구(6만 평)가 처음으로 지정됐다.

1997년 외환위기로 인해 부동산 가격이 불안정해 한동안 택지지구 지정이 저조했으나, 2004년부터 부동산 경기 호황으로 택지지구 지정이 늘어나기 시작했다. 또한 2003년에 「국토의 계획 및 이용에 관한 법률」이 시행된 이후 민간 부문의 택지개발이 어렵게 됨으로써 주택건설용지가 부족해지자 공공택지 확보를 위한 택지지구 지정이 급증하게 되었다.

택지개발지구는 대한주택공사와 한국토지공사를 2009년에 통합한 '한국토지주택공사(LH)', 지방자치단체 등 공공기관에서 도로나 상하수도 등 기반시설을 갖춘 주택용지를 조성하여, 주택건설업체나 일반인에게 분양한다. 간접시설(도로·상하수도) 등이 이미 조성돼 있기 때문에 민간택지보다 주택 건설 시 훨씬 수월하다는 이점이 있다. 따라서 택지지구 조성 후 분양공고가 나면 입지가 좋은 지역 위주로 민간 건설업체들의 쏠림현상을 보였다.

택지개발지구 지정절차

국토교통부에서는 사전에 택지개발지구의 기초조사를 실시해야 한다. 택지개발지구의 지정은 한국토지주택공사(LH) 등이 해당 지방자치단체와 사전협의 후 국토교통부장관에게 제안할 수 있다. 국토교통부장관은 택지개발지구 지정이 필요하다고 인정되면 관련서류를 시·군·구청에 보내어 14일간 주민공람·공고하도록 하여 주민의견을 수렴한 후 관계 중앙부처와 협의를 완료하고 주택정책심의위원회 심의를 거친다. 택지개발지구로 지정된 이후에는 택지개발촉진법에 따라 각종 개발행위가 엄격히 제한된다. 또 택지개발사업 실시계획을 3년 이내에 작성 및 승인 신청하지 않는 경우에는 택지개발지구 지정을 해제하여야 한다.

[네이버 지식백과] 택지개발예정지구 - 《시사상식사전》, 박문각

앞에서 이야기한 지구단위계획구역, 시가화예정구역, 택지개발예정지구는 모두 도시계획으로서 개발을 진행하려는 계획이다. 이런 계획이나 예정인 땅을 찾아서 그 수익을 분석하고 투자의 여부를 판단하는 것은 투자자가 해야

하는 일이다. 기껏 시간과 비용과 노력을 들여서 투자해도 때로는 타이밍이나 가격판단을 잘못해서 손실을 보는 경우도 더러 있다. 투자한다고 항상 수익을 남기는 것은 아니다. 투자자는 투자의 결정에 신중하고 정확하게 확인하는 습관을 들여야 한다. 건물을 봤을 때 '저 건축물은 임대료가 어느 정도 나오고, 땅 가격은 얼마에, 건축물 평단가는 얼마이고, 마케팅과 수익은 얼마다. 그래서 얼마에 사서 얼마에 팔아야 한다'라는 계산이 나오지 않으면 투자하지 말아야 한다. 논이나 밭, 과수원, 임야에 도시화가 진행되고 있는데 적정가격은 얼마인가? 그 계산을 할 수 있어야 싸다 비싸다 혹은 '투자가치가 있다'를 판단할 수 있다. 가능한가? 그럼 땅을 사라!

투자분석

용인 동쪽 처인구에 집중하라

용인 동쪽 지역은 아직 충분히 땅 투자가 가능한 지역이다. 농사를 짓는 시골이라 아파트 투자는 안 하는 게 좋다. 하지만 주변에 계속해서 산업단지가 들어오는 지역이라 앞으로는 계속해서 지가상승이 예상된다. 먼 미래를 보면, 개발의 축이 경부고속도로에서 제2경부고속도로로 바뀔 때 그 큰 흐름에 들어가리라 예상된다. 한마디로 교통이 획기적으로 개선되는 기회의 땅이라 할 수 있다. 찬찬히 분석해보자.

처인구, 양지, 원삼, 백암의 가치분석

2035 용인시 도시기본계획에서 이 지역의 가장 큰 이슈는 인구다. 처인구의 인구는 23만(2015년) → 53만(2035년)이 된다. 이 인구가 살려면 주거시설, 상업시설, 일자리, 공원, 관공서, 상하수도, 교통, 치안 공공시설 등의 도시기반시설이 반드시 필요하다.

과연 그 그림을 어디서 찾아야 할까? 양지, 원삼, 백암의 삼각축을 보면 어디

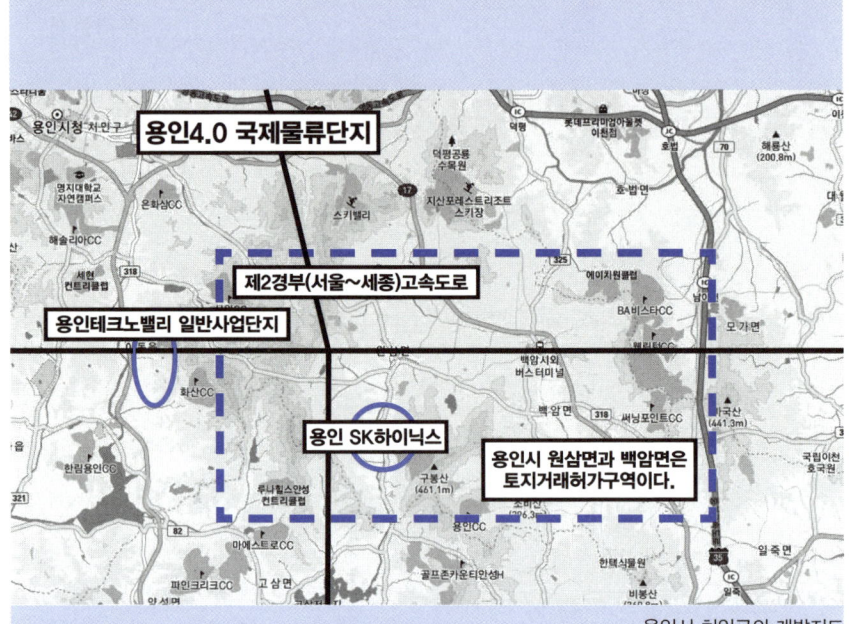

용인시 처인구의 개발지도

에 거주하고 어디에 일자리가 생기는지 알 수 있다. 기본은 도시기본계획이다.

2017년 9월 용인의 인구는 100만을 넘어섰다. 100만이 넘어선 도시는 광역도시에 준하는 규모다. 광역자치장과 시장의 역할은 많이 다르지만 홀로 결정할 권한이 많이 주어진다. 용인시는 도심을 발전시키는 데는 분명히 한계를 가지고 있다. 점점 땅값이 싼 동부쪽으로 개발을 늘려갈 것이다.

내가 이곳에 살려고 하는 이유는 용인이 주는 편안함과 미래에 대한 기회 때문이다. 미리 말해두지만 지극히 필자의 주관적 경우에 그렇다는 것이니 오해하지는 말자. 각자 자기가 그리는 꿈의 장소는 다른 법이니 이해를 바란다.

투자분석

평택은 땅값은 계속 올라가고 좋아지겠지만 살고 싶지는 않다. 바닷가는 다소 밋밋하고 재미가 없다. 때로는 처연하다. 꽉 짜여진 맛이 없다. 산업단지가 들어오고 항구가 발달할수록 공기도 안 좋아진다.

용인의 동부는 다르다. 일단 바닷가가 없다. 바람이 심하게 들이치지 않는다. 주변 농지들은 어린 시절 고향을 생각나게 한다. 어느 정도 인구가 생긴다는 것은 도시의 기반시설이 들어온다는 뜻이다. 나이 들면 병원이 가까이 있어야 한다. 시골에서 아프면 하루를 흘려보낸다. 예약도 쉽지 않다. 대형 병원이 부족하기 때문이다. 그래서 나이 들수록 도회지에 살아야 한다. 교통이 편해야 한다. 대도시나 서울에 드나들기 편해야 한다. 뭘 배우거나 공부를 해도 서울에는 모든 것이 갖춰져 있고 편리하게 이용할 수 있다. 도서관이 있어야 한다. 나이 들어도 시간을 보내는 데 도서관보다 좋은 곳은 없다. 물론 공짜라서 더 좋다.

살기에 편한 땅, 일자리가 생기는 곳이 좋다

현재 청년들의 지상최대의 관심사는 일자리다. 서울도 산업도시도 먼저 생각하는 것이 일자리다. 일자리가 곧 복지인 세상이다. 30년 전만 해도 웬만한 금융기관도 골라서 갈 정도였지마 지금은 다르다. 권력을 가진 이도 일

용인시 민간·공공산업단지 조성현황, 《전자신문》, 2018년 5월 1일 자

- 용인시 민간산업단지 조성현황

연번	단지명	위치	면적(천㎡)	주요유치업종
②	원삼산단	원삼죽능리	109	전기장비, 자동차 등
③	제일바이오	백암근곡리	59	의료용, 의약 등
④	농서산단	농서동	52	화학제품
⑤	완장산단	남사완장리	123	전기장비, 운송장비 등
⑥	통삼산단	남사통삼리	44	기타기계, 장비
⑦	지곡산단	지곡동	68	목재, 비금속 등
⑧	기흥힉스	영덕동	76	전기통신첨단 등
⑨	ICT밸리	구갈동	42	전자부품 등
⑩	SG패션	마평동	50	의복, 봉제의복
⑪	송문산단	양지송문리	60	섬유제품, 의복 등
⑫	Packaging Design	유림동	59	플라스틱, 기계장비 등
⑬	일양히포	하갈동	65	의료, 의약 등
⑭	제일산단	양지제일리	59	기타기계, 장비
⑮	죽능산단	원삼죽능리	69	전자장비
⑯	바이오메디컬 BIX	지곡동	298	의료용물질, 의약품
⑰	용천산단	이동천리	147	플라스틱, 전자장비 등
⑱	용인연세 의료복합	중동	209	의료, 첨단산업
⑲	역북산단	역북동	59	종이상자
⑳	아모레퍼시픽	보라동	231	연구개발업
㉑	백암산단	백암면 근창리	42	자동차 및 트레일러
㉓	백암가창	백암면 가창리	59	전자부품, 영상, 음향 및 통신장비 등
㉔	모현산단	모현오산리	50	인쇄 및 포장 등
㉕	신갈산단	신갈동	386	지식, 첨단사업 등
㉖	명장갤러리	원삼독성리	180	목공예, 도자기, 커피가공 등

- 용인시 공공산업단지 조성현황

연번	단지명	위치	주요유치업종	시행자
①	용인테크노밸리	이동면 덕성리	전자,컴퓨터,통신장비, 제조업,기계장비 제조업 등	(주)경기용인테크노밸리
㉒	덕성2 일반산업단지	이동면 덕성리	화장품 제조 등	용인도시공사

투자분석

자리 청탁으로 신문에 나고 지탄을 받는다. 누구나 좋은 일자리를 찾아 헤맨다. 좋은 대학이 아니라 좋은 일자리가 목표다.

용인은 앞으로 좋은 일자리가 많이 생긴다. 첨단지식산업단지, 일반산업단지, 소규모 공장이나 창고들이 계속해서 들어온다. 일자리가 생기면 젊은 인구가 늘어나고 소비가 활성화된다. 아이들이 태어나고 활기가 넘친다. 지금 대부분의 도시들은 인구가 빠져나가는 게 문제다. 현재보다 인구가 줄어들면 미래가 없다. 도시를 발전시킬 명분이 없다. 세수도 줄어들고 공무원 숫자도 줄여야 한다. 이런 점에서 보면 인구가 곧 경쟁력이다.

꼭 귀촌이나 귀농이 필요 없다. 많은 이들이 귀농, 귀촌을 했다가 다시 도시로 돌아온다. 살아보면 자신이 지금까지 살았던 도시와 격차가 너무 크다. 도시의 향수를 잊지 못해 돌아오는 이들이 많다. 너무 외진, 환경이 너무 다른 곳에서 나이 들어 적응하는 것이 쉽지 않은 탓이다. 특히 농사는 몸을 살리는 길이 아니고 죽이는 길이다. 젊은 시절부터 단련된 농삿꾼도 골병이 드는 일이다. 나이 들어 적응하기는 더 어렵다. 과거 자신의 경험을 살리는 일을 해야 한다. 그러려면 차라리 인구가 있는 도시가 낫다.

용인에서 한국농수산대학을 나와 핫플레이스(hot place)로 부상한 딸기·토마토 체험농장 '쭝이랑(www.zzoongirang.com)'도 그중 하나다. 여성 청년농부 김일중 씨(28)가 운영하는 이곳에 사람들의 관심이 쏠리고 있다. 원삼면에는 개그우먼 김미화 씨가 운영하는 카페가 있다. 필자도 땅 답사를 하기 위해 두 번 정도 갔었다. 아직은 손이 덜 탄 곳이라 고즈넉하고 흙냄새와 벼가 익어가는 냄새가 좋았던 기억이 있다. 소탈하게 사진을 찍어주는 모습에서 공인의 모습이 느껴졌다.

앞으로 많은 유명인들이 이곳에 들어와서 더 발전하겠지만 지금 이대로 농촌과 도시를 이어주는 다리 역할을 해도 좋겠다는 생각을 해본다. 원삼면 학일리는 제2경부고속도로(서울~세종) 1단계(마둔저수지, 남안성IC)까지 2022년 12월 개통 예정이다. 이곳에서 서울까지 더 가까워질 것이다.

용인시 개발계획을 통해 투자지도를 만드는 방법!

모든 인터넷 정보를 검색하자. 인터넷 검색을 해보면 윤곽이 드러난다. 어떤 곳이든 인터넷으로 분석하지 못할 지역은 없다. 모든 정보는 인터넷으로 조회가 가능하다. 인터넷으로 조회하고 분석하다 보면 반드시 보이는 게 입지다. 그다음으로 네이버 지도를 캡처해서 자신만의 투자지도를 만들어야 한다. 네이버 지도에서 지적 편집도를 늘였다 줄였다 해보면 현재 도로예정지나 산업단지 택지개발지구를 볼 수 있다. 이 표시를 자신만의 투자지도에 표시하면 그 지역의 개발방향을 파악할 수 있다.

케이블TV에서 개발 상담을 하는 전문가들도 그 주변의 개발지와 얼마나 떨

투자분석

용인시 처인구 이동읍의 덕성리, 용인테크노밸리 개발현장

어져 있는지와 용도지역을 보면서 이야기해준다. 사실 이런 부분들은 크게 어렵지 않다. 일반인들도 조금만 관심을 기울이면 알 수 있다. 개발지에서 몇 킬로미터 범위 내라면 도시가 확장되면서 결국은 같이 개발될 가능성이 크다. 당연하지 않나? 정보랄 것도 없다. 그보다는 현장에 가서 현장부동산의 이야기를 들어보면서 어떤 계획이 있으며 어떻게 발전해 나가는지를 실제로 살펴보고 자신만의 투자지도에 표시하는 것이 중요하다.

이제 현장 이야기를 해보자. 용인시 처인구 이동읍 덕성리는 용인 테크노밸리 터파기 공사가 한창 진행 중에 있다. 주변 절대농지들도 45만 원 정도였는데 수용해서 보상 환지 후 대규모 택지개발지구나 산업단지가 되지 않는다면, 아무리 개발지 주변이라도 경지정리가 된 농업진흥구역 내의 농지들은 피하는 게 좋다. 결국은 시간이 오래 걸리고 환금성에 문제가 생긴다. 현장부동산들은 이런 상황을 잘 알면서도 매물이 없다 보니 이런 개발이 불가능한 농지들까지 판다. 물론 복불복이다. 그중 재수가 좋으면 대박이 날 수도 있을 것이다. 하지만 조금 더 주더라도 실제 건축이 가능한 땅을 선택하고, 그것도 안 된다면 원형지 그대로인 농지들을 사는 것이 좋다. 아무래도 개발하는 입장이라면 원형지의 농지나 가격이 저렴한 임야를 개발할 가능성이 높다.

이동읍은 덕성리, 시미리, 묵리에 걸쳐 56만 평 이상의 산업단지 개발이 계획되어 있다. 그만큼의 일자리가 생길 것이다. 그 정도의 일자리가 생기면 주택 수는 부족해질 것이라 택지개발지구를 지정해서 아파트를 건설할 가능성이 높아지고 있다. 결국은 일자리가 생기고 인구가 유입되는 곳에 상가도 활성화된다. 그래서 앞으로 이런 지역들이 계속 투자 유망지역이라고 말하는 것이다.

2021년 현재 원삼에 하이닉스공장이 들어오는 것이 확정되었고, 토지보상을 앞두고 있다. 2018년도 현장부동산에서 이런 정보가 처음 흘러나왔을 때 토지를 매수했다면 많이 올랐을 것이다. 원삼면 독성리, 학일리, 죽능리에 용인SK하이닉스 반도체클러스터가 승인되었다. 이전 책에서 말했던 가능성이 현실화한 셈이다. 3만여 명에 달하는 직접적인 일자리 창출은 물론 513조 원의 생산 유발효과, 188조 원의 부가가치 유발효과가 예상된다. 현재 용인의 원

투자분석

삼면과 백암면은 토지거래 허가구역으로 묶여 있다.

이런 일들을 예상하고 필자는 진천을 거쳐 용인SK하이닉스 산단 아래쪽인 안성시 보개면에서 부동산을 운영하고 있다. 토지거래 허가구역으로 묶인 지역을 피해서 개발이슈가 많은 곳을 찾아오리라 예상하고, 길목을 지키고 있던 것이다. 2020년 말에서 2021년 4월까지 이곳의 원형지 토지가 많이 거래되었고 땅 가격도 상승했다. 그때 거래한 토지가격이 1년도 되기 전에 큰 폭으로 올랐다. 그런 이유로 단골들이 안성시 고삼면, 보개면, 양성면, 대덕면의 땅을 많이 찾지만 지금은 매물이 귀해서 필지 분할이 가능한 임야를 시세보다 저렴하게 매각하고 있다.

용인시 처인구로 돌아와 보자. 용인국제물류단지4.0이라는 물류단지는 처인구 고림동과 양지면 주북리 일원 부지 98만㎡ 규모다. ㈜용인중심이 오는 2022년까지 해당 부지에 4500억을 투자할 예정이라고 한다. 59만㎡의 물류시설(60.8%)과 5만여㎡ 부지에 점포나 상가 등 상류시설(5.3%)를 조성하고, 8만 4000㎡(8.6%)는 기숙사 등 지원시설 용지로 이용할 것이라는 계획을 밝혔다. 용인시는 국내 최대 규모의 물류단지가 들어선 후 6500여 명의 고용창출과 90억 여 원의 세수 증가를 기대하고 있다. 2020년 이후 용인시 처인구에는 많은 산업단지가 완공되었다. 2021년 용인SK하이닉스산단 보상과 2022년 12월 제2경부고속도로(서울~세종) 1단계가 완공되면 상당히 많은 발전이 있을 것이다.

너무 많이 올랐다는 말은 늘 따라붙는 이야기다. 자신의 투자금 범위 내에서 무리하지 않고 개발이 가능한 용도지역의 땅을 매입한다면 재테크로서 상당한 수익을 가져오리라 믿는다. 2021년 현재 서울의 집값이 너무 오르고 있으므로 정부에서는 공급을 늘린다고 한다. 교통이 좋아지는 곳에 택지개발지구를 지정해서 개발하겠다는 이야기다. 이 이야기는 그대로 지가상승으로 이어질 것이다. 그런 지역을 미리 파악해서 길목 투자를 한다면 좋은 성과를 낼 수 있다.

투자사례

매수의 조건 10(5)+5로 투자에 성공한 사례

> 안성시 고삼면 대갈리 4차선이 생기는 곳에 투자한 사례

안성시의 도로건설계획에 따르면, "대갈−봉산 구간(지방도 306호선/3.04㎞)은 4차로로 신설되고, 양기−양지 구간(지방도 302호선/2.13 km)은 4차로로 확장된다. 2개 구간 모두 공사는 2023년부터 진행할 예정이며, 총공사비는 대갈−봉산 1018억 7천만 원, 양기−양지 도로는 211억 원이다." 이것은 2021년 4월 7일 《안성신문》에 실린 내용이다.

안성시 고삼면 대갈리에서 봉산리 간 도로 예정

안성시가 4차선도로계획을 발표하기 전부터 현장에서는 306번 지방도 확장 공사 이야기가 들려왔다. 필자는 동그라미 부분인 안성시 고삼면 대갈리의 토지를 사들였다. 서울~세종 간 고속도로인 고삼IC에서 3km 정도 떨어진 지역이고, 양성면 추곡리와 방축리에는 산업단지가 예정되어 있으니 이 306번 지방도 주변이 투자에 좋겠다고 판단했기 때문이다.

이 책에서도 계속 말하는 10(5)+5 조건에 따라 2차선에 접한 땅에 집중했다. 매수 금액은 평당 40~60만 원 정도였다. 앞에서 원삼에 SK하이닉스산업단지가 들어올 것이라는 이야기를 했었는데, 실제로 원삼하이닉스산업단지 승인이 났고, 보상절차에 들어갔다. 같은 이유라면 용인시 원삼면과 백암면도 좋지만, 그곳은 토지거래허가지역으로 묶여 투자가 어렵다. 결국 여러 가지를 고려해 그 아래쪽인 안성시 고삼면, 양성면, 대덕면, 보개면 쪽 투자에 집중했고, 부동산도 그쪽에 차렸다.

성공적인 투자를 꿈꾼다면 투자자 스스로 공부할 수 있어야 한다. 공부가 되어 있지 않으면 부동산시장에서 돈 벌기는 어렵다. 이 책을 쓴 이유는 현장에서 어떤 식으로든 도움을 주기 위해서다. 17년 토지투자 현장을 다니면서 배우고 느낀 점을 많은 사례를 통해 전하고자 했다. 나머지는 여러분 몫이다. 꿈과 희망을 품고 도전하길 바란다.

돈을 번 투자 전문가들을 많이 만났다. 현장에서 연세드신 분들에게, 농부에게, 귀농을 한 분들에게 투자 방법을 배웠다. 그렇게 얻은 소중한 경험이다.

투자사례

성공사례는 그냥 만들어지지 않는다. 오랜 경험과 감각, 그리고 어느 정도의 행운이 따라야 한다. 실제로 더 필요한 것은 인내다. 고통스러운 순간이 온다 해도 견딜 수 있어야 한다. 여러분을 위한 말인 동시에 나에게도 해당하는 말이다. 성과를 내기 위해서는 스스로 확신할 수 있어야 한다.

평택 고덕을 보면서 비슷한 지역을 찾아라

지금까지 현장을 다니면서 공부하고 투자한 결과를 이야기하려고 한다. 평택시 고덕면 삼성전자가 들어온 지역을 보면서 향후 이런 지역이 어디에 생길지를 예상하고, 투자지역을 찾을 수 있어야 한다. 이 책이 도와줄 것이다.

삼성전자가 있는 평택 고덕

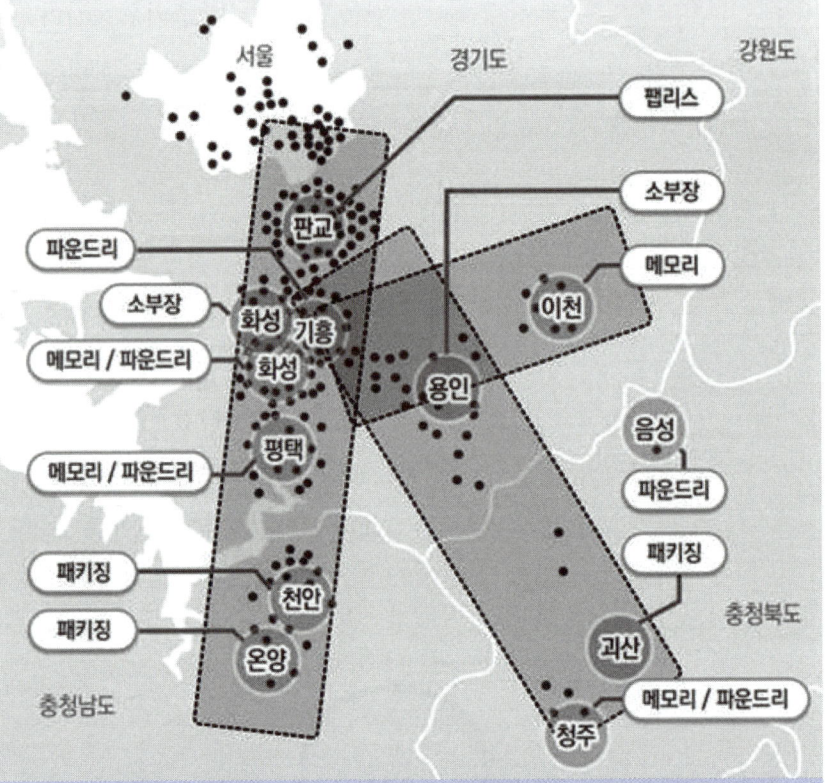

《한국경제신문》 2021년 6월 5일 자, 인터넷 발췌

점선 동그라미 부분을 눈여겨보자. '밸류맵'으로 보면 이곳의 거래가격은 평당 500~3000만 원 정도다. 삼성전자가 들어온다는 발표 후 공장이 건설된 곳

투자사례

이다. 지금 이곳을 사라고 하는 말이 아니다. 이런 비슷한 곳을 찾아낼 수 있어야 한다.

이곳도 지금은 매매가 힘들어졌다. 지제역 주변도 개발제한구역으로 묶여버렸다. 투자로 유망한 곳은 점점 이렇게 거래제한이 될 것이다. 현재 그런 제한이 없는 곳과 개발 가능성이 큰 곳을 찾아서 움직이자. 지목이나 용도지역은 바뀔 수 있고 바꿀 수도 있다. 하지만 땅의 위치, 즉 입지는 절대로 바꿀 수 없다는 것에 착안해야 한다.

이 책의 이론대로 했을 때 투자 유망지역은?

2020년 초에서 2021년 3월까지 다음과 같은 투자 유망지역에는 매물이 많았고 가격도 저렴했다. 현장에서 부동산을 운영하면서 필자 역시 제법 벌었다. 땅을 산 고객들은 더 많은 돈을 벌었을 것이다. 매수 후 불과 1년도 되기 전에 3~4배의 수익을 올릴 것으로 예상되는 지역이 많아졌기 때문이다.

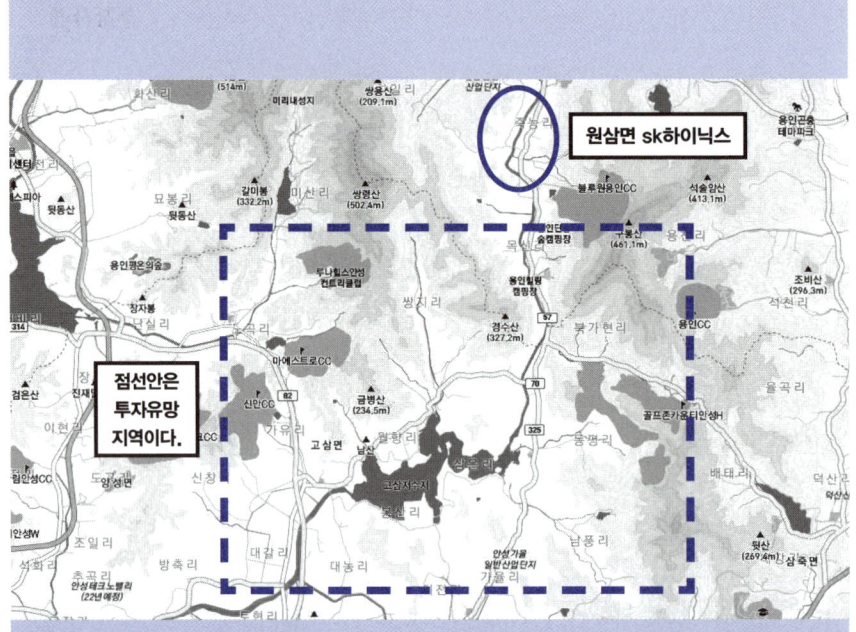

용인시 처인구 원삼면 아래 안성시 고삼면과 보개면

안성 현장에서 투자자를 많이 만났다. 그간 가장 많이 받은 질문은 대표님은 안성 땅을 많이 샀느냐는 것이다. 결론부터 말하면 많이 사지 못했다. 앞에서 밝힌 것처럼 투자에 실패해서 빚이 많았기 때문이다. 거의 20년을 공부하고 투자했지만 성공과는 거리가 멀었다. 주변 사람들도 거의 기대하지 않는 분위기였다. 제일 미안했던 건 어머니와 아내다. 유일하게 응원해주는 이들이었지만 결과가 별로니 서로 지쳐만 갔다. 집에서 할 일도 없이 빈둥거렸고, 아파트경비원과 마주치는 날들이 길어지자 부끄러워 얼굴을 들지 못했다. 그래서 진천으로 토지중개를 하러 나갔다. 그곳에서도 미래가 보이지 않아서 다시

투자사례

안성으로 옮겼고, 이때부터 조금씩 희망이 보였다. 2020년 하반기부터 계약이 일어나 그 돈으로 빚 대부분을 갚았고, 삼성이 들어온다는 소문이 무성한 안성시 보개면 남풍리에 조금씩 땅을 사들이기 시작했다.

준비되어 있다면 돈은 순식간에 벌게 된다는 사실을 깨달았다. 투자자 여러분도 너무 조급하게 생각하지 말았으면 좋겠다. 끈기 있게 기다리고 공부하고 노력하다 보면 분명히 좋은 결과가 나올 것이다. 너무 교과서적인 말처럼 들리겠지만 사실이 그렇다.

안성에서 토지중개를 하면서, 올바르고 빠른 판단력과 여유자금을 가진 투자자가 돈을 번다는 것을 배웠다. 이걸 모르는 사람이 있을까? 잔인할 정도로 간단하다. 하지만 실무에서 가장 어려운 부분은 판단이다. 왜 안성에 토지를 사야 하는지 확고한 생각이 없다면 행동으로 나설 수 없기 때문이다. 필자 역시 머리로는 알면서도 행동에 나서기까지는 많은 시간이 필요했다. 쉽게 행동으로 옮기는 투자자의 공통적인 특징이 있더라. 한 번은 어렵지만 두 번 세 번은 훨씬 쉽다는 것이다. 이제 가속도가 붙었다. 돈을 버는 것도 습관이다. 주변에 부자들을 자주 만나다 보니 모든 것이 분명해진다.

지난 50년 쌀값은 50배, 기름값은 77배 뛰는 동안 땅값은 3000배가 올랐다고 한다. 그동안 뭘 하고 있었을까? 우리 대부분은 귀차니즘을 극복하지 못하고 움직이지 않았다. 누구를 탓해서도 안 된다. 부지런히 움직이다 보면 실력도 더불어 성장한다. 돈을 버는 것은 분명하다.

돈이 되는 토지를 사라

2021년 9월 1일 개정판 1쇄 인쇄
2021년 9월 8일 개정판 1쇄 발행

지은이 | 이일구
펴낸이 | 이종춘
펴낸곳 | (주)황금부엉이

주소 | 서울시 마포구 양화로 127 (서교동) 첨단빌딩 3층
전화 | 02-338-9151
팩스 | 02-338-9155
인터넷 홈페이지 | www.goldenowl.co.kr
출판등록 | 2000년 2월 15일 제2000-000035호

본부장 | 홍종훈
편집 | 문다해
교정 | 주경숙
전략마케팅 | 구본철, 차정욱, 나진호, 이동후, 강호묵
제작 | 김유석
경영지원 | 윤정희, 이금선, 최미숙

ISBN 978-89-6030-585-4 13320

* 값은 뒤표지에 있습니다.
* 잘못된 책은 구입하신 서점에서 바꾸어 드립니다.
* 이 책은 《돈 버는 토지투자》의 전면 개정판입니다.
* 이 책은 신저작권법에 의거해 한국 내에서 보호를 받는 저작물이므로 무단 전재 및 복제를 금합니다.
* 이 책에 나오는 법령, 세법, 행정 절차, 예측 등은 오류가 있을 수 있습니다. 저자와 출판사는 책의 내용에 대한 민/형사상 책임을 지지 않습니다.
* 책에 들어있는 각 자료들은 관련 업체와 기관의 문서에서 인용하였습니다.

* 본문 아이콘 Designed by Freepik

> 황금부엉이에서 출간하고 싶은 원고가 있으신가요? 생각해보신 책의 제목(가제), 내용에 대한 소개, 간단한 자기소개, 연락처를 book@goldenowl.co.kr 메일로 보내주세요. 집필하신 원고가 있다면 원고의 일부 또는 전체를 함께 보내주시면 더욱 좋습니다. 책의 집필이 아닌 기획안을 제안해 주셔도 좋습니다. 보내주신 분이 저 자신이라는 마음으로 정성을 다해 검토하겠습니다.